山东高校教改中标项目
“推进优秀齐鲁文化融入高校思想政治理论课教学研究”
山东建筑大学教改重点项目
“中华优秀传统文化资源融入高校思政课教学研究”

丛书主编：隋灵灵　张素莲　隋卫东

中华优秀传统文化融入《思想道德与法治》案例研究指南

隋灵灵　张素莲
隋卫东　王春华
◎主编

天津出版传媒集团
天津人民出版社

图书在版编目(CIP)数据

中华优秀传统文化融入《思想道德与法治》案例研究指南 / 隋灵灵等主编. -- 天津 : 天津人民出版社, 2023.8

(中华优秀传统文化融入高校思想政治理论课系列丛书 / 隋灵灵, 张素莲, 隋卫东主编)

ISBN 978-7-201-18847-8

Ⅰ. ①中… Ⅱ. ①隋… Ⅲ. ①高等学校—思想政治教育—教案(教育)—中国 Ⅳ. ①G641

中国版本图书馆 CIP 数据核字(2022)第 189860 号

中华优秀传统文化融入《思想道德与法治》案例研究指南

ZHONGHUA YOUXIU CHUANTONG WENHUA RONGRU 《SIXIANG DAODE YU FAZHI》ANLI YANJIU ZHINAN

出　　版　天津人民出版社
出 版 人　刘　庆
地　　址　天津市和平区西康路35号康岳大厦
邮政编码　300051
邮购电话　(022)23332469
电子信箱　reader@tjrmcbs.com

策划编辑　王　康
责任编辑　武建臣
特约编辑　郭雨莹
装帧设计　卢炀炀

印　　刷　天津新华印务有限公司
经　　销　新华书店
开　　本　710毫米×1000毫米　1/16
印　　张　22.25
插　　页　2
字　　数　300千字
版次印次　2023年8月第1版　2023年8月第1次印刷
定　　价　98.00元

编委会

主　编:隋灵灵　张素莲　隋卫东　王春华

副主编:李静林　郑萍萍　于志云　陈永智

参编人员(按姓氏笔画排序):

王美琦　刘　煦　李小雪　李　甜

张燕青　范婷婷　娄淑娟　徐海萍

徐铭泽　曹远芳

中华优秀传统文化融入高校思想政治理论课系列丛书

总　序

习近平总书记在庆祝中国共产党成立100周年大会上提出："坚持把马克思主义基本原理同中国具体实际相结合、同中华优秀传统文化相结合。"[①]这一重大论断为中华优秀传统文化融入高校思想政治理论课提供了重要的理论指导。

中华优秀传统文化经过岁月长河的沉淀并流传至今，其内容博大精深，意义厚重深远，是中华民族的独特精神标识和宝贵精神财富，是我们在当今世界多种思想文化相互激荡中能够站稳脚跟的根基，是中华民族生命力、凝聚力、创造力的重要源泉，需要一代代人继续弘扬和传承下去。中华优秀传统文化融入思想政治理论课教学，为大学生思想政治教育工作提供了丰富的资源。如中华优秀传统文化所倡导的讲仁爱、重民本、守诚信、崇正义、尚和合、求大同等价值观念融入社会主义核心价值观之中。生态文明、以民为

① 习近平：《中共中央关于党的百年奋斗重大成就和历史经验的决议》，《人民日报》，2021年11月17日。

本、依法治国、解放思想、实事求是等治国理念，也可以从中华优秀传统文化思想宝库中找到依据。充分挖掘中华优秀传统文化的内涵，汲取中华优秀传统文化的营养，把中华优秀传统文化渗透于思想政治教育之中；深入挖掘和阐发中华优秀传统文化的时代价值，充分发挥思想政治理论课主渠道的作用，推动中华优秀传统文化创造性转化、创新性发展。

习近平总书记在庆祝中国共产党成立95周年大会上的重要讲话中指出："文化自信是更基础、更广泛、更深厚的自信。在五千多年文明发展中孕育的中华优秀传统文化，在党和人民伟大斗争中孕育的革命文化和社会主义先进文化，积淀着中华民族最深层的精神追求，代表着中华民族独特的精神标识。"①

中华优秀传统文化融入高校思想政治理论课教学，有利于大学生坚定文化自信，对于培养大学生形成和践行社会主义核心价值观具有重要的促进作用。从中华优秀传统文化中去探寻当今社会问题的解决之道，就是一种文化自信力。加强中华优秀传统文化教育，把中华优秀传统文化融入思想政治教育，全方位融入教育教学的各个环节，充分发挥以文化人、以文育人的功能。坚定文化自信，既要不忘本来，弘扬中华优秀传统文化，也要面向未来，坚持中国特色社会主义文化发展道路，用习近平新时代中国特色社会主义思想武装头脑，坚持真理，坚守理想，以坚定理想信念筑牢精神之基，深入学习中国古代思想文化的重要典籍，理解中华优秀传统文化的精髓，正确把握中华优秀传统文化与马克思主义中国化的关系，可引导大学生完善人格修养，关心国家命运，自觉把个人理想和国家理想、个人价值与国家发展结合起来，坚定为实现中华民族伟大复兴的中国梦不懈奋斗的理想信念。

本套丛书的出版将在促进思想政治教育与中华优秀传统文化教育的紧

---

① 习近平：《在庆祝中国共产党成立95周年大会上的讲话》，人民出版社，2016年，第13页。

密结合，深入挖掘中华优秀传统文化中蕴含的丰富思想政治教育资源方面提供很好的范例；同时，对于进一步丰富高校思想政治理论课的教学内容，提升教学效果方面也将做出自己的努力。

我们这套丛书包括《中华优秀传统文化融入〈思想道德与法治〉案例研究指南》《中华优秀传统文化融入〈中国近现代史纲要〉案例研究指南》《中华优秀传统文化融入〈马克思主义基本原理〉案例研究指南》《中华优秀传统文化融入〈毛泽东思想和中国特色社会主义理论体系概论〉案例研究指南》，希望得到读者的喜爱和指正。

本套丛书内容按照最新版教材内容编写，编写组会随着教材内容的变化及时地更新中华优秀传统文化融入的内容。

本套丛书的出版凝聚了全体编者的心血，希望丛书在弘扬中华优秀传统文化、发挥思想政治教育的主渠道、培养和提高大学生的人文素质方面有所裨益。

由于编者水平有限，书中缺点、疏漏在所难免，恳请专家和读者批评指正。在丛书的编写过程中曾参阅了许多专家、学者的论著与观点，在此一并表示感谢。

编 者

2022 年 5 月

前　言

中华优秀传统文化是中华民族智慧的体现，是中华民族精神的载体。中华优秀传统文化的文化魅力和历史底蕴，是我们始终坚定文化自信的底气所在。中华优秀传统文化源远流长，具有独一无二的理念、智慧、气度和神韵。

高校是传承中华优秀传统文化的主阵地，"思想道德与法治"课程是一个重要的传承渠道。"思想道德与法治"是一门融思想性、政治性、科学性、理论性、实践性于一体的思想政治理论课，主要对大学生进行世界观、人生观、价值观、道德观和法治观教育。发挥中华优秀传统文化的时代价值，拓展以文育人的领域，要科学合理地利用、挖掘系统性的中华优秀传统文化内容，把中华优秀传统文化的核心思想理念、中华传统美德和中华人文精神融入"思想道德与法治"课中，引导大学生理性辩证地分析现实问题，弘扬真善美价值观，推动中华优秀传统文化的创造性转化、创新性发展。这是德育的有效途径，是促进大学生全面发展的有效手段。

"不忘本来才能开辟未来，善于继承才能更好创新。"[①]中华优秀传统

① 《习近平关于社会主义文化建设论述摘编》，中央文献出版社，2017 年，第 315 页。

文化融入“思想道德与法治”课程不是一蹴而就的，需要结合时代的发展，不断前行。

本书成稿于2022年5月，《思想道德与法治(2023年版)》出版之后，编者根据最新版教材内容做了修订。编写组会随着教材内容的变化及时地更新中华优秀传统文化融入的内容。

本书的出版凝聚了全体编者的心血，希望本书在弘扬中华优秀传统文化、发挥思想政治教育的主渠道、培养和提高大学生的人文素质方面有所帮助。

由于编者水平有限，书中缺点、疏漏在所难免，恳请专家和读者批评指正。在本书的编写过程中曾参阅了许多专家、学者的论著，在此一并表示感谢。

编 者

2023年2月

目录
CONTENTS

绪论　担当复兴大任　成就时代新人

时间长河川流不息，每一代青年都要面对和回答时代的问卷。我们所处的新时代，是中国特色社会主义新时代，也是大学生成长成才、成就事业的好时代。当代大学生要成为担当民族复兴大任的时代新人，必须立大志、明大德、成大才、担大任，不断提升思想道德素质和法治素养，不负时代、不负韶华，努力为新时代贡献青春力量。

本部分共精选17个中华优秀传统文化案例，用以阐释和印证我们处在中国特色社会主义新时代、新时代呼唤担当民族复兴大任的时代新人、不断提升思想道德素质和法治素养三个问题，挖掘中华优秀传统文化蕴含的思想政治教育元素。

【案例一】辨历史方位　识发展趋势

辩方位而正则。

——张衡《东京赋》

【案例分析】

只有看清楚中心所在的方位，才能找到正确的法则。

一个国家、一个社会在发展过程中，首先要确定其所处的历史方位，即要清楚界定自己在历史发展进程中所处的方向位置，也就是发展的具体历史阶段、历史时期，只有确定了所处的历史方位，才能进一步明确继续推进发展的大方向，才能进而提出继续推进发展的大战略、大思路、大原则，这就是所谓的辨方位而正则。

中国特色社会主义进入新时代，这是我国社会发展新的历史方位。新时代是我们理解当前所处历史方位的关键词。大学阶段，一系列的人生课题需要大学生去思索、选择、实践。步入人生新阶段，放飞人生新梦想，需要对新时代有深入的了解和真切的领悟。

【教材内容链接】《思想道德与法治》绪论“担当复兴大任 成就时代新人”之“我们处在中国特色社会主义新时代”——新时代是我们理解当前所处历史方位的关键词

【案例二】铸爱国之魂　担复兴大任

故今日之责任，不在他人，而全在我少年。少年智则国智，少年富则国富，少年强则国强，少年独立则国独立，少年自由则国自由，少年进步则国进步，少年胜于欧洲，则国胜于欧洲，少年雄于地球，则国雄于地球。红日初升，其道大光。河出伏流，一泻汪洋。潜龙腾渊，鳞爪飞扬。乳虎啸谷，百兽震惶。鹰隼试翼，风尘翕张。奇花初胎，矞矞皇皇。干将发硎，有作其芒。天戴其苍，地履其黄。纵有千古，横有八荒。前途似海，来日方长。美哉，我少年中国，与天不老!壮哉，我中国少年，与国无疆!

——梁启超《少年中国说》

【案例分析】

所以说今天的责任，不在别人身上，全在我们少年身上。少年聪明国家就聪明，少年富裕国家就富裕，少年强大国家就强大，少年独立国家就独立，少年自由国家就自由，少年进步国家就进步，少年胜过欧洲，国家就胜过欧洲，少年称雄于世界，国家就称雄于世界。红日刚刚升起，道路充满霞光；黄河从地下冒出来，汹涌奔泻浩浩荡荡；潜龙从深渊中腾跃而起，它的鳞爪舞动飞扬；小老虎在山谷吼叫，所有的野兽都害怕惊慌，雄鹰隼鸟振翅欲飞，风和尘土高卷飞扬；奇花刚开始孕起蓓蕾，灿烂明丽茂盛茁壮；干将剑新磨，闪射出光芒。头顶着苍天，脚踏着大地，从纵的时间来看有悠久的历史，从横的空间来看有辽阔的疆域。前途像海一般宽广，未来的日子无限长远。美丽啊我的少年中国，将与天地共存不老！雄壮啊我的中国少年，将与祖国万寿无疆！

《少年中国说》鲜明地表现出以梁启超为代表的清末爱国者对于祖国危亡局势的忧愤，对于祖国美好前途的信心，以及对爱国青年的期望。在文中，梁启超以“老大中国”和“少年中国”进行了生动对比，鼓舞爱国青年要为“少年之中国”而努力奋斗。

在一代又一代爱国青年的努力拼搏下，中国从落后受辱的状态脱离出来，一步步走上复兴之路。革命战争年代，青年们满怀救国理想，为争取民族独立和人民解放冲锋陷阵：平均年龄28岁的中共一大代表们在浙江嘉兴点亮了“红船精神”；社会主义革命和建设时代，青年们响应党的号召，忘我劳动、艰苦奋斗：20岁出头的习近平在梁家河当大队书记，带领村民们打坝淤地、发展生产；改革开放和社会主义现代化建设时代，青年们团结奋进，发出“振兴中华”的时代强音，为祖国的繁荣昌盛而锐意创新：1981年，年轻的女排姑娘们第一次夺得世界冠军，实现中国三大球零的突破；中国特色社会主义新时代，广大青年担起历史的责任，用青春和汗水创造新的奇迹：2020年新冠疫情暴发，参加抗疫的医务人员近一半是“90后”“00后”，他们继承了前辈不怕苦、不畏难、不惧牺牲的精神，用实际行动展现中华民族的希望。

党的十九大报告中指出：“青年兴则国家兴，青年强则国家强。青年一代有理想、有本领、有担当,国家就有前途,民族就有希望。”①大学生既是民族复兴伟大进程的见证者和参与者,也是社会主义事业的生力军,要立大志、明大德、成大才、担大任,为实现中华民族伟大复兴的中国梦接力奋斗。

【教材内容链接】《思想道德与法治》绪论“担当复兴大任　成就时代新人”之“新时代呼唤担当民族复兴大任的时代新人”——青年兴则国家兴　青年强则国家强

【案例三】功立于志　业成于勤

功崇惟志,业广惟勤。

——《尚书·周书·周官》

【案例分析】

取得伟大的功业,是由于有伟大的志向;完成伟大的功业,在于辛勤不懈地奋斗。

周成王灭了淮夷,回到王都丰邑,和群臣一起总结周家(即周王朝)成就王业的经验,并向群臣说明周家设官用人的法则。其中他在教训他的“官君子”(各级长官)要忠于职守,勤于政务时,说道:“你们要认真对待你们的职责,不能怠惰忽略。你们要知道,功高由于有志,业大由于勤劳。”志不能够仅仅是轻描淡写,它要付出艰苦的努力,而且要笃行,即坚持不懈地、扎扎实实地去实践,去完成。没有坚持不懈,是不能够取得成功的。古人立志成就的人很多,他们都是从幼小立志的。

“业广惟勤”,“业”对于我们大学生来讲就是学习,“勤”对于我们大学生来讲就是勤学。我们在做选择的时候有一个价值观做支撑,我们学习的动力也来自那里。当我们把自己定位为为国家、为民族的振兴而学习的时候,我们就有了一个正确的价值取向,就有了学习的动力。

① 习近平:《在中国共产党第十九次全国代表大会上的报告》,《人民日报》,2017年10月28日。

首先,知识、认识是从“干”中,从实践中获得的。毛泽东同志讲,实践出真知。习近平总书记非常重视实践,强调实践是理论之源,在这方面,他也非常强调调查研究。他说:“调查研究是谋事之基、成事之道。没有调查,就没有发言权,更没有决策权。”[①]其次,知识的对错是在实践中,在“干”中来分辨的。一个理论,一种思想,一种认识,究竟是对是错,靠什么来检验呢?马克思在《关于费尔巴哈的提纲》中对这个问题做了非常明确的回答,一个理论是不是真理只能靠社会实践来检验。最后,本领只能在“干”中,在实践中提高。大学生要保持对理想信念的激情和执着,将实现中华民族伟大复兴中国梦的历史使命内化为担当的自觉,外化为实际的行动。

【教材内容链接】《思想道德与法治》绪论“担当复兴大任　成就时代新人”之“新时代呼唤担当民族复兴大任的时代新人”——立大志

【案例四】修治国之德　做国之栋梁

不厚其栋,不能任重。重莫如国,栋莫如德。

——左丘明《国语·鲁语·子叔声伯辞邑》

【案例分析】

栋梁不厚实,就不能承受房屋的重量。对于事情来说,最重要的莫过于国事,对于栋梁(人才)来说,最重要的莫过于德行。

青年引风气之先,其道德水准和精神风貌直接影响一个民族的文明素养。在恢宏壮阔的奋进路上,青春底色需要勤加擦拭,青春的璞玉离不开大德的滋养。我们要建成社会主义现代化强国,不仅要在物质上强,更要在精神上强。持久深沉的道德力量,对于大学生成长成才极为重要。只有把正确的道德认知与自觉的道德养成、积极的道德实践结合贯通,自觉树立和践行社会主义核心价值观,崇德修身,夯基固本,才能让青春的航船劈波斩浪、行稳致远。

① 《习近平关于全面深化改革论述摘编》,中央文献出版社,2014 年,第 37~38 页。

在日常生活中，大学生必须时常用真善美来雕琢自己，努力使自己成为品德高尚的人，同时积极带动他人崇德向善。面对时势变化，要明辨是非、恪守正道，不要人云亦云、盲目跟风；面对外部诱惑，应保持定力、严守规矩，用勤劳和诚实创造美好生活，拒绝投机取巧，远离自作聪明；面对幸福生活，应饮水思源、懂得回报，感恩党和国家，感恩社会和人民；面对时代使命，要体察世间冷暖、民众忧乐、现实矛盾，从中找到人生真谛、生命价值、事业方向。

【教材内容链接】《思想道德与法治》绪论“担当复兴大任 成就时代新人”之“新时代呼唤担当民族复兴大任的时代新人”——明大德

【案例五】崇尚美德　修身律己

风俗日趋于奢淫，靡所底止，安得有敦古朴之君子，力挽江河；人心日丧其廉耻，渐至消亡，安得有讲名节之大人，光争日月。

——王永彬《围炉夜话·第 11 则》

【案例分析】

社会的风气日渐奢侈放纵，而且这种现象愈来愈变本加厉，一直没有改善的迹象，如何才能出现一个敦促世人古朴的君子，有着力挽狂澜的能力，使社会恢复原有的质朴；世人已逐渐失去清廉知耻的心，再这样下去，总有一天会完全不知廉耻，如何才能出现一位重视名誉和气节的有德之士，唤醒世人的廉耻之心，那么他的功绩就可以万古不没，与日月争辉。

在这部成书于清代的劝世之作中，作者王永彬针对当时社会风气日趋败坏的状况深感忧虑，期盼品德高尚的人来力挽狂澜、拯救社会。当前我国处于中国特色社会主义新时代，社会主流价值观念积极健康，但现实中拜金主义、享乐主义和极端个人主义等错误观念和看法在某些领域依然存在，违背社会主义核心价值观的假恶丑等现象也时常在某些人身上出现。新时代的大学生作为实现中华民族伟大复兴重任的中坚力量，肩负着人民的重托、历史的重任，一定要明辨是非、恪守正道，而不是人云亦云、盲目跟风。要以高度的主人翁精神，努力提升思想道德素质和法治素养，同时积极带动他人崇德向善，对社会风气起到正向引领作用。

【教材内容链接】《思想道德与法治》绪论“担当复兴大任 成就时代新人”之“新时代呼唤担当民族复兴大任的时代新人”——明大德

【案例六】修五强而戒八恶　成美德而富才能

将有五强八恶。高节可以厉俗，孝弟可以扬名，信义可以交友，沈虑可以容众，力行可以建功，此将之五强也。谋不能料是非，礼不能任贤良，政不能正刑法，富不能济穷厄，智不能备未形，虑不能防微密，达不能举所知，败不能无怨谤，此谓之八恶也。

——诸葛亮《将苑·卷一·将强》

【案例分析】

将帅有五强八恶。五强是指五种必备的德行：高风亮节可以勉励世俗；友爱孝悌可以名扬海内；信义忠诚可以获得友谊；周到细致地考虑问题可以容忍他人；身体力行可以建功立业。八恶是八种在德行上的缺陷：虽然足智多谋但不能明辨是非；不能礼贤下士，更不能任用贤良之人；施政时有法不依，无法引导社会风俗；不能慷慨施惠，不肯救济穷困；智慧不足，不能防患于未然；不能深思远虑，也不能防微杜渐；不能在声誉显达时推荐自己所熟悉的贤能之士；不能在战败时，毫无怨言，承担全部责任。

本篇文章论述了将领应有的素质，但侧重点在将领的道德品质方面。诸葛亮首先从正面提出了“五强”，即高节、孝悌、信义、深虑、力行，这和孙子兵法倡导的智、仁、勇、信、严是一致的。当然，不同社会、不同时代可以赋予这五方面以不同的内涵，当今不能完全照搬，但是从这五个方面规范人的道德品质，在任何时候都是可以借鉴的。尤其是肩负重任的人，更应该在这五个方面规范自己。然后，又从反面提出了"八恶"，这"八恶"都是为将统兵之人应该力戒的，有了其中任何一"恶"，都不可能成为一个杰出将领或者卓越的政治家。对于要成为担当民族复兴大任的时代新人来说，"五强八恶"的标准具有很强的指导意义和实用价值。

【教材内容链接】《思想道德与法治》绪论"担当复兴大任 成就时代新人"之"新时代呼唤担当民族复兴大任的时代新人"——明大德

【案例七】德才兼备　方为大将

夫将材有九。道之以德，齐之以礼，而知其饥寒，察其劳苦，此之谓仁将。事无苟免，不为利挠，有死之荣，无生之辱，此之谓义将。贵而不骄，胜而不恃，贤而能下，刚而能忍，此之谓礼将。奇变莫测，动应多端，转祸为福，临危制胜，此之谓智将。进有厚赏，退有严刑，赏不逾时，刑不择贵，此之谓信将。足轻戎马，气盖千夫，善固疆场，长於剑戟，此之谓步将。登高履险，驰射如飞，进则先行，退则后殿，此之谓骑将。气凌三军，志轻强虏，怯于小战，勇于大敌，此之谓猛将。见贤若渴，从谏如流，宽而能刚，勇而多计，此之谓大将。

——诸葛亮《将苑·卷一·将材》

【案例分析】

将帅分为九种类型：一是用自己的德行教育部下，用礼法规范部下的行为，对部下关怀备至，嘘寒问暖，与部下同甘共苦，这种将帅是仁将。二是做事能不只图眼前消灾去难，还有长远打算，一丝不苟，不被利益所诱惑，宁愿为荣誉献身，也不屈辱求生，这样的将帅是义将。三是身居高位但不盛气凌人，功绩卓著又不骄傲自大，贤德而不清高，谦让比自己地位低的人，个性刚直又能包容他人，这样的将帅是礼将。四是运用战术高深莫测，足智多谋，身处逆境能转祸为福，面临危险又知逢凶化吉，这样的将帅是智将。五是忠诚信实，对有功之人以重赏，对有过之人以重罚，赏罚分明，奖赏时不拖延，惩罚时不管对方的地位高下，这样的将帅是信将。六是身手矫捷，冲锋陷阵时快如战马，气概豪壮，斗志昂扬能胜千夫，善于保卫国家，又擅长剑戟，这样的将帅是步将。七是能攀高山，走险地，驰马如风，身先士卒，锐不可当，撤退时在队伍后面抵挡敌兵掩护他人，这样的将帅是骑将。八是气盖三军，所向披靡，对小的战役谨慎不马虎，面对强大的敌人则愈战愈勇，这样的将帅是猛将。九是遇见贤者虚心请教，对别人的意见从谏如流，能广开言路，待人宽厚又不失刚直，勇敢果断又富于计谋，这样的将帅是大将。

诸葛亮在《将苑·将材》中提出，成为一名优秀将领应具备九条要求。其中道德修养六条，要有仁、义、礼、智、信和胸怀；军事才干三条，要武艺精熟，骑射步战过人，临战身先士卒，有气凌三军之气概。这九条要求，概括起来可分为两个方面，即我们常说的“德”和“才”。本篇提出了为将之人应有的品质修养，也就是指出了成为一员优秀将领所必须具备的道德品质和才干。

“德”与“才”，不仅仅是优秀将领必备的品质和本领。大学生作为社会主义事业的建设者和接班人，更要与时同行、与时共进，不仅要掌握扎实的科学知识，勤奋学习专业本领，还要具备深厚的道德涵养和崇高的理想信念。要想明德修身笃学成才，就要自觉加强学习、树立正确的道德理念，要勇于承担起社会责任、敢于拼搏，不断增强本领才干，用奋斗擦亮青春底色。

【教材内容链接】《思想道德与法治》绪论“担当复兴大任　成就时代新人”之“新时代呼唤担当民族复兴大任的时代新人”——明大德　成大才

【案例八】学以增识　以智驭才

学如弓弩，才如箭镞。识以领之，方能中鹄。

——袁枚《续诗品·尚识》

【案例分析】

学问的根基如弓，人的才能如箭，真知灼见（学识）引导箭头射出，才能命中目标。比喻没有学问，才能不能发挥，没有学识指导人生，就没有正确的方向。只要依靠厚实的见识来引导，就可以让才能很好地发挥作用。

学与才的辩证法，正是青年最应该思考的。一些人认为才能源于天赋，不用学习；一些人认为学习就能增长才能，不用实践，这都是割裂了二者的联系。正如这句古语所说，学识是才能的引导，才能是学习的发挥，一个是基础，一个是表现；一个是过程，一个是结果。只有当学习的弓弩弯如满月，才识的箭镞才能飞似流星。学习是一个需要积累的过程，不可能一蹴而就，“贵有恒，何必三更起五更眠；最无益，只怕一日曝十日寒”，青年毛泽东曾以此自警自励。青年人正处于学习的黄金时期，更应该把学习作为首要任务，作为一种责任、一种精神追求、一种生活方式。

大学生要求真学问、练真本领，通过学习知识，掌握事物发展规律，丰富学识，增长见识，更好地为国争光、为民造福。既要惜时如金、孜孜不倦，下一番心无旁骛、静谧自怡的功夫，又要突出主干、择其精要，做到又博又专、愈博愈专；既要打牢扎实基础，又要及时更新知识；既要刻苦钻研理论，又要积极掌握技能；既向书本学，又向实践学、向群众学；既要立足优秀传统，又要面向时代前沿，努力成为兼收并蓄、融会贯通、本领高强、全面发展的优秀人才。概言之，大学生应把学习作为首要任务，树立“梦想从学习开始、事业靠本领成就”的观念，让勤奋学习成为青春远航的动力，让增长本领成为青春搏击的能量。

【教材内容链接】《思想道德与法治》绪论“担当复兴大任 成就时代新人”之“新时代呼唤担当民族复兴大任的时代新人”——成大才

【案例九】古今有成　勤学不怠

自古明王圣帝，犹须勤学，况凡庶乎！此事遍于经史，吾亦不能郑重，聊举近世切要，以启寤汝耳。士大夫之弟，数岁已上，莫不被教，多者或至《礼》

《传》，少者不失《诗》《论》。及至冠婚，体性梢定，因此天机，倍须训诱。有志向者，遂能磨砺，以就素业；无履立者，自兹堕慢，便为凡人。人生在世，会当有业，农民则计量耕稼，商贾则讨论货贿，工巧则致精器用，伎艺则沉思法术，武夫则惯习弓马，文士则讲议经书。多见士大夫耻涉农商，羞务工伎，射则不能穿札，笔则才记姓名，饱食醉酒，忽忽无事，以此销日，以此终年。或因家世馀绪，得一阶半级，便自为足，全忘修学，及有吉凶大事，议论得失，蒙然张口，如坐云雾，公私宴集，谈古赋诗，塞默低头，欠伸而已。有识旁观，代其入地。何惜数年勤学，长受一生愧辱哉。

——颜之推《颜氏家训·勉学》

【案例分析】

自古以来，那些贤明的帝王尚且需要勤奋学习，何况是普通百姓呢！这类事情在经籍史书中随处可见，我也不想一一列举，姑且列举近世一些比较紧要的，来启发提醒你们。那些士大夫的子弟，长到几岁以后，没有不接受教育的，他们中学得多的，已经学到了《礼经》《春秋三传》；学得少的，起码也学完了《诗经》和《论语》。到了加冠成婚的年纪，一个人的体质、性情已经逐渐定型，这个时候更要对他们加倍进行训育和诱导。他们之中那些有志向的，能够经受住磨炼，成就士族的清素之业；而那些没有操守的，则从此懒散、懈怠起来，便成了平庸之人。人生在世，应当有自己擅长的技能，去从事某种职业：当农民就要盘算、核计如何耕种庄稼，做商人就要商谈买卖、交易，当工匠就要致力于制作各种精巧的器物，当艺人就要潜心钻研技艺，当武士就要熟习射箭骑马，当文人则要讲谈、议论儒家经书。我常常见到这样一些士大夫，他们耻于涉足农商，羞于从事工技；让他射箭，连一层铠甲都不能射穿；让他动笔，只能写出自己的姓名；整天吃饱喝足，无所事事，以此消磨时光，虚度一生。还有的人只是凭借祖上的荫庇，谋得一官半职，就自我满足，全然忘记了研习学业，一旦遇上吉凶大事，议论起得失来，就张口结舌，茫然无措，如同坠入云雾之中。在各种公私宴会的场合，别人谈古论今，吟诗作赋，他却像嘴被塞住一样，低头不语，或者就是打哈欠、伸懒腰而已。有见识的人在一旁看到，都替他感到羞得无地自容。这些人为什么当初舍不得用几年的时间去勤奋学习，却要这样令自己终生愧辱呢？

习近平总书记强调："梦想从学习开始，事业靠本领成就。广大青年要自觉加强学习，不断增强本领。"[①]要如饥似渴、孜孜不倦地学习，既多读有字之书，也多读无字之书，才能为人生之路奠定坚实知识基础。进入大学阶段，不能一劳永逸、放松学习，而是仍然要把学习作为首要任务，惜时如金，求真学问、练真本领，丰富学识，增长见识，努力成为兼收并蓄、融会贯通、本领高强、全面发展、堪当民族复兴大任的时代新人。

【教材内容链接】《思想道德与法治》绪论"担当复兴大任　成就时代新人"之"新时代呼唤担当民族复兴大任的时代新人"——成大才

【案例十】勇做潮头人　不负新时代

西哲有恒言曰："时势造英雄，英雄亦造时势。

——梁启超《李鸿章传》

【案例分析】

时代造就英雄人物，英雄人物也会创造时代。

一定时期客观形势的变化，能给人以显露和锻炼才能的机会，造就出英雄人物。有智慧的人，懂得在特定历史条件下，顺势而为，做利国利民的事。有什么样的环境才会造就什么样的英雄，这样的英雄才会创出相应的时势。孟子有两句话："虽有智慧，不如乘势，虽有镃基，不如待时！"不是历史造就英雄，而是英雄一直都有，只是时势不合适。

① 习近平：《在知识分子、劳动模范、青年代表座谈会上的讲话》，《人民日报》，2016年4月30日。

我国正处于中国特色社会主义新时代，为青年学生的成长奠定了良好的基础。新时代是追梦者的时代，也是广大青少年成就梦想的时代。新时代已经为我们勾勒出更加美好的新的蓝图，同时也发出新的召唤。新时代的青年，在党的改革开放的春风中沐浴长大，亲眼见证了祖国的蒸蒸日上。作为新时代青年，我们更要顺应新时代，听从新召唤，履行新使命，展现新作为，争做一名适应时代发展需要的有理想、有本领、有担当的青年，为实现中华民族伟大复兴中国梦贡献青春力量。

【教材内容链接】《思想道德与法治》绪论"担当复兴大任　成就时代新人"之"新时代呼唤担当民族复兴大任的时代新人"——担大任

【案例十一】以智赋能　以行就成

徒善不足以为政，徒法不能以自行。

——《孟子·离娄上》

【案例分析】

只有善德不足以处理国家的政务，只有法令不能够使自己发生效力。

治理国家必须把行善政与行法令结合起来。在我国，社会主义思想道德建设和法治建设紧密联系，互相补充、互相促进，为党和国家的事业提供坚实的思想基础、精神支撑和制度保障。一方面，思想道德建设为法治建设提供思想指引和价值基础。思想道德为法律的制定、发展和完善提供价值准则，是社会主义法律正当性和合理性的重要基础；思想道德能够促进人们自觉遵法、学法、守法、用法，维护法律权威；思想道德调整社会关系的范围和方式更加灵活，与法治建设共同促进良好社会秩序的形成。另一方面，法治建设为思想道德建设提供制度支撑和法律保障，通过对思想道德的基本原则予以确认，为思想道德建设提供国家强制力保障。科学立法和民主立法，可以将思想道德有机融入法律体系，使法律具有鲜明道德导向，让法治成为善治良法；严格执法和公正司法，有利于维护社会公平正义，弘扬真善美、打击假丑恶，使思想道德要求在实践中得到切实遵循；全民普法和全民守法，有助于提高人们信守法律的思想道德水平，引导人们自觉履行法定义务、家庭责任、社会责任。

【教材内容链接】《思想道德与法治》绪论“担当复兴大任　成就时代新人”之“不断提升思想道德素质和法治素养”——思想道德与法律的重要性

【案例十二】修无形之德　成有形之践

三十辐共一毂，当其无有，车之用。埏埴为器，当其无有，器之用；凿户牖，以为室当其无有，室之用。故有之以为利，无之以为用。

——《道德经·第十一章》

【案例分析】

车轮上的三十根辐条，聚集到一个车轴上，有了轴心空虚处，才有车的作用。糅合黏土做成器皿，有了器皿中间的空虚处，才有器皿的作用。开凿门窗并建成房屋，有了房屋中间的空虚处，才有房屋的作用。所以，“有”给人便利，“无”发挥了它的作用。

可见，“无”并不是没有，我们可以说“无”是“空”，但不能说是“没有”。空的口袋才能装东西，空的房子才能住人，空的管道才能送水，肚子空空才能吃下东西。所以千万不要小看了“无”，没有它，这天地万物就成了摆设而没了用处。

人的成功一方面需要借助外部有形的东西，如工具、技术等，另一方面也需要无形的意识因素来决定。两者相辅相成，无形的东西同样重要。有形的、存在的，为我们提供了可能性，提供了机会，能不能实现真正的价值，还必须重视无形的东西，比如智慧、策略、眼光、诚信等。某些大学生认为，从专业课中可以学到某种专业技能，这是有用，而思政课比较“空”，没有什么用。

于是，有些大学生在思政课堂上或写专业课作业，或学习考证、考级类教材，或玩手机，来填补所谓大脑的“空白”。

思政课是学校落实立德树人根本任务的关键课程，在新时代高校人才培养体系乃至社会主义意识形态建设和文化治理整体布局中具有举足轻重的地位，在引领我国教育发展的正确方向、引导大学生坚定正确的政治方向、培养一代又一代合格的建设者和接班人中不断彰显着“大用”的历史意义和时代价值。因此，学好专业课的同时要重视思想政治理论课学习，并将思想政治教育与专业课程有机结合，才能培养出德才兼备的高素质专业化人才。

【教材内容链接】《思想道德与法治》绪论“担当复兴大任　成就时代新人”之“不断提升思想道德素质和法治素养”——修养无形的思想品德　成就有形的客观实践

【案例十三】崇德尚法　治国之道

文王问太公曰：“君国主民者，其所以失之者何也？”太公曰：“不慎所与也。人君有六守、三宝。”文王曰：“六守者何也？”太公曰：“一曰仁，二曰义，三曰忠，四曰信，五曰勇，六曰谋，是谓六守。”文王曰：“慎择六守者何？”太公曰：“富之而观其无犯，贵之而观其无骄，付之而观其无转，使之而观其无隐，危之而观其无恐，事之而观其无穷。富之而不犯者仁也，贵之而不骄者义也，付之而不转者忠也，使之而不隐者信也，危之而不恐者勇也，事之而不穷者谋也。人君无以三宝借人，借人则君失其威。”文王曰：“敢问三宝？”太公曰：“大农、大工、大商谓之三宝。……六守长，则君昌；三宝完，则国安。”

——姜子牙《六韬·文韬·六守第六》

【案例分析】

文王问太公道：“统治国家管理民众的君主，其所以失去国家和民众的原因是什么？”太公答道：“那是用人不慎造成的。君主应该做到六守、三宝。”

文王问："什么是六守？"太公回答说："一是仁爱，二是正义，三是忠诚，四是信用，五是勇敢，六是智谋。这就是所谓的六守。"文王问："如何审慎地选拔符合六守标准的人才呢？"太公说："使他富裕，以考验他是否逾越礼法；使他尊贵，以考验他是否骄横不驯；委以重任，以考验他是否坚定不移地去完成；命令他处理问题，以考验他是否隐瞒欺骗；让他身临危难，以考验他是否临危不惧；让他处理突发事变，以考验他是否应付裕如。富裕而不逾礼法的，是仁爱之人；尊贵而不骄横的，是正义之人；身负重任而能坚定不移去完成的，是忠诚之人；处理问题而不隐瞒欺骗的，是信用之人；身处危难而无所畏惧的，是勇敢之人；面对突发事变而应付裕如的，是有智谋的人。君主不要把三宝（大农、大工、大商）交给别人，如果交给别人，君主就会丧失自己的权威。"文王问："您所指的三宝是什么？"太公答道："大农、大工、大商，这三件事叫做三宝。……具备六守标准的人得到重用，君主的事业就能昌盛发达；三宝发展完善，国家就会长治久安。"

本篇提出了选拔人才的六条准则：仁爱，正直，忠诚，诚信，勇敢，智谋。并进一步说明应用富之、贵之、付之、使之、危之、事之等六种手段来考察，就能够知道其是否与这六条标准符合。指出"六守长，则君昌"。

在党的百年奋斗历程中，党始终重视培养人才、团结人才、引领人才、成就人才，团结和支持各方面人才为党和人民事业建功立业。人才是实现民族振兴、赢得国际竞争主动的战略资源。当代中国青年是与新时代同向同行、共同前进的一代，生逢盛世，肩负重任。其成长成才的过程是一个思想道德素质和法治素养不断提升的过程。

新时代大学生素质和本领的强弱，直接影响着民族复兴的进程。大学生要惜时如金、孜孜不倦，自觉加强学习、勤奋探索，在社会实践中全面发展，努力成为德才兼备、全面发展的优秀人才。

【教材内容链接】《思想道德与法治》绪论"担当复兴大任　成就时代新

人”之“不断提升思想道德素质和法治素养”——崇德尚法　治国之道

【**案例十四**】法安天下　德润民心

不能御民者，弃其德法，专用刑辟，譬犹御马，弃其衔勒，而专用棰策，其不制也，可必矣。夫无衔勒而用棰策，马必伤，车必败。无德法而用刑，民必流，国必亡。治国而无德法，则民无修；民无修，则迷惑失道。如此，上帝必以其为乱天道也。苟乱天道，则刑罚暴，上下相谀，莫知念忠，俱无道故也。今人言恶者，必比之于桀纣，其故何也？其法不听，其德不厚。故民恶其残虐，莫不吁嗟，朝夕祝之。升闻于天，上帝不蠲，降之以祸罚，灾害并生，用殄厥世。故曰德法者御民之本。

——王肃注《孔子家语·执辔》

【案例分析】

闵子骞向孔子请教古时候的人是怎样执政的，孔子在回答了施行德政和法治之后，进一步阐述道：“不擅长治理百姓的人，他们丢弃了德政和法制，专用刑罚，这就好比驾驭马，丢弃了勒口和缰绳，而专用棍棒和马鞭，事情做不好是必然的。驾驭马没有勒口和缰绳，而用棍棒和马鞭，马必然会受伤，车必然会毁坏。没有德政和法制而用刑罚，民众必然会流亡，国家必然会灭亡。治理国家而没有德政和法制，民众就没有修养，民众没有修养，就会迷惑不走正道。这样，天帝必然认为这是扰乱了天道。如果天道混乱，就会刑罚残暴，上下相互奉承讨好，没有人再考虑忠诚信义，这都是没有遵循道的缘故。现在人们说到恶人，必定会把他比作夏桀、商纣，这是为什么呢？因为他们制定的法令不能治理国家，他们的德政不厚。所以民众厌恶他们的残暴，没有不叹息的，会朝夕诅咒他们。上天听到了这些声音，天帝不会免除他们的罪过，降下灾祸来惩罚他们，灾难祸害一起发生，因此灭绝了他们的朝代。所以说德政和法制是治理民众的根本方法。”

坚持和发展中国特色社会主义，既要发挥思想道德的引领和教化作用，又要发挥法律的规范和强制作用。治理国家需要坚持依法治国和以德治国相结合，思想道德素质和法治素养也是一个人应该具有的基本素质。良好的思想道德素质和法治素养，是大学生把握发展机遇、创造精彩人生的基础条件和宝贵资源。学习“思想道德与法治”这门课，有助于大学生陶冶高尚的道德情操，增强尊法学法守法用法的自觉性，不断提高自身的思想道德素质和法治素养。

【教材内容链接】《思想道德与法治》绪论“担当复兴大任　成就时代新人”之“不断提升思想道德素质和法治素养”——法安天下　德润民心

【案例十五】心存敬畏　守德循法

人犯一苟字，便不能振；人犯一俗字，便不可医。

——王永彬《围炉夜话·第 129 则》

文、行、忠、信，孔子立教之目也，今惟教以文而已；志道、据德、依仁、游艺，孔门为学之序也，今但学其艺而已。

——王永彬《围炉夜话·第 185 则》

隐微之衍，即干宪典，所以君子怀刑也；技艺之末，无益身心，所以君子务本也。

——王永彬《围炉夜话·第 186 则》

【案例分析】

人只要有了随便的毛病，这个人便无法振作了。一个人的心性只要流于俗气，就无可救药了。

文、行、忠、信，是孔子教导学生所立的科目，现在却只教学生文学了。志道、据德、依仁、游艺，是孔门求学问的次序，现在只剩最后一项学艺罢了。

一些不留意的过失，很可能就会违反法度，所以君子行事，常在心中留礼法，以免犯错。技艺是学问的末流，对身心并无改善的力量，所以君子应重视根本的学问，而不把精力浪费在旁枝末节上。

没有规矩不成方圆，法律和道德就是维护社会秩序的两种基本手段，也是每一个人都应该具备的基本素质。一个人树立什么样的世界观、人生观和价值观意义重大，会影响人一生的得失成败，这是本。大学生不能舍本逐末，只满足于学习专业课，而忽视、应付《思想道德与法治》等思政课，只有德才兼备，立大志、明大德、担大任，才能活出人生的意义、高度、境界和品位，在实现中国梦的伟大实践中创造自己的精彩人生。

【教材内容链接】《思想道德与法治》绪论“担当复兴大任　成就时代新人”之“不断提升思想道德素质和法治素养”——心存敬畏　守德循法

【案例十六】明德法　知进退

古之善将者有四：示之以进退，故人知禁；诱之以仁义，故人知礼；重之以是非，故人知劝；决之以赏罚，故人知信。禁、礼、劝、信，师之大经也。未有纲直而目不舒也，故能战必胜，攻必取。庸将不然，退则不能止，进则不能禁，故与军同亡。无劝戒则赏罚失度，人不知信，而贤良退伏，谄顽登用，是以战必败散也。

——诸葛亮《将苑·卷一·善将》

【案例分析】

从古至今，善于领兵打仗的将领用兵的原则有四点：令出如山，向部下讲明什么是进，什么是退，什么是不应该做的；用仁、义的思想教育部下，使士卒能知书达礼；告诫部下明辨是非，使士卒能互相勉励，规过劝善；严格赏罚，使士卒不敢涣散，有信用。禁、礼、劝、信这四条基本原则是部队中的重要规范，如果彻底做到了这四点，就好像主要的支架已经搭好，其他的细微末节也就自然地顺展开来；有了法规，具体的内容也就明晰了，这样军队就能战必胜，攻伐时得其所需。无能的将领做不到这四点：没有规制，一旦下令撤退，士卒不听指挥，抱头鼠窜；而下令进攻时，则没有节制，步调不一，甚至纷纷逃避，怠慢拖延，全军也就难逃灭亡的下场；劝诫不明，赏罚无度，失信于士卒，上下不能一心，贤德之人纷纷远走，谄媚狡猾的小人得势，这样的将领带出的部队，一定会每战必败。

诸葛亮从正反两方面详尽论述了带兵的原则。他把这些原则归结为四项：禁、礼、劝、信，并且把这些原则称之为治军的“大经”，也就是最基本、最重要的规范准则。他把不按四项原则治军的将领称作“庸将”，指出他们必败的下场。其实，“禁”就是规矩、法治，“礼、劝、信”则是思想道德的范畴。思想道德素质和法治素养是一个人能否被社会接纳并更好地实现自身价值和社会价值的关键。一个合格公民应当做到“尊法、学法、守法、用法”。要坚持德法结合，道德是法律的原动力，也是法律的润滑剂。道德素养和法治素养是相辅相成的，既要重视道德素养的管理，又要重视法治素养的约束，才能不断提升个人整体素养，更好地成为社会主义建设者和接班人。

【教材内容链接】《思想道德与法治》绪论“担当复兴大任　成就时代新人”之“不断提升思想道德素质和法治素养”——明德法　知进退

【案例十七】道之以德　齐之法纪

贤才居上，不肖居下，三军悦乐，士卒畏服，相议以勇斗，相望以威武，相劝以刑赏，此必胜之征也。士卒惰慢，三军数惊，下无礼信，人不畏法，相恐以敌，相语以利，相嘱以祸福，相惑以妖言，此必败之征也。

——诸葛亮《将苑·卷二·胜败》

【案例分析】

军队出师必胜的条件是：要由真正有才德的人担任重要职务，没有才德的人被贬斥到最低位置；三军将士情绪高昂，团结统一，上下关系和睦，士卒服从命令；勇敢善战，军容威武雄壮；法纪严明。军队出师不利，必然伴随下列征兆：士兵懒惰、散漫，不遵守军纪，全军将士非常畏惧对敌作战；兵卒不讲信义，不畏惧刑罚；对敌军实力估计过高；内部不团结；彼此之间谈论的只是个人利益；喜欢猜测事情的吉凶祸福；附会各种无稽之谈，军内流言蜚语盛行，军心涣散。

本篇文章从正反两方面谈论导致胜败的种种征兆，这是将领做出战斗判断的重要参考。所谓不打无把握之仗，就是要判断出取胜的把握方能投入战斗。在诸多征兆中，诸葛亮特别强调“贤才居上”，把让贤德之人担任要职列为取胜的最根本条件。从根本上说，这还是一个用人问题，只有任用贤德之人担任要职，军队才能团结一致，才能军风端正，士气高昂，保证必胜。反之，士兵不遵守法度和规章，没有集体主义精神和献身精神，就会逢战必败。可见，思想道德素质和法治素养是人应该具有的基本素质。是否具备良好的思想道德素质和法治素养，是一个人能否被社会接纳并更好实现自身价值和社会价值的关键。将军因具有崇高的思想道德和法治素养，能够做到勇敢善战、奖罚分明，懂得与将士维持和睦关系，从而战之必胜；而士兵因不以道德约束自己而懒散、自私、怯弱，不以法治素养来管控自身而无视军纪，不畏刑法，所以战之必败。

一个人要安身立命、成长成才、贡献社会，需在正确认识自己、认识他人、认识社会的基础上，学习掌握运用道德和法律规范，不断调整自身与他人的关系。良好的思想道德素质和法治素养，是新时代大学生把握发展机遇、做好人生规划、书写时代华章的必备条件，需要在学习中养成、自律中锤炼、实践中升华。

【教材内容链接】《思想道德与法治》绪论“担当复兴大任　成就时代新人”之“不断提升思想道德素质和法治素养”——道之以德　齐之法纪

第一章　领悟人生真谛　把握人生方向

面对世界的复杂变化，面对纷繁多样的社会现象，面对各种思潮的相互激荡，面对学业、情感、职业选择等方面的考量，大学生要学会在科学理论指导下树立正确的人生观，把自己的人生追求同国家发展进步、人民伟大实践紧密结合起来，通过不懈努力实现人生价值。

本章精选 39 个中华优秀传统文化案例，用于解读人生观是对人生的总看法；正确的人生观；创造有意义的人生三个问题。深入挖掘中华优秀传统文化中包含的人生哲理，实现与马克思主义世界观、人生观、价值观的融合。

第一节　人生观是对人生的总看法

习近平总书记同青年大学生座谈时强调："要树立正确的世界观、人生观、价值观，掌握了这把总钥匙，再来看看社会万象、人生历程，一切是非、正误、主次，一切真假、善恶、美丑，自然就洞若观火、清澈明了，自然就能作出正确判断、作出正确选择。”①大学生思考和规划自己的人生之路，要掌握人生观的基本理论，学会科学看待人生的根本问题。

本节精选7个案例，从中华优秀传统文化中寻找从古至今人们对人生的看法、对人的本质的认识、人生观的内容，以及对我们今天怎样看待人生，怎样认识人的本质具有借鉴意义。

【案例一】存心养性　推己及人

孟子曰：“君子所以异于人者，以其存心也。君子以仁存心，以礼存心。仁者爱人，有礼者敬人。爱人者，人恒爱之；敬人者，人恒敬之。”

——《孟子·离娄章句下》

【案例分析】

孟子说：“君子与一般人不同的地方在于，他内心所怀的念头不同。君子以建立人与人之间相互亲爱的关系存于心中，以社会行为规范存于心中。能建立人与人之间相互亲爱的关系的人能爱别人，心中有社会行为规范的人能尊敬别人。能爱别人的人，别人也能常常爱他；能尊敬别人的人，别人也常常尊敬他。”

在孟子看来，善端是人与生俱来的，这为人的正直向善给予了正方向的指引，人向善行善是由内到外、推己及人的一种路径。人要想达到“善”的境界，最先从自身所具有的善端出发，好好保留善端，使人善的本心不被迷惑，也就是所谓的“存心”。君子之所以不同于普通人，在于君子可以保留先天的善心，随后再经过后天的品德修养充盈这种先天的善端，人就可以成为君子。倘若人后天没有保留好善心，致使善心被迷惑了，那么要做的便是找回自己的本心，即将人丧失的善的本心找回来，再通过塑造，仍然是可以达到善的，这个环节便是“修身养性”。因而孟子认为人要达到善的境界，首先就

① 《习近平谈治国理政》(第一卷)，外文出版社，2018年，第173页。

必须要存心养性，而对于善的外化和扩充，孟子选择了推己及人的方式。总体而言，孟子对于人向善行善的路径要求就是人要先“存心养性”，然后“推己及人”，这样一个由内到外的过程。

人的生命历程不同于其他动物，人不仅要维系自身的生存和繁衍，还要生产、交往、创造，在极为丰富的社会生活中观察、思索、判别和选择。孟子的这段话强调了君子与常人的区别在于处世之道的不同，即君子在与人交往的过程中会把“仁”“礼”谨记心中，心怀“仁礼”，这是常人所难以做到的。思考人生，树立正确的人生观，首先需要对人和人的本质有科学的认识。马克思运用辩证唯物主义和历史唯物主义的立场、观点和方法，揭示了人的本质之谜，指出：“人的本质不是单个人所固有的抽象物，在其现实性上，它是一切社会关系的总和。”[①]这一论断强调要从社会关系出发去把握变化着的人的本质，为人们认识人生、形成正确的人生观提供了科学的方法论。

任何人都是处在一定的社会关系中从事社会实践的人。孟子提出的“以仁存心，以礼存心”揭示了深奥的人生哲理和处世妙诀，即与人相处时，一定要秉持仁礼观念，以仁德之心爱人、敬人，这才是仁者、智者最好的处世之道。

【教材内容链接】《思想道德与法治》第一章第一节“人生观是对人生的总看法”之“正确认识人的本质”———马克思主义关于人的本质的认识

【案例二】君子所为　裁之道义

君子义以为上。

——《论语·阳货》

生亦我所欲也，义亦我所欲也；二者不可兼得，舍生而取义者也。

——《孟子·梁惠王上》

① 《马克思恩格斯文集》(第一卷)，人民出版社，2009 年，第 501 页。

【案例分析】

君子把义看作是最尊贵的。

生命是我所想要的,道义也是我所想要的,如果这两样东西不能同时具有的话,那我只好牺牲生命而选取道义了。

“利”是“义”的存在基础,“义”又是对“利”的认可和制约,正是由于符合道义,所以人们才能获得长久的利。“舍生取义”作为中华民族的道德原则之一,体现在广大人民对理想信念的追求,也体现在对个人利益与社会利益的取舍。当鱼和熊掌不能兼得的时候,舍鱼而取熊掌,杀身成仁,舍生取义。大是大非面前不含糊。当个人的利益甚至生死,与国家和民族的兴亡,相互抵触,只能选择其一时,必须毅然决然的选择国家和民族的大义。

个人与社会的关系表现在任何个人总是隶属于一定群体、集团、团体之中,人的本质在于他的社会关系,这就必然涉及“公与私”的关系。敢于牺牲、甘于奉献的人生价值取向就是主张克己奉公,先公后私,大公无私,以个人利益服从党和国家的利益;在特殊情况下,为满足祖国和人民的需要,还会毫不犹豫地牺牲个人利益,甚至牺牲生命来完成党和人民的事业。作为中华民族精神的一部分,古代先贤早已崇尚敢于牺牲、甘于奉献的精神。

古往今来,人们对人生目的的探索从未停止过,思想家们孜孜以求留下了难以计数的答案,形成了各式各样的关于人生目的的思想。马克思主义认为,高尚的人生目的总是与奋斗奉献联系在一起的。大学生只有把自己的人生目的与国家前途、民族命运、人民幸福联系在一起,才能自觉自愿地把自己的一生奉献于利国利民的事业。

青年人的价值取向决定着社会的价值取向, 是人生实践过程中要承担的任务和责任,强烈的责任意识和担当精神是中华传统文化的优秀基因,也是马克思主义的精神特质。

【教材内容链接】《思想道德与法治》第一章第一节“人生观是对人生的

总看法”之“正确认识人的本质”——个人与社会的辩证关系

【案例三】孝悌爱人　敬亲忠国

有子曰：“其为人也孝弟，而好犯上者，鲜矣；不好犯上，而好作乱者，未之有也。君子务本，本立而道生。孝弟也者，其为仁之本与！”

——《论语·学而》

【案例分析】

有子说：“孝顺父母，顺从兄长，而喜好触犯上层统治者，这样的人是很少见的。不喜好触犯上层统治者，而喜好造反的人是没有的。君子专心致力于根本的事务，根本建立了，治国做人的原则也就有了。孝顺父母、顺从兄长，这就是仁的根本啊！”

孔子的仁爱关系，从家庭出发，从孝顺长辈、尊重兄长出发，向外扩展，所谓家国天下，这里也就是中国的传统文化认同。一个人能够处理好家族中的关系，那么同样也能处理好自己和他人和社会的关系。

从中国传统文化来看，无论是孔子的“仁”，还是孟子的“义”，都强调在人与社会的关系中，社会本位主义一直占主导地位，都主张个人的价值在于对他人和社会的贡献，对社会没有贡献，个人就没有价值。“他们把群体的利益和谐作为其理论的终极目标和出发点，认为社会安定有序就是道德的价值所在，将社会的整体利益作为个人利益的唯一目标和唯一参照物，要求社会个体成员通过道德修养完成融入群体、服从社会需要的目的，即以完善人的主体道德为完善社会道德的基础，将个人修养和对国家、社会应有的义务与应负的责任联系起来。”[①]“儒家也重视个人，但重视的是个人道德上的自觉性，维护并服从社会整体的自觉性。儒家关于个人与社会关系的理论，对

① 杨瑞雪：《中国古代儒道两家关于人与社会关系思想的区别》，《决策探索（下）》，2020 年第 9 期。

于今天而言也有其可取之处，但把个人完全消融在社会整体之中，忽视个人自我价值的思想，在今天已经被时代所抛弃。"[①]马克思主义认为，个人与社会是对立统一的关系，两者相互依存、相互制约、相互促进，离开了人就没有社会，离开了社会，人也无法生活，二者是紧密联系的。个人与社会的关系问题是认识和处理人生问题的重要着眼点和出发点。

【教材内容链接】《思想道德与法治》第一章第一节"人生观是对人生的总看法"之"正确认识人的本质"——个人与社会的辩证关系

【案例四】延续之世禄　非功业之不朽

二十四年春，穆叔如晋。范宣子逆之，问焉，曰："古人有言曰：'死而不朽'，何谓也？"穆叔未对。宣子曰："昔匄之祖，自虞以上，为陶唐氏，在夏为御龙氏，在商为豕韦氏，在周为唐、杜氏，晋主夏盟为范氏，其是之谓乎？"穆叔曰："以豹所闻，此之谓世禄，非不朽也。鲁有先大夫曰臧文仲，既没，其言立。其是之谓乎！豹闻之，太上有立德，其次有立功，其次有立言，虽久不废，此之谓不朽。若夫保姓受氏，以守宗祊，世不绝祀，无国无之，禄之大者，不可谓不朽。"

——左丘明《左传·襄公二十四年》

【案例分析】

二十四年春季，穆叔到了晋国，范宣子迎接他，询问他，说："古人有话说，'死而不朽'，这说的是什么？"穆叔没有回答。范宣子说："从前匄的祖先，从虞舜以上是陶唐氏，在夏朝是御龙氏，在商朝是豕韦氏，在周朝是唐杜氏，晋国主持中原的盟会的时候是范氏，恐怕所说的不朽就是这个吧！"穆叔说："据豹所听到的，这叫作世禄，不是不朽。鲁国有一位先大夫叫臧文仲，死了以后，他的话世代不废，所谓不朽，说的就是这个吧！豹听说，'最高的是树立

① 杨瑞雪：《中国古代儒道两家关于人与社会关系思想的区别》，《决策探索（下）》，2020 年第 9 期。

德行，其次是树立功业，再其次是树立言论，'能做到这样，虽然死了也久久不会废弃，这叫作不朽。像这样保存姓、接受氏，用业守住宗庙，世世代代不断绝祭祀，没有一个国家没有这种情况，只是官禄中的大，不能说是不朽。"

无论过去还是现在，对于死后不朽之名的追求，可以激励个体释放出巨大的能量，拼搏奋进；而置个人身后名誉于不顾的人，难免流于酒囊饭袋、行尸走肉之流。想要追求死而不朽，就必须为国家和社会做出贡献，为社会树立德行、建立功业。因为只有实现了社会进步才能实现自我进步，才能真正做到死而不朽。

当代大学生思考人生问题，应该正确认识和处理个人与社会的关系，把自己的人生追求同社会的发展进步紧密结合起来，在为社会做贡献的过程中成长进步，实现自己的人生价值。

【教材内容链接】《思想道德与法治》第一章第一节"人生观是对人生的总看法"之"正确认识人的本质"—— 个人与社会的辩证关系

【案例五】生为利民　死为忠国

孟子曰："杨子取为我，拔一毛而利天下，不为也。墨子兼爱，摩顶放踵利天下，为之。子莫执中，执中为近之。执中无权，犹执一也。所恶执一者，为其贼道也，举一而废百也。"

——《孟子·尽心章句(上)》

【案例分析】

杨子即杨朱，开创了杨朱学派，主张"为我"，与儒、墨思想相抗衡。有一次，墨子的学生禽滑厘遇到杨朱，就毫不客气地问他："拔你身上的一根汗毛而能使天下的人都得到好处，你愿不愿意？"杨朱避重就轻地说："天下的问题，绝不是一根汗毛可以解决的。"禽滑厘反驳道："这只是一种假设，如果拔你一根汗毛而能安定天下，你肯不肯？"杨朱听后默然不语。

孟子针对此事抨击杨朱道:“杨子主张‘为我’,拔一根汗毛而有利于天下,都不肯干。墨子主张‘兼爱’,即使磨秃头顶,走破脚板,只要对天下有利,他也是愿意干的。子莫就主张中道。主张中道便差不多了。但是主张中道如果没有灵活性,不懂得变通的办法,便是执着一点。为什么厌恶执着一点呢?因为它有损于仁义之道,只是拿起一点而废弃了其余的缘故。”

在孟子的这段话中,展示了三家学派的思想特质:杨朱学派的“为我”、墨家的“兼爱”、儒家的“执中”(子莫为“鲁之贤人”,未有记载其为何家学派者,从孟子赞同的态度看,儒家也主张“执中”),分别代表三种截然不同的人生目的:为己、为人、执中。其中,“执中”是指有限度地、灵活地“为人”或“为己”。但是从孔子的“杀身成仁”与孟子的“舍身取义”思想来看,儒家更偏向于“为人”。

人生目的是人们在实践中对自身行为的根本指向,是“人为什么活着”这个问题的答案,是人生观的核心。它不仅决定人生道路,也决定人生态度,还决定人生价值选择。古今中外那些创造了辉煌壮丽人生的仁人志士,多在青年时期就确立了正确的人生目的,使得他们在面对人生重大课题时能做出正确选择,能以积极乐观的态度面对人生道路上的曲折艰险,能懂得“奉献”是人生价值的体现。

【教材内容链接】《思想道德与法治》第一章第一节“人生观是对人生的总看法”之“人生观的主要内容”——人生目的

【案例六】待人以诚　助人为乐

庄周家贫,故往贷粟于监河侯。监河侯曰“诺!我将得邑金,将贷子三百金,可乎?”庄周忿然作色,曰:“周昨来,有中道而呼者。周顾视,车辙中有鲋鱼焉。周问之曰:‘鲋鱼来,子何为者耶?’对曰:‘我东海之波臣也。君岂有斗升之水而活我哉?’周曰:‘诺!我且南游吴、越之王,激西江之水而迎子,可乎?’鲋鱼忿然作色曰:‘吾失吾常与,我无所处。吾得斗升之水然活耳。君乃言此,曾不如早索我于枯鱼之肆!’”

——《庄子·外物》

【案例分析】

战国时期,庄周家境贫穷,有一次,庄周家里断粮了,无奈之下,他到监河侯那里去借粮米。监河侯听了,故作大方地说:“好啊,没有问题!不过,等我收了租地的租钱,才能借给你三百金,可以吗?”庄周听了很生气,但他也不愿意直接戳穿对方的谎话,就讲了一个故事:“昨天我走在路上,听见救命声。我四处张望,原来是车辙里有一条鲋鱼困在那里。鲋鱼见了我,大声喊道:‘老先生’,我问它:‘鲋鱼啊!你怎么啦?’它说:‘我从东海被冲到这里。您能给我一桶水,救救我吗?’我慷慨地点头答应道:‘好啊,我去南方劝说吴王和越王,引来西江水救你,可以吗?那里是水乡泽国,水多得不得了。’鲋鱼听了,非常生气地说:‘你这是什么话!我失去了正常生活的环境。我只要有一桶水就可以活下去,而你却要到南方之后,放西江的水来救我。您要是这么说,到那时,你恐怕只有到干鱼店里来找我!’”庄周讲完这个故事,头也不回地走了。

庄周家贫这个故事源于庄周借粮,但是监河侯开出了一张空头支票,要等到拿到金钱之后。庄子“忿然作色”,立刻讲述了一个寓言故事来反击监河侯。这个寓言故事后来转化成一个成语:涸辙之鲋。这个案例讽刺脱离实际的举动和假装慷慨大方的伪君子,揭示了一个浅显的道理:当别人有困难的时候,要诚心诚意尽自己的力量去帮助,决不能只说大话,开空头支票。我们应当树立正确的人生观和价值观,积极去帮助别人,实现自身的价值。

人生目的决定人生的价值。正确的人生目的会使人懂得人生的价值首先在于奉献,从而对国家、社会、集体和他人尽到义务与责任。错误的人生目的则会使人把人生价值理解为向社会或他人进行索取,只把个人私利视为人生的价值追求,而漠视对国家、社会、集体和他人的义务与责任。

【教材内容链接】《思想道德与法治》第一章第一节“人生观是对人生的

总看法"之"人生观的主要内容"——人生目的

【案例七】善积于跬步　功成于千里

涂之人百姓，积善而全尽，谓之圣人。彼求之而后得，为之而后成，积之而后高，尽之而后圣。故圣人也者，人之所积也。

——《荀子·儒效》

【案例分析】

人积累善行而养成高尚的道德，就会通于神明，精神得到提升，也就具备了圣人的精神境界。平民百姓积累善行达到了完美的程度就叫作圣人，那是追求完美之后才可以获得，勤奋努力之后才可以取得成功，持续积累才可以得到提升，做到完善然后才可以成为圣人。所以圣人就是普通人长期积累的结果。

在荀子看来，人性与生俱来便是恶的，而想要达到善的境界，不能只顺从人性随意发展，借助人的道德自律，与此相反，要将目光从人自身投向外界。荀子主张人向善行善是一个需要外修的过程，在此过程中最先便是要改造人的本性，限制人自然的欲望，借助礼法的约束，依靠贤师的教导，除掉人性中所存在的恶的本源，然后逐渐施加正确引导，让人将道德礼法与行为准则内化于心，就是所谓的"化性起伪"；依靠后天努力和外界改造而使人心达到善的过程。当人心中的善积累到一定程度之后，便可以外化于行，通过行善的方式表现出来，人在全神贯注持续积累善行的过程中便可以成为圣人。因此，荀子为人规划的向善路径便是人要首先"化性起伪"，将仁义道德由外铄而内发，然后再由内外化于行，通过"行善积德"来达到圣人的境界。

荀子的"性恶论"在今天仍具有一定的现实意义。强调了个人努力、环境、教育三者的联系和相互作用，教育人们应该去适应社会，凭借个人努力，主动接受社会教育才能使个体得到积极发展。引导人们树立正确的世界观、人生观和价值观,用正确的人生态度去积极进取。突出了教育的作用,引导人们通过后天的学习和接受教育改变自己的命运。

面对世界的复杂变化,面对纷繁多样的社会现象,面对各种思潮的相互激荡,面对学业、情感、职业选择等多方面的考量,大学生要学会在科学理论的指导下树立正确的世界观、人生观,把自己的人生追求同国家的发展进步、人民的伟大实践紧密结合起来,通过不懈努力实现人生价值,拥有更加精彩的人生。

【教材内容链接】《思想道德与法治》第一章第一节“人生观是对人生的总看法”之“人生观与世界观、价值观”——世界观与人生观关系密切

第二节　正确的人生观

大学时期是世界观、人生观、价值观形成的关键时期。大学生应深入领会马克思主义关于人生问题的基本理论，准确掌握解决人生问题的科学方法,树立正确的人生观、明确人生目的、端正人生态度、认识人生价值,为创造有意义有价值的人生奠定良好的基础。

本节精选 13 个中华优秀传统文化案例，以解读和印证高尚的人生追求;积极进取的人生态度;人生价值的评价与实现。中华优秀传统文化所具有的积极进取的人生态度与马克思主义高尚的奋斗的人生态度是一致的。

【案例一】胸怀大志　忧国忧民

范仲淹二岁而孤,母贫无靠,再适常山朱氏。既长,知其世家,感泣辞母,去之南都入学舍。昼夜苦学,五年未尝解衣就寝。或夜昏怠,辄以水沃面。往往糜粥不充,日昃始食,遂大通六经之旨,慨然有志于天下。常自诵曰:当先

天下之忧而忧，后天下之乐而乐。

——朱熹《宋名臣言行录》

【案例分析】

范仲淹两岁的时候父亲就去世了。母亲很穷，没有依靠，就改嫁到了常山的朱家。范仲淹长大以后，知道了自己的身世，含着眼泪告别母亲，去应天府的南都学舍读书。他白天、深夜都认真读书。五年中，竟不曾脱去衣服上床睡觉。有时夜里感到昏昏欲睡，往往把水浇在脸上。他常常是白天苦读，什么也不吃，直到日头偏西才吃一点东西。就这样，他领悟了六经的主旨，后来又立下了造福天下的志向。他常常讲道："当先天下之忧而忧，后天下之乐而乐。"

范仲淹刻苦学习、逆境成才的经历，也正是他能成为刚直不阿、体恤民情、为政清廉的忠臣的原因。也唯有这样的人才能抒发"先天下之忧而忧，后天下之乐而乐"的感叹。马克思主义认为，高尚的人生目的总是与奋斗奉献联系在一起。我们要时时刻刻想着祖国和人民，爱祖国、爱人民，不论是自然界的阴晴明暗，还是社会环境的顺逆难易，都不能动摇心中的信念，把自己的一生奉献于利国利民的事业。

【教材内容链接】《思想道德与法治》第一章第二节"正确的人生观"之"高尚的人生追求"——服务人民　奉献社会

【案例二】志存高远　修养品格

居天下之广居，立天下之正位，行天下之大道；得志，与民由之；不得志，独行其道。

——《孟子·滕文公下》

【案例分析】

住在天下最宽广的住宅里，站在天下最正确的位置上，走在天下最光明的大道中。得志的时候，便与老百姓一同前进；不得志的时候，便独自坚持自己的原则。

一个人只有确立了服务人民、奉献社会的人生追求，才能清楚地把握人生的奋斗目标，深刻理解人为了什么而活、应走什么样的人生之路等道理，才能不为狭隘私心所扰，不为浮华名利所累，不为低俗物欲所惑，才能够在推动社会进步中创造不朽的业绩。一个人只有确立了服务人民、奉献社会的人生追求，才能以正确的人生态度对待人生、解决实际生活中的各种问题，以人民利益为重，始终对祖国和人民怀有高度的责任感，在服务人民、奉献社会中实现自己的人生价值。新时代大学生要把服务人民、奉献社会作为人生的最高追求，把自己的一生奉献于国家和人民，在服务人民、奉献社会中实现自我价值。

【教材内容链接】《思想道德与法治》第一章第二节“正确的人生观”之“高尚的人生追求”——服务人民　奉献社会

【案例三】为民而死　重于泰山

人固有一死，或重于泰山，或轻于鸿毛。

——司马迁《报任安书》

【案例分析】

“泰山”常用来比喻敬仰的人和重大的、有价值的事物。“鸿毛”则比喻事物微不足道。比泰山还要重，比喻人死得很有价值，形容意义重大。比大雁的毛还轻，比喻毫无价值。意思是人本来就有一死，但有的人死得比泰山还重，有的人却比鸿毛还轻。

《报任安书》是司马迁写给其友人任安的一封回信。在文中，司马迁以极其激愤的心情，申述了自己的不幸遭遇，抒发了内心的无限痛苦，大胆揭露了汉武帝的喜怒无常，刚愎自用，提出了“人固有一死，或重于泰山，或轻于鸿毛”的生死观，并表现出了他为实现可贵的理想而甘受凌辱，坚韧不屈的战斗精神。

1944年9月8日，毛泽东在一位普通战士的追悼会上，第一次以“为人民服务”为题发表了影响深远的演讲。这位战士叫张思德，在长征途中，他曾两度经过人迹罕至的雪山、草地，历尽千辛万苦。1944年9月5日，他带领战士们在陕北安塞县执行烧炭任务时，即将挖成的窑洞突然塌方，他奋力把战友推出洞去，自己却被埋在窑洞，年仅29岁的他牺牲在了平凡的岗位上。这篇文章，既是一篇悼念革命战士的沉痛祭文，更是一篇为人民服务的光辉宣言。毛泽东在《为人民服务》一文中用“人固有一死，或重于泰山，或轻于鸿毛”①。赞扬张思德是为人民服务而牺牲，其死重于泰山，进而教育广大党员干部、战士要向张思德学习为人民服务的精神。

人民群众是社会历史的主体，是社会物质财富和精神财富的创造者，是社会变革的决定力量。服务人民、奉献社会是人在成长和发展过程中应确立的人生目标和方向。新时代大学生要把为国家和人民事业无私奉献作为人生的最高追求，在服务人民、奉献社会中收获成长和进步。

【教材内容链接】《思想道德与法治》第一章第二节“正确的人生观”之“高尚的人生追求”——服务人民　奉献社会

【案例四】不以物喜　不以己悲

嗟夫！予尝求古仁人之心，或异二者之为，何哉？不以物喜，不以己悲。居庙堂之高则忧其民，处江湖之远则忧其君。是进亦忧，退亦忧。然则何时而乐耶？

——范仲淹《岳阳楼记》

【案例分析】

哎呀！我曾探求过古时仁人的心境，或者和这些人的行为两样的，为什

① 《毛泽东选集》(第三卷)，人民出版社，1991年，第1004页。

么呢？（是由于）不因外物好坏，自己得失而或喜或悲。在朝廷做官时，就为百姓担忧；不在朝廷做官而处在僻远的江湖中间就为国君忧虑。他进也忧虑，退也忧愁。既然这样，那么他们什么时候才会感到快乐呢？

范仲淹在《岳阳楼记》的最后一段中具体写出了“古仁人”不同于前文所讲的“迁客骚人”的宏大抱负：“不以物喜，不以己悲”“居庙堂之高则忧其民，处江湖之远则忧其君”。其中，“不以物喜，不以己悲”是指无论成功还是失败，无论得到还是失去，都要保持一种豁达淡然的心态，坚持自己的原则和操守；“居庙堂之高则忧其民，处江湖之远则忧其君”是指在朝廷里做官就应当心系百姓，处在僻远的江湖也不能忘记关注国家安危，表达了作者忧国忧民的思想。

范仲淹这种鼓舞人们关心民众、献身社会的精神力量在当代集中体现为“服务人民、奉献社会”的思想，代表了人类社会迄今最先进的人生追求。无论在革命战争年代还是和平建设时期，“服务人民、奉献社会”这一高尚的人生追求感染了一代代革命者和建设者，对中国的兴国强国大业产生了重要的助推作用。这一人生追求要求我们在工作和生活中，一切从人民根本利益出发，为人民着想，为人民办实事，增强社会责任感，自觉为他人、为社会做贡献。就像雷锋在日记中说的：“人的生命是有限的，可是，为人民服务是无限的，我要把有限的生命，投入到无限的为人民服务之中去。”①他也以实际行动贯彻了这一思想，为我们留下了宝贵的“雷锋精神”。

新时代的大学生只有把为国家和人民无私奉献作为最高的人生追求，才能清晰地把握人生方向，才能以正确的人生态度对待人生，才能掌握正确的人生价值标准，在服务人民、奉献社会中不断成长和进步。

【教材内容链接】《思想道德与法治》第一章第二节“正确的人生观”之“高尚的人生追求”——服务人民　奉献社会

① 中共哈尔滨市委宣传部编：《雷锋日记》，哈尔滨出版社，2012年，第91页。

【案例五】心存玄德　无我而为

生而不有，为而不恃，长而不宰，是谓玄德。

——《道德经·第十章》

【案例分析】

生养却不占有，帮助他人却不以功高自居，成就万物却不做他人的主宰，这是最高尚的品德。这是老子所倡导的，官员应秉持的人生观和价值取向以及应具备的官德。

无论职位高低，我们都要在自己的岗位上默默耕耘，做甘于为人民服务的“奉献者”。焦裕禄刚到兰考时，内涝、风沙、盐碱“三害”侵袭。他没有犹豫，更没有退缩，迎难而上，经受着天灾和人心的双重考验，为百姓默默耕耘、无私奉献。“共和国勋章”获得者、时代楷模张富清一生朴实无华。在烽火连天的战争年代里他舍生忘死，多次立下军功，和平建设时期，他主动前往贫困山区奉献一生。六十余年来，张富清刻意尘封功绩，连儿女也不知情，默默地践行一名共产党员全心全意为人民服务的信念。83 岁的钟南山，本来可以避开病毒的危险，安度晚年，但是他在人民最需要他的时候，站了出来。2003 年 SARS 病毒暴发，他坚定地说：“把病人都送到我这里来！”这斩钉截铁的话语，带给全世界无比的震撼。2020 年新冠病毒来袭，这颗为人民服务的心，始终未改，为人民的安全逆行的初心，始终不变。反观那些追求物质金钱、高官厚禄，一心想着升官发财的人，终被人民所唾弃。

服务人民、奉献社会的思想以其科学而高尚的品质，代表了人类社会迄今最先进的人生追求。大学生要把自己的人生目的与国家前途、民族命运、人民幸福联系在一起，自觉自愿地把自己的一生奉献于利国利民的事业，在服务人民、奉献社会中实现自己的人生价值。

【教材内容链接】《思想道德与法治》第一章第二节“正确的人生观”之“高尚的人生追求”——服务人民　奉献社会

【案例六】心系祖国　奋斗奉献

衙斋卧听萧萧竹，疑是民间疾苦声。

些小吾曹州县吏，一枝一叶总关情。

——郑板桥《潍县署中画竹呈年伯包大中丞括》

【案例分析】

在一个凄风冷雨的夜晚，我在县衙书斋躺着休息，听见风吹竹叶发出萧萧金石之声，立即联想到百姓啼饥号寒的怨声。我们这些小小的州县官，老百姓的一举一动都牵动着我们的感情。

“一枝一叶总关情”这句诗是郑板桥在山东潍县担任知县时所写，当时的潍县正在闹灾荒。郑板桥通过搞基建、搞土建，让百姓和灾民参加土建。你来干活，我就给钱，就管你饭，以此解决灾民没有粮食吃的问题。所以，这首诗表现出郑板桥强烈的爱国忧民之情。

习近平在河南省兰考县参加县委常委班子的专题民主生活会时曾引用了这句诗，体现了习近平治国理念中的爱民情怀。一枝一叶总关情，枝叶虽小，却关系到一棵树的繁衍生息，老百姓的事情虽小，却关系到一个国家的长治久安和兴旺发达。古往今来，无数仁人志士心系祖国、奉献于人民。不论在革命战争年代，还是在和平建设时期，服务人民、奉献社会这一高尚的人生追求，熏陶感染了一代代的革命者和建设者，对中国革命、建设、改革事业产生了重要的推动作用。新时代大学生要把为国家和人民事业无私奉献作为人生的最高追求，在服务人民、奉献社会中收获成长和进步。

【教材内容链接】《思想道德与法治》第一章第二节“正确的人生观”之“高尚的人生追求”——服务人民　奉献社会

【案例七】明达事理　齐家治国

古之欲明明德于天下者，先治其国。欲治其国者，先齐其家。欲齐其家者，先修其身。欲修其身者，先正其心。欲正其心者，先诚其意。欲诚其意者，先致其知。致知在格物。物格而后知至，知至而后意诚，意诚而后心正，心正而后身修，身修而后家齐，家齐而后国治，国治而后天下平。自天子以至于庶人，壹是皆以修身为本。

——戴圣《礼记·大学》

【案例分析】

古代那些想要在天下弘扬光明正大品德的人，先要治理好自己的国家；要想治理好自己的国家，先要管理好自己的家庭和家族。要想管理好自己的家庭和家族，先要修养自身的品性。要想修养自身的品性，先要端正自己的心思。要想端正自己的心思，先要使自己的意念真诚；要想使自己的意念真诚，先要使自己获得知识。获得知识的途径在于认识、研究万事万物。通过对万事万物的认识、研究后才能获得知识，获得知识后意念才能真诚，意念真诚后心思才能端正，心思端正后才能修养品性，品性修养后才能管理好家庭和家族，管理好家庭和家族后才能治理好国家，治理好国家后天下才能太平。上自国家元首，下至平民百姓，人人都要以修养品性为根本。

《大学之道》着重阐述了提高个人修养、培养良好的道德品质与齐家治国平天下之间的重要关系。大学的宗旨在于弘扬光明正大的品德，并学习和应用于生活，使人达到最完善的境界。这是儒家思想传统中知识分子所尊崇的信条。以自我完善为基础，通过治理家庭，直到平定天下，是几千年来无数知识分子的最高理想。然而，要想人生有所作为，就要树立正确的目标，就像建造一座房子，首先要绘好蓝图，之后再去增砖补瓦；如果连最基本的根基都没有打好，纵使有再美好的理想都是空谈。

古往今来，成功的人生需要求真务实。务实，就是要遵循客观规律，一切从实际出发，不图虚名，不务虚功，以科学的态度看待人生，以务实的精神创造人生。要把远大的理想寓于具体的行动中，不能好高骛远、空谈理想、眼高手低、浅尝辄止，否则就会脱离实际、一事无成。

【教材内容链接】《思想道德与法治》第一章第二节“正确的人生观”之“积极进取的人生态度”——人生当务实

【案例八】勤学苦读　不图虚名

车胤囊萤读书，孙康映雪读书。一日，康往拜胤，不遇。问何往，门者曰：“出外捉萤火虫去了。”已而胤答拜康，见康闲立庭中，问：“何不读书？”康曰：“我看今日这天，不象个下雪的。”

——浮白主人《笑林》

【案例分析】

车胤用纱布做囊装萤火虫（照明）读书，孙康映照雪的光亮读书。一天，孙康前往拜见车胤，没遇上。问去了什么地方，看门人说：“出外捉萤火虫了。”过后车胤回拜孙康，见孙康闲站在庭院中，问：“怎么不读书？”孙康说：“我看今天这天，不像会下雪的。”

历史上，车胤囊萤而读书，孙康映雪而读书，二人充分利用一切机会刻苦学习，也终因自己少时的刻苦博学，后为国家所用，成为朝廷的重要臣僚。这则故事借这两个人物开了个玩笑，意在讽刺那些不讲求实质，只搞形式主义，摆花架子的人—— 一个放着大好白天不读书，偏要找萤火虫来晚上读，一个偏要等下雪再读，何其愚也。由此我们可以得到有益的启示：无论做什么事情，都要务实，切忌搞形式主义。

从古至今，成功之人皆能够正确面对人生目的和现实生活之间的矛盾，把人生梦想与个人情况和社会实际结合起来，脚踏实地、一步一个脚印地实现人生目标。作为当代大学生，我们应该少一些虚荣，多一些务实；少一些妄想，多一些理性，我们更应该时刻牢记实事求是，不能好高骛远，也不能妄自菲薄，而是要以务实的精神创造有意义的人生。

【教材内容链接】《思想道德与法治》第一章第二节“正确的人生观”之“积极进取的人生态度”——人生当务实

【案例九】志于卓越　耻于平庸

白酒新熟山中归，黄鸡啄黍秋正肥。呼童烹鸡酌白酒，儿女嬉笑牵人衣。高歌取醉欲自慰，起舞落日争光辉。游说万乘苦不早，著鞭跨马涉远道。会稽愚妇轻买臣，余亦辞家西入秦。仰天大笑出门去，我辈岂是蓬蒿人。

——李白《南陵别儿童入京》

【案例分析】

我从山中归来时白酒刚刚酿熟，秋天里的黄鸡在啄着谷粒长得正肥。喊着童仆给我炖黄鸡斟上白酒，孩子们嬉笑吵闹牵扯我的布衣。放情高歌，希望喝醉想以此自我安慰，醉而起舞与秋日夕阳争夺光辉。游说万乘之君已苦于时间不早，快马加鞭奋起直追开始奔远道。会稽愚妇看不起贫穷的朱买臣，如今我也辞家去长安而西入秦。仰面朝天纵声大笑着走出门去，我怎么会是长期身处草野之人。

李白素有远大的抱负，他立志要“申管晏之谈，谋帝王之术，奋其智能，愿为辅弼，使寰区大定，海县清一”。但在很长时间里都没有得到实现的机会。742年(天宝元年)，李白已42岁，得到唐玄宗召他入京的诏书，异常兴奋。他满以为实现政治理想的时机到了，立刻回到南陵家中，与儿女告别，并写下了这首激情洋溢的七言古诗。

人生是丰富多彩的，既会收获成功、体验快乐，也会面临各种矛盾和问题。唐朝诗人李白的“仰天大笑出门去，我辈岂是蓬蒿人”，表现了自己自信、积极乐观的人生态度。我们要相信生活是美好的，前途是光明的，遇事要想得开，做人要心胸豁达，在生活实践中不断调整心态，磨炼意志，形成乐观向上的人生态度。

【教材内容链接】《思想道德与法治》第一章第二节“正确的人生观”之“积极进取的人生态度”——人生应乐观

【案例十】学成功者　历三境界

古今之成大事业、大学问者，必经过三种之境界：“昨夜西风凋碧树。独上高楼，望尽天涯路。”此第一境也。“衣带渐宽终不悔，为伊消得人憔悴。”此第二境也。“众里寻他千百度，蓦然回首，那人却在，灯火阑珊处。”此第三境也。

——王国维《人间词话》

【案例分析】

从古至今，那些做成大事业，大学问的人，没有不经历三种境界的：“昨夜西风凋碧树。独上高楼，望尽天涯路。”这是第一境界。“衣带渐宽终不悔，为伊消得人憔悴。”这是第二境界。“众里寻他千百度，蓦然回首，那人却在，灯火阑珊处。”这是第三境界。

这是国学大师王国维在他的《人间词话》里提出的读书三境界说。第一重境界：“昨夜西风凋碧树，独上高楼，望尽天涯路。”语自宋朝晏殊的《蝶恋花·槛菊愁烟兰泣露》。原本描写的是凄苦的相思，可引申为不畏艰难，目标高远；第二重境界：“衣带渐宽终不悔，为伊消得人憔悴。”语自宋朝柳永的《蝶恋花·伫倚危楼风细细》。原本也是描写相思之苦，但在王国维看来，对于恋人的苦苦追求之情，倘若用在成就事业、做学问上亦无不可。那就是要坚定不移、孜孜以求。这个世间，从来都是“艰难困苦，玉汝于成”，所以无论如何，都要“天行健，君子以自强不息”；第三重境界是：“众里寻他千百度，蓦然回首，那人却在，灯火阑珊处。”语自宋朝辛弃疾的《青玉案·元夕》。原本讲的是元宵节的故事，可理解为历经磨难而逐渐成熟、成长，最终豁然贯通、水到渠成。这其中蕴含的一个重要道理，就是苏东坡所说的“厚积而薄发”。

王国维看到的、作者未必有的这三种境界，听起来玄而又玄，实际上说的是开始、过程和结果三个阶段，可以放在事业、生活中的任何一个领域。王国维的第一重境界说的是理想。人生无论处在多么困难的低谷，心中都要有一个目标。第二重境界说的是信念和坚持，不抛弃不放弃 。"望极春愁"之后，可能仍旧"无言谁会凭栏意"，不但等不到归来的人，而且也没有理解的人。生活中我们常常会遇到这种时刻，看不到前途与光明，也没有知音同行。即使如此，"衣带渐宽终不悔"，仍然要"为伊消得人憔悴"。在第三重境界中，"众里寻他千百度"也没有找到，大多数人的成功必须经过千辛万苦的磨难，也只有经历过这种磨难，结果才越发的珍贵。那个人也许一直在身边，只是过去的你还没有把她感动；这份事业原来就在你的身边，只是过去的你还不能驾驭。因此我们才会被感动，才会永远忘不了"蓦然回首，那人却在，灯火阑珊处"的美好时刻。

人生实践是一个创造的过程。适应历史发展的趋势，以开拓进取的态度迎接人生的各种挑战，才能不断领悟美好人生的真谛，体验生活的快乐和幸福。大学生要积极进取，不能贪图安逸、满足现状、因循守旧、故步自封，否则人生就会失去应有的光彩。

【教材内容链接】《思想道德与法治》第一章第二节"正确的人生观"之"积极进取的人生态度"——人生应乐观

【案例十一】树立积极人生态度　实现人生崇高目标

竹杖芒鞋轻胜马，谁怕？一蓑烟雨任平生。

——苏轼《定风波·莫听穿林打叶声》

【案例分析】

竹杖和草鞋轻捷得胜过骑马，有什么可怕的？一身蓑衣任凭风吹雨打，照样过我的一生。

1096年,年老的苏轼被贬到了蛮荒之地惠州。虽处逆境,他却保持了一份化悲苦为乐趣的兴致,屡遭挫折而不畏惧、不颓丧的倔强性格和旷达胸怀。人们通过学习,学会在各种环境和事物的相互作用中汲取有益于人的东西,苏轼有这样的能力,不管是自然界的一场风雨,还是人生中的意外,他都能从中获得精神上的启迪。在任何环境中,苏轼都是求诸己、求诸内,在巨大的政治风波中展现的是强有力的自信,这是多么难得的一种内在品质!

乐观豁达、热爱生活、对人生充满自信,体现了对自己、对生活、对社会的积极态度,这种态度是人们承受困难和挫折的心理基础。人生是丰富多彩的,既会收获成功、体验快乐,也会面临各种矛盾和问题。人生旅途中,许多事情不会总是尽如人意、一切顺遂,也会有失望和暂时的困难、挫折。同学们要始终保持乐观向上的人生态度,不能因为没有满足自己的期望或者遇到困难和挫折,就消极悲观、畏难退缩,甚至颓废堕落、自暴自弃。要相信生活是美好的,前途是光明的,遇事要想得开,做人要心胸豁达,在生活实践中不断调整心态,磨炼意志,形成乐观向上的人生态度。因为没有积极进取的人生态度,再崇高的人生目标也难以真正实现。

【教材内容链接】《思想道德与法治》第一章第二节“正确的人生观”之“积极进取的人生态度”——人生应乐观

【案例十二】心存仁厚　利他为标

何谓偏正?昔吕文懿公,初辞相位,归故里,海内仰之,如泰山北斗。有一乡人,醉而詈之,吕公不动,谓其仆曰:“醉者勿与较也。”闭门谢之。逾年,其人犯死刑入狱。吕公始悔之曰:“使当时稍与计较,送公家责治,可以小惩而大戒;吾当时只欲存心于厚,不谓养成其恶,以至于此。”此以善心而行恶事者也。

又有以恶心而行善事者。如某家大富,值岁荒,穷民白昼抢粟于市;告之县,县不理,穷民愈肆;遂私执而困辱之,众始定,不然,几乱矣。故善者为正,恶者为偏，人皆知之；其以善心行恶事者，正中偏也，以恶心而行善事者，偏中正也。不可不知也。

——袁了凡《了凡四训·积善之方》

【案例分析】

什么叫偏正？明朝有一位大学士，名叫吕原，谥号文懿。嘉兴人，和了凡是同乡。吕文懿年纪大了，从大学士职务上退休，回到老家嘉兴。这位老人德高望重，乡里上上下下都很尊敬他。有一天，有一个乡人喝多了酒，在吕原的门前不停地吵闹，谩骂吕原。吕原涵养很好，也没有动气，告诉仆人说："这个人喝醉了，不要与他一般见识。"于是吩咐关上大门，不要理睬醉汉。过了一年，忽然听说那日的醉汉，犯了罪被打入死牢了。吕原非常后悔自责，说："假如当初我和这醉汉稍微计较一下，哪怕只是把他送到官府，小小地惩罚一下，都不至于让他一直肆意妄为，以至于犯了死罪。我当年一时心善，没想到反而纵容了他的恶行，让他发展到这种不可收拾的地步。"这个故事讲得就是以善心却做了不善的事。

还有一个以恶心却做了善事的故事。说是有一家大户人家，正赶上有一年年景不好，没有收成。有些穷苦百姓大白天就聚众抢粮，于是大户人家告到官府，官府竟然不管。一时间抢粮的人越来越多，实在没办法了，大户人家就将带头抢粮的人抓起来并动了私刑，抢粮的事这才得以平息。要不是这样，抢粮的事可能越发展越大，最后酿成打砸抢的暴乱了。所以说，善事是正，恶事是偏。这个道理人人都知道。但是善心办了恶事，是正中出现了偏；而以恶心却做了善事，是偏中出现了正。这个道理行善之人一定要知道。

正确评价人生价值，要坚持能力的大小与贡献须尽力相统一；坚持物质贡献与精神贡献相统一；坚持完善自身与贡献社会相统一。另外，还要坚持既要看动机又要看效果，要联系动机看效果，透过效果察动机。大学生要学会在科学理论指导下树立正确的人生观，不能"坏心办好事"，也不能"好心办坏事”。

【教材内容链接】《思想道德与法治》第一章第二节“正确的人生观”之“人生价值的评价与实现”——正确评价人生价值

【案例十三】察民所需　奋力而为

景公之时,雨雪三日而不霁。公披狐白之裘,坐堂陛侧阶。晏子入见,立有间,公曰:“怪哉!雨雪三日而天不寒。”晏子对曰:“天不寒乎?”公笑。晏子曰:“婴闻古之贤君,饱而知人之饥,温而知人之寒,逸而知人之劳,今君不知也。”公曰:“善!寡人闻命矣。”乃令出裘发粟,与饥寒者。令所睹于涂者,无问其乡;所睹于里者,无问其家;循国计数,无言其名。士既事者兼月,疾者兼岁。孔子闻之曰:“晏子能明其所欲,景公能行其所善也。”

——《晏子春秋》

【案例分析】

齐景公在位的时候,下了几天的雪一直不放晴。景公披着白色的狐皮大衣,坐在朝堂一旁的台阶上。晏子进去朝见,站立了一会儿,景公说:“奇怪啊!雪下了几天,但是天气不冷。”晏子回答说:“天气不冷吗?”景公笑了。晏子说:“我听说古代贤德的国君,自己饱却知道别人的饥饿,自己温暖却知道别人的寒冷,自己安逸却知道别人的劳苦。现在的君王不知道了。”景公说:“好!我受到教诲了。”于是就拿出皮衣,发放粮食,给这些挨饿受冻的人。命令在路上见到的,不必问他们是哪乡的;在里巷见到的,不必问他们是哪家的;巡视全国统计数字,不必记他们的姓名。已有职业的人发给两个月的粮食,病困的人发给两年的粮食。孔子听到后说:“晏子能阐明他的愿望,景公能实行他认识到的德政。”

只有心系民众,知其所需,晓其疾苦,解于危难,方得民心所向,安居乐业,众志成城,国富民强。衡量人生价值的标准,最重要的就是看一个人是否用自己的劳动和聪明才智为国家和社会真诚奉献，为人民群众尽心尽力服务。齐景公作为一国之君，在亲政之初，他能够虚心纳谏。认真听取、采纳晏婴、弦张等人的建议，并放手贤臣治理国家，从而使齐国在短短几年间由乱入治，人民生活得到了较大改善，综合国力得到了提高。他所实现的人生价值是值得后人肯定的。

【教材内容链接】《思想道德与法治》第一章第二节“正确的人生观”之“人生价值的评价与实现”——正确评价人生价值

第三节　创造有意义的人生

美好的人生目标要靠社会实践才能转化为现实。大学生要在科学高尚的人生观指引下，正确对待人生矛盾、自觉抵制错误观念、努力提升人生境界，成就出彩人生。

本节精选 19 个中华优秀传统文化案例，用以解读辩证对待人生矛盾、反对错误人生观和成就出彩人生。挖掘中华优秀传统文化中的思政元素，激励年轻的大学生走好人生的路。

【案例一】腊梅独放　耐得苦寒

看似寻常最奇崛，成如容易却艰辛。

——王安石《题张司业诗》

【案例分析】

看似寻常，实际最奇崛，最终完成好像容易，却饱含艰辛。

“看似寻常最奇崛，成如容易却艰辛。”不仅适用于诗歌创作，也适用于其他事物。对于看似“寻常”的东西，不要轻视，不可忽视，有的“奇崛”就隐藏在看似平常的外表中。只有付出“艰辛”的劳动，才能做出貌似寻常而实为奇崛的事来。

大学生的人生成长之路还很长，在未来前进途中，有平川也有高山，有缓流也有险滩，有丽日也有风雨。大学生要科学认识实际生活中的各种问题，勇敢面对和正确处理各种人生矛盾。正确看待得与失、苦与乐、顺与逆、生与死、荣与辱。不断增强实现人生价值的能力和本领。

【教材内容链接】《思想道德与法治》第一章第三节“创造有意义的人生”之“辩证对待人生矛盾”

【案例二】志存浩气　不趋世俗

宗悫(què)字元干，南阳涅阳人也。叔父炳，高尚不仕。悫年少时，炳问其志，悫曰：“愿乘长风破万里浪。”炳曰：“汝若不富贵，必破我门户。”兄泌娶妻，始入门，夜被劫。悫年十四，挺身与拒贼，贼十余人皆披散，不得入室。时天下无事，士人并以文艺为业，炳素高节，诸子群从皆好学，而悫独任气好武，故不为乡曲所称。

——沈约撰《宋书·宗悫传》

【案例分析】

宗悫，字元干，是南阳涅阳人。他的叔父宗炳，学问很好但不肯做官。宗悫小的时候，宗炳问他长大后志向是什么？他回答：“希望驾着大风刮散绵延万里的巨浪。”宗炳说：“就算你不能大富大贵，也必然会光宗耀祖。”有一次宗悫的哥哥宗泌结婚，结婚的当晚就遭到强盗打劫。当时宗悫才 14 岁，却挺身而出与强盗打斗，把十几个强盗打得四下溃散，根本进不了正屋。当时天下太平，有点名望的人都认为习文考取功名是正业。宗炳因为学问高，大家都喜欢跟着他读儒家经典。而宗悫因为任性而且爱好武艺，因此不被同乡称赞。

在宗悫年少时，他任性尚武，“乘长风破万里浪”是他少年时的豪迈志气。宗悫确定志向后努力习武，不为当时“以文艺为业”的观念所动摇，不因“乡曲”的非议而退却，不断勤学苦练，努力奋斗，后来屡建战功，成为名显一时的将军。王勃《滕王阁序》里有“有怀投笔，慕宗悫之长风”；李白《行路难》诗中也有“乘风破浪会有时，直挂云帆济沧海”。后来，“乘风破浪”成为成语，用来形容不怕困难、奋勇前进的精神。

李大钊同志曾说：“历史的道路，不全是坦平的，有时走到艰难险阻的境界，这是全靠雄健的精神才能冲过去的。”①在前进道路上，我们仍然会面临各种各样的风险挑战，会遇到各种各样的荆棘坎坷。因此，我们要辩证地对待人生矛盾，确立正确的价值观，始终保持“乘风破浪”的姿态，勇敢地面对和正确处理各种人生矛盾，努力成就出彩人生。

【教材内容链接】《思想道德与法治》第一章第三节“创造有意义的人生”之“辩证对待人生矛盾”

【案例三】洁身自好　廉以养德

公仪休相鲁而嗜鱼。一国献鱼，公仪子弗受。其弟子谏曰：“夫子嗜鱼，弗受，何也？”答曰：“夫唯嗜鱼，故弗受。夫受鱼而免于相，虽嗜鱼，不能自给鱼；毋受鱼而不免于相，则能长自给鱼。”

——刘安《淮南子·道应训》

【案例分析】

春秋时期鲁国的相国公仪休嗜鱼如命，吃饭无鱼不欢。在其上任相国时，相熟的与不相识的人都争相买鱼送他。公仪休崇尚名节，一概予以谢绝，送鱼的人都有所希求而来，只能扫其兴而归。他的学生深感奇怪，问道：

① 中国李大钊研究会编注：《李大钊全集》（第四卷），人民出版社，2013年，第487页。

“老师素来喜欢吃鱼，大家送上门来却不要，这是为什么呢？”公仪休回答说：“时人投我所好，送鱼者纷至沓来，我身为相国，居于群臣之首，理应以廉为宗，故虽嗜鱼而始终不敢受人一鱼。如今我居相位，有俸禄可买鱼吃，若因贪赃枉法而丢了官职，不仅自己无钱买鱼，别人更不会送鱼，到时倒真吃不到鱼了。”

公仪休嗜鱼拒鱼这个故事看起来不是什么大事，但其中包含着许多朴素的思想，其中之一就是公仪休能够正确看待得与失的关系，能够清醒认识个人好恶与事业兴衰成败之间的关系，作为官员他会算这笔廉政“得”“失”账，他作相国不仅要求自己和官员们不和百姓争夺利益，而且做大官不占小便宜，小事上时时小心谨慎，避免因小失大，始终做到管住小节，抵御诱惑，慎其所好，遵奉法度，按原则行事，为政清廉，千百年来被人们传为美谈。无怪乎后人评价他“奉法循理，无所变更，百官自正”。

一个人在成长过程中，树立正确的得失观尤为重要。正确认识和看待得与失，要树立正确的世界观、人生观、价值观、权力观和利益观，把勤奋工作、清正廉洁，为国家和人民多做贡献当作“得”一样去争取，去拼搏；把名利、地位、金钱当作“失”一样看待，失去亦坦然。如此，才能将人民赋予的权力用来为人民谋利益，而不至于被过度的欲望冲昏了头脑，做出违法乱纪、贪赃枉法的事来。

【教材内容链接】《思想道德与法治》第一章第三节“创造有意义的人生”之“辩证对待人生矛盾”——正确看待得与失

【案例四】吃一堑　长一智

经一蹶者长一智，今日之失，未必不为后日之得。

——王阳明《与薛尚谦书》

【案例分析】

受到一次挫折，便得到一次教训，增长一分才智。今日的失去，未必不会是以后的收获。这是经过失败取得教训的道理。

如何认识和对待人生发展过程中的得与失这对矛盾，对一个人走好人生之路、实现人生价值有重要影响。大学生要以积极进取的态度去面对生活中的成败得失，使一时的挫折或失败成为人生的财富而不是人生的包袱。首先不要过于看重一时的“得”，工作中取得成绩，生活上有所收获，人们自然会产生一种愉悦的心情或一定程度的满足感，这是人之常情，但是一时所得、一点成绩相对于漫长的人生道路、伟大的事业而言是微小的。在成绩与收获面前，要保持平常心态，更要谦虚谨慎，切不可得意忘形，以免乐极生悲。一个阶段的成绩或收获只是继续努力的基础，一个人如果总是满足于一时的“得”，往往会停步在小小的成功和已有的成绩之上，放弃接下来的努力，造成最后的失败。历史上无数成败的事例都诠释了这条人生道理。生活从不眷顾因循守旧、满足现状者，从不等待不思进取、坐享其成者，而是将更多机遇留给善于和勇于创新创造的人们。

【教材内容链接】《思想道德与法治》第一章第三节“创造有意义的人生”之“辩证对待人生矛盾”——正确看待得与失

【案例五】塞翁失马　焉知非福

近塞上之人，有善术者。马无故亡而入胡。人皆吊之，其父曰：“此何遽不为福乎？”居数月，其马将胡骏马而归。人皆贺之，其父曰：“此何遽不能为祸乎？”家富良马，其子好骑，堕而折其髀。人皆吊之，其父曰：“此何遽不为福乎？”居一年，胡人大入塞，丁壮者引弦而战。近塞之人，死者十九，此独以跛之故，父子相保。故福之以祸，祸之为福，化不可极，深不可测也。

——刘安《淮南子·人间训》

【案例分析】

在靠近边塞的人中，有一位精通术数的人。他家的马自己跑到别处去了。大家都来慰问他，这位父亲说："为什么就知道不是福运呢？"过了几个月，他家的马带领着胡人的骏马回来了，大家都祝贺他。这位父亲说："为什么就知道不是祸端呢？"家里有许多骏马，他的儿子喜欢骑马，有一次从马上摔下来折断了大腿骨。大家都慰问他，这位父亲说："为什么就知道不是福运呢？"过了一年，胡人大举侵入边塞，健壮的男子都拿起弓箭参战，塞上参战的人，十个死了九个，不死的都是重伤。唯独他的儿子因为摔断了腿的缘故，父子得以保全性命。所以福可变为祸，祸可变为福，这其中的变化难以捉摸，深不可测。

得到了不一定是好事，失去了也不一定是坏事，一定意义上有舍才有得。在失意之际坚持不懈，在坎坷之时不断努力，方能有所收获，实现人生目标。要跳出对个人得失的计较，只有把小我融入大我，才会有海一样的胸怀，山一样的崇高。个人的利益得失只能部分地衡量人生价值的大小，每个个体只有在奉献社会的过程中才能实现更大的人生价值。只有跳出对个人利益的狭隘计较，关爱他人，热爱集体，真诚奉献，才能赢得他人和社会的尊重。

【教材内容链接】《思想道德与法治》第一章第三节"创造有意义的人生"之"辩证对待人生矛盾"——正确看待得与失

【案例六】患得患失　必为所困

小人者其未得也，则忧不得；既已得之，又恐失之。是以有终身之忧，无一日之乐也。

——《荀子·子道》

【案例分析】

话说人格卑鄙的人，在还没有得到的时候，就担心不能得到，而等到他得到了之后，又担心会失去，所以终其一生都是忧心忡忡的，没有一天开心。

在现实生活中，有些人就是不能控制好得失的心态。他们在没有得到时，害怕自己无所获；得到后，又时时担忧失去，终日处于惶恐之中。其实，人生的很多痛苦都来自太过在意得失，因为在意，所以终日追逐，但最后是越想得到，就越得不到，继而陷入痛苦之中。人生的很多痛苦，很大程度上都是源于看不开、放不下得失，一生都在得失中纠缠。得则喜不自胜，失则万念俱灰。

正确的心态是："用之则行，舍之则藏"（《论语·述而》），被任用就施展抱负，不被任用就藏身自好。"行"为得到时，应心无旁骛，大展拳脚，顺势而上，乘风勇进，但要注意在成绩和收获面前保持平常心态，切不可得意忘形；"藏"为失去时，不萎靡不振，不消沉低迷，而是修身养性，坚持不懈，默默前行。另外，还要跳出对个人得失的狭隘计较，把小我融入大我，关爱他人，热爱集体，真诚奉献。只有这样，才能赢得他人和社会的尊重，才会获得真正的快乐。

【教材内容链接】《思想道德与法治》第一章第三节"创造有意义的人生"之"辩证对待人生矛盾"——正确看待得与失

【案例七】历经磨砺　方得有成

宝剑锋从磨砺出，梅花香自苦寒来。

——《警世贤文·勤奋》

【案例分析】

宝剑的锐利刀锋是从不断的磨砺中来的，梅花飘香来自它度过了寒冷的冬季。寓意要想拥有珍贵品质或美好才华等是需要不断的努力、修炼，克服一定的困难才能达到的。

奋斗是艰辛的，艰难困苦、玉汝于成。真正的快乐只能由奋斗的艰苦转化而来。不经历风雨怎能见彩虹，不经历人生的苦难，怎能享受到人生的乐趣。毛泽东用"红军不怕远征难，万水千山只等闲"形象地写出了红军战胜长征途中各种苦难的豪迈气概，用“更喜岷山千里雪，三军过后尽开颜”生动描述了红军夺取胜利后的喜悦心情，给我们正确理解苦与乐的辩证关系提供了重要启示。

无数人成功的事实表明，青年时代，选择吃苦也就选择了收获，选择奉献也就选择了高尚。青年时期多经历一点摔打、挫折、考验，有利于走好一生的路。大学生要担负起民族复兴之大任，更要在磨炼中培养吃苦耐劳、乐观向上的良好品质。

【教材内容链接】《思想道德与法治》第一章第三节“创造有意义的人生”之“辩证对待人生矛盾”——正确看待苦与乐

【案例八】看淡苦难　笑对人生

人心统耳目官骸，而于百体为君，必随处见神明之宰；人面合眉眼鼻口，以成一字曰苦（两眉为草，眼横鼻直而下承口，乃苦字也），知终身无安逸之时。

——王永彬《围炉夜话·第12则》

愁烦中具潇洒襟怀，满抱皆春风和气；暗昧处见光明世界，此心即白日青天。

——王永彬《围炉夜话·第78则》

【案例分析】

人心统治着人的五官及全身，是身体的主宰，所以必须时刻保持清醒的头脑，才能使言行不至于出错；人的脸上长着眉、眼、鼻、口，看上去像个“苦”字（两个眉毛像草字头，两眼为一横，鼻子为一竖，下面承接着口，恰巧是一个“苦”字），由此可知，人的一生都没有安闲逸乐的时候。仅从字形上人脸与“苦”字的联系，便由此断言人生苦海无边，这未免有些牵强附会。但人生的道路确实本来就崎岖不平，不会一帆风顺的。

在愁闷烦恼中，如果依然能够具有豁达乐观的精神，那么心情便能如沐春风一般；如果在境遇的晦暗和迷茫中依然能保持清醒，保有光明的心境，那么内心就能像青天白日般明亮无染。因此，我们在遇到困难和险阻的时候不能退缩，要承担起本该属于自己的责任，以苦为乐，用自己的努力来换取幸福和快乐。苦与乐既对立又统一，真正的快乐只能由奋斗的艰苦转化而来。逆境的恶劣可以磨炼意志、陶冶品格、积累经验、丰富人生阅历，只要正视逆境，勇于战胜逆境，人生价值依然可以实现。

【教材内容链接】《思想道德与法治》第一章第三节“创造有意义的人生”之“辩证对待人生矛盾”——正确看待苦与乐

【案例九】磨难思奋起　困苦思永生

昔西伯拘羑里，演《周易》；孔子厄陈、蔡，作《春秋》；屈原放逐，著《离骚》；左丘失明，厥有《国语》；孙子膑脚，而论兵法；不韦迁蜀，世传《吕览》；韩非囚秦，《说难》《孤愤》；《诗》三百篇，大抵贤圣发愤之所为作也。此人皆意有所郁结，不得通其道也，故述往事，思来者。

——司马迁《史记·太史公自序》

【案例分析】

从前文王被囚禁在羑里，就推演了《周易》；孔子在陈国和蔡国受到困厄，就写作《春秋》；屈原被怀王放逐，就写了《离骚》；左丘明眼睛瞎了，这才有了《国语》；孙膑遭受膑刑之苦，于是研究兵法；吕不韦谪迁蜀地，后世却流传着《吕氏春秋》；韩非子被囚禁在秦国，《说难》《孤愤》才产生；《诗经》三百零五篇，大多是古代的圣贤之人为抒发胸中的愤懑之情而创作的。这些人都是意气有所郁结，没有地方可以发泄，这才追述往事，思念将来。

在逆境中奋斗，需要付出更大的努力和更多的艰辛才可能成功，但也会有顺境中难以得到的获得感和成就感。逆境的恶劣环境，对于挑战者而言，可以磨炼意志、陶冶品格、积累战胜困难的经验、丰富人生阅历。顺势而快上，乘风而勇进，这是身处顺境的学问，是善于抓住机遇不断丰富和完善自己的途径；处低谷而力争，受磨难而奋进，这是身处逆境的学问，是将压力变成动力之所为。无论是顺境还是逆境，对人生的作用都可能是双面的，关键是怎样去认识和对待它们。只有善于利用顺境，勇于正视逆境和战胜逆境，才能够实现人生价值。我们要正确认识逆境，发挥逆境的积极作用，促进个人全面发展。

【教材内容链接】《思想道德与法治》第一章第三节“创造有意义的人生”之“辩证对待人生矛盾”——正确看待顺与逆

【案例十】不负时代　不负韶华

饥马盈厩，嘆然，未见刍也；饥狗盈窖，嘆然，未见骨也。见骨与刍，动不可禁。乱世之民，嘆然，未见贤者也；见贤人，则往不可止。往者非其形，心之谓乎？齐以东帝困於天下，而鲁取徐州；邯郸以寿陵困於万民，而卫取茧氏。以鲁卫之细，而皆得志於大国，遇其时也。故贤主秀士之欲忧黔首者，乱世当之矣。天不再与，时不久留，能不两工，事在当之。

——吕不韦《吕氏春秋·览·孝行》

【案例分析】

饥饿的马充满了马棚，默然无声，是因为它们没有见到草；饥饿的狗充满了狗窝，默然无声，是因为它们没有见到骨头。如果见到骨头和草，那么它们就会争抢，不能制止住。混乱世道的人民，默然无声，是因为他们没有见到贤人。如果见到贤人，那么他们就会去归附，不能制止住。他们去归附贤人，难道不是身心都归附吗？齐湣王因为僭称东帝而被天下诸侯弄得困窘不堪，因而被鲁国夺取了徐州。赵肃侯因修建寝陵扰民，人民都不亲附他，因而被卫国夺取了茧氏。凭着鲁国、卫国那样的小国，却都能从大国那里占到便宜，是因为遇到了恰当时机。所以贤明的君主和杰出的人士想为百姓忧虑的，遇到混乱的世道，其实正是合适的时机。上天不会给人两次机会，时机不会长期停留，人的才能不会同时把两件事情都做得特别好，事情成功的关键在于把握好时机。

“见乐则淫侈，见忧则诤治，此人之道也。”（《吕氏春秋·论·似顺》）意思是，遇见享乐之事就会恣意放纵，遇见忧患之事就会励精图治，这是人之常理。处低谷、受磨难却越挫越勇，将压力变成动力，很多人都能做到；然而很多人往往都是被顺境打倒，没能抓住机遇不断丰富与完善自己。在人生旅途中没有永远的顺境。身处新时代、新阶段，我们应善于把握时机，利用顺境，顺势而快上，乘风而勇进。

【教材内容链接】《思想道德与法治》第一章第三节“创造有意义的人生”之“辩证对待人生矛盾”——正确看待顺与逆

【案例十一】顺应时势　有所作为

少事长，贱事贵，不肖事贤，是天下之通义也。有人也，势不在人上而羞为人下，是奸人之心也。志不免乎奸心，行不免乎奸道，而求有君子圣人之名，辟之是犹伏而咶天，救经而引其足也。说必不行矣，俞务而俞远。故君子时诎则诎，时伸则伸也。

——《荀子·仲尼》

【案例分析】

年轻的侍奉年长的，卑贱的侍奉高贵的，不贤的侍奉贤能的，这是天下的普遍原则。有些人地位不在别人之上，而且以处在人下为耻，这是奸邪之人的想法。思想上没有除掉奸邪的念头，行动上没有消除奸邪的方法，却企求得到君子、圣人的名声，这就好像是趴在地上去舔天，要救上吊的人却去拉他的脚，这必定是行不通的，这样就会愈行愈远。所以，君子要根据时势变化，需要忍耐时就忍耐，容许施展抱负时就施展抱负。

人生经常会遇到狂风的肆虐和劈头盖脸的大雨倾注，生活也时常会让人遭受措手不及的挫折，有时甚至让人觉得世界末日到了。这个时候我们要相信："飘风不终朝，骤雨不终日。"(《老子·道经·第二十三章》)不管多大的风都会过去，不管多大的雨都会停下。正如作家三毛在《撒哈拉的故事》中所说："世间的人和事，来和去都有它的时间，我们只需要把自己修炼成最好的样子，然后静静地等待就好了。"这个世界不会因为你的哀号，就对你手下留情，更不会有人因为心疼你的遭遇，就替你摆平一切。喋喋不休地抱怨，也只会让瞧不起你的人更加鄙视你，让心疼你的父母更加担心你，让无关痛痒的人把你的痛苦当成谈资。我们所能做的，只能是不断调整心态，学会在黑暗中看到光明，以顽强意志去战胜艰难险阻。《周易》云："无平不陂，无往不复，艰贞无咎。"没有平地不变成山坡的，没有去了而不回来的，在艰难困苦中坚守纯正，必然会有好的结果。困境和逆境是不断转变的，没有人一辈子走运，也没有人一辈子倒霉。人生的艰难和困苦虽然不能避免，但只要我们保持一颗坚贞的心，就终能等到山坡变成坦途的那天。处低谷而力争，受磨难而奋进，这就是身处逆境的学问。

"处逆境心，须用开拓法；处顺境心，要用收敛法"(《格言联璧·存养类》)。所谓"大丈夫能屈能伸""尺蠖之屈，以求信也；龙蛇之蛰，以存身也"(《周易·系辞下》)。当你熬过那段不为人知的沉寂时光，终将迎来人生的高点。

【教材内容链接】《思想道德与法治》第一章第三节"创造有意义的人生"之"辩证对待人生矛盾"——正确看待顺与逆

【案例十二】人生可贵　生勿苟且

夫生不可不惜，不可苟惜。涉险畏之途，干祸难之事，贪欲以伤生，谗慝而致死，此君子之所惜哉！行诚孝而见贼，履仁义而得罪，丧身以全家，泯躯而济国，君子不咎也。自乱离已来，吾见名臣贤士，临难求生，终为不救，徒取窘辱，令人愤懑。

——颜之推《颜氏家训·养生篇》

【案例分析】

《颜氏家训》是南北朝时期的一部记述个人经历、思想、学识以告诫子孙的著作。作者颜之推认为：生命不能不珍惜，但也不能毫无原则的苟且偷生。他列举了几种现象：走上邪恶危险的道路，卷入祸难的事情，追求欲望的满足而损伤身体，进谗言、藏恶念而致死，等等。认为君子应该珍惜生命，以上这些事情都是不应该做的。相反，奉行忠孝而被害，做仁义的事而获罪，舍身保全家，牺牲自己而于国家有利，对于这样的事君子是不会抱怨的。作者说，自从梁朝乱离以来，他看到一些有名望的官吏和贤能的文士，面临危难，苟且偷生，最后不仅没能保全生命，还白白地遭致窘迫和污辱，这是非常让人愤懑的。

大学生要牢固树立生命可贵、敬畏生命的理念，珍爱生命，但不能为了求生而无原则地苟且；同时，也要有为了崇高目的而勇于奉献、敢于牺牲的精神，当祖国和人民需要的时候，要敢于挺身而出，不惧危难。须知，人的生命是有限的，而生命的价值是无限的，人的生命价值在于个体生命付出背后的意义。我们无法增加生命的长度，却能追求生命应有的高度。大学生应珍惜韶华，在服务人民、投身民族复兴伟大事业中开发出生命所蕴藏的巨大潜能，努力赋予有限的个体生命以更有价值的意义。

【教材内容链接】《思想道德与法治》第一章第三节“创造有意义的人生”之“辩证对待人生矛盾”——正确看待生与死

【案例十三】救国救民　名垂青史

人生自古谁无死，留取丹心照汗青。

——文天祥《过零丁洋》

【案例分析】

自古以来，人都不免一死，但怀有一颗爱国之心，能够为国尽忠，死后仍可光照千秋，青史留名。

文天祥热爱自己的国家，宁死不屈，以身殉国，表现了崇高的民族气节。他的光辉事迹和伟大精神，至今仍然永垂不朽！假设文天祥若变节，覆巢完卵，大可自保。在“时务”面前，他视而不见，正因如此，中国的历史才多了几分慷慨淋漓，多了几分浩然正气，多了几分不朽的尊严。

蒙古人征战南宋，初始时是侵略者和屠杀者，后来才融合成为统治者。古人在当时是看不到后世的发展的，处于文天祥的角度奋起抗战，保家卫国是应该值得肯定的。在现代人眼里这是改朝换代，但在他们眼里是民族战争，我们不能用现代人的思维方式去强求文天祥的民族理念。现代社会的政治环境与当时的政治环境根本就是两回事，所以是不能相提并论的。正是有了很多个像文天祥这样的英烈先贤，才撑起了我们民族的脊梁。

文天祥的事迹告诉我们应该正确地看待人生的顺与逆，正确看待生与死，反对错误的人生观，反对享乐主义和极端个人主义，要实现个人的人生价值。

【教材内容链接】《思想道德与法治》第一章第三节“创造有意义的人生”之“辩证对待人生矛盾”——正确看待生与死

【案例十四】发“三心”改过错

但改过者，第一，要发耻心。思古之圣贤，与我同为丈夫，彼何以百世可师？我何以一身瓦裂？耽染尘情，私行不义，谓人不知，傲然无愧，将日沦于禽兽而不自知矣；世之可羞可耻者，莫大乎此。孟子曰：“耻之于人大矣。”以其得之则圣贤，失之则禽兽耳。此改过之要机也。第二，要发畏心。……第三，须发勇心。人不改过，多是因循退缩；吾须奋然振作，不用迟疑，不烦等待。小者如芒刺在肉，速与抉剔，大者如毒蛇啮指，速与斩除，无丝毫凝滞。此风雷之所以为益也。具是三心，则有过斯改，如春冰遇日，何患不消乎？然人之过，有从事上改者，有从理上改者，有从心上改者。工夫不同，效验亦异。

——袁了凡《了凡四训·改过之法》

【案例分析】

凡是要改正过错的人，第一，要生发出羞耻之心。想想古时候的大圣大贤，跟我们一样是男子汉、大丈夫，为什么他们能够流芳百世，成为大家可以学习的榜样，而我为什么却一事无成，甚至身败名裂呢？这都是由于过分沉溺于逸乐，受到世俗欲望的污染，并且偷偷地做些伤天害理的不合乎义理的事，还以为别人不知道而表现出一副傲慢的样子，没有一点羞耻之心。就这样一天天沉沦，逐渐变成了禽兽之流，自己却没有发觉，世界上各种令人羞耻惭愧的事情都没有比这个更大的了，孟子说："耻字对于一个人来说，实在是关系太重大了！因为一个人若能知耻，就可以成就圣贤之道；如果不懂得羞耻，那便同禽兽一般了。"这些话都是改过的重要诀窍。第二，要有敬畏之心。对于今天的我们来说，就是既要对法律常怀敬畏之心，也要敬畏道德、舆论等的压力，不能对错误采取满不在乎的态度。第三，必须发起勇敢心。《论语》有言："过则勿惮改。"人在犯过错误之后不能够改正，大都因为得过且过，退堕畏缩，不能振作精神向上奋发的缘故。我们在明白自己的过失后，必须立即下定决心改正过来，不应有丝毫的迟疑，更不应当犹豫不决。小的过失，要像尖刺戳进肉内一般，必须赶快剔除；大的罪业，要像被毒蛇咬到手指一样，必须第一时间将指头切除，不可以有一点点犹豫和停顿，否则毒液蔓延到全身，就会立即死亡，这便是"易经"中，风雷之所以构成益卦的道理所在。只要具备了耻心、畏心和勇气这三种心，那么一旦犯了过失就能够马上改正，就好像春天的冰雪遇到了阳光，何须担心它不会融化掉？然而人们的过失，有从所犯过失的事实本身上戒除的，有从认识其中的道理而去改正的，也有从心念上来改正的，他们所付出的努力程度不一样，因此所得到的效果也就有所不同。

人非圣贤，孰能无过。关键是对待错误的态度。我们要为自己犯的错误感到羞耻，要想到自己的错误可能会使自己付出代价、面临惩罚，要勇于改正自己的错误，不能给自己的错误找借口，迁就自己。《增广贤文》曰："以责人之心责己，以恕己之心恕人。"周恩来在《团结广大人民群众一道前进》中也要求我们"严以律己，宽以待人"[①]。树立正确的三观，进行思想观念上的改变，是改正错误的根本。

【教材内容链接】《思想道德与法治》第一章第三节"创造有意义的人生"之"辩证对待人生矛盾"——正确看待荣与辱

【案例十五】无羞耻之心　失道德法度

知耻近乎勇。

——戴圣《礼记·中庸》

无羞恶之心，非人也。

——《孟子·公孙丑上》

【案例分析】

"知耻近乎勇"的"勇"是勇于改过。这里把羞耻和勇敢等同起来，意思是知道羞耻并勇于改过是一种值得推崇、夸耀的品质，是对知耻改过这种行为的赞赏。

孟子认为没有羞耻之心，就不配做人。

① 《周恩来选集》(上卷)，人民出版社，1980年，第328页。

“荣”即荣誉,是指社会对个人履行社会义务所给予的褒扬和赞许,以及个人所产生的自我肯定性心里体验;“辱”即耻辱,是指社会对个人不履行社会义务所给予的贬斥和谴责,以及个人所产生的自我否定性心理体验。荣辱观是人们对荣辱问题的根本看法和态度,是一定社会思想道德原则、规范的体现和表达。荣辱观对个人的思想行为具有鲜明的导向和调节作用。大学生只有具备正确的荣辱观，才能在纷繁复杂的社会生活中明确应当坚持和提倡什么,应当反对和抵制什么,从容走好人生之路。

【教材内容链接】《思想道德与法治》第一章第三节“创造有意义的人生”之“辩证对待人生矛盾”——正确看待荣与辱

【案例十六】天欲其灭亡　必使其猖狂

尊立卫皇后,及发燕王定国阴事,盖偃有功焉。大臣皆畏其口,赂遗累千金。人或说偃曰:“太横矣。”主父曰:“臣结发游学四十馀年,身不得遂,亲不以为子,昆弟不收,宾客弃我,我厄日久矣。且丈夫生不五鼎食,死即五鼎烹耳。吾日暮途远,故倒行暴施之。”

——司马迁《史记·平津侯主父列传》

【案例分析】

西汉时,因为尊立卫子夫当皇后,以及揭发燕王刘定国的阴私,主父偃立了功。大臣们都畏惧主父偃,贿赂和赠送给他的钱累计有千金之多。有人劝说主父偃说:“你太横行了。”主父偃说:“我从束发(指 15 至 20 岁)游学以来已四十余年,自己的志向得不到实现,父母不把我当儿子看,兄弟们不肯收留我,宾客也抛弃我,我穷困的时日已经很久了。况且大丈夫活着,如果不能列五鼎而食,那么死的时候能受五鼎烹煮的刑罚也好。我已经年老而想做的事情还有很多,所以只能倒行逆施,横暴行事。”后来主父偃接受诸侯贿赂等种种劣行败露,御史大夫公孙弘对皇上说,如果陛下不杀主父偃,就无法向天下人民交代。于是汉武帝就把主父偃家族的人都杀了。

主父偃为追求金钱和权势,不顾被杀头治罪的危险倒行逆施,结果落了个身败名裂而死的下场。这件事提醒我们,人应当是金钱的主人,而不是金钱的奴隶。我们不能把追逐和获取金钱作为人生的目的和生活的全部意义,为了获取金钱而不择手段,应当理性对待金钱和财富,依靠自己的劳动创造财富,合理合法地获取金钱,避免陷入拜金主义的误区。

【教材内容链接】《思想道德与法治》第一章第三节“创造有意义的人生”之“反对错误人生观”——反对拜金主义

【案例十七】追逐奢华　必失本真

五色令人目盲;五音令人耳聋;五味令人口爽;驰骋畋猎,令人心发狂;难得之货,令人行妨;是以圣人为腹不为目,故去彼取此。

——《道德经·第十二章》

【案例分析】

缤纷的色彩,使人眼花缭乱;嘈杂的音调,使人听觉失灵;丰盛的食物,使人舌不知味;纵情狩猎,使人心情激荡发狂;稀有的物品,使人行为不轨。因此,圣人但求吃饱肚子而不追逐声色之娱,所以摒弃物欲的诱惑而保持安定知足的生活方式。

老子认为社会的正常生活应当是为“腹”不为“目”,务内而不逐外,但求安饱,不求纵情声色之娱。他希望人们能够丰衣足食,建立内在宁静恬淡的生活方式,而不是外在贪俗的生活。一个人越是投入外在化的漩涡里,则越会流连忘返,产生自我疏离感,而心灵则会日益空虚。所以,老子才提醒人们要摒弃外界物欲的诱惑,保持内心的安足清静,确保固有的天性。

在现实生活中，一些大学生用父母辛苦劳作挣来的血汗钱追逐名牌和奢侈品,比阔气、讲排场,在消费上超出自己的承受能力，有的甚至因此负债累累。这些错误的观念和行为，不仅影响大学生的健康成长，而且败坏社会风气。同学们要自觉抵制享乐主义的冲击，树立正确的消费观念，培育积极健康的兴趣爱好，在人生的努力奋斗中去获得成功与快乐。

【教材内容链接】《思想道德与法治》第一章第三节“创造有意义的人生”之“反对错误人生观”——反对享乐主义

【案例十八】知错不改　人皆为敌

枭逢鸠。鸠曰：“子将安之？”枭曰：“我将东徙。”鸠曰：“何故？”枭曰：“乡人皆恶我鸣，以故东徙。”鸠曰：“子能更鸣，可矣；不能更鸣，东徙，犹恶子之声。”

——刘向《说苑·谈丛》

【案例分析】

猫头鹰碰见了斑鸠。斑鸠问：“你到哪里去啊？”猫头鹰说：“我打算搬到东边去住。”斑鸠又问：“为什么呢？”猫头鹰说：“西边的人们都讨厌我的叫声，所以我想搬走。”斑鸠说：“如果你能改变自己的叫声，不搬走是可以的。不然的话，迁到东边，那里的人一样会不喜欢你的叫声啊。”

本则寓言告诉我们：在一个环境中若得不到认可，就应该反思自己的问题或缺点，而不是逃避，只有正视自己的缺点并改正，才能得到大家的欢迎与肯定，从而避免陷入极端个人主义。

在我国，尽管社会主流价值观念积极健康，但仍存在拜金主义、享乐主义和极端个人主义等种种错误的观念。在面对这些不合主流的价值观念时，大学生要学会思考、善于分析、正确抉择，从根本上认清错误思潮的本质，警惕和自觉抵制它们的侵蚀。对于自己错误的人生观，不要选择逃避的态度，而是要勇于改正，要从根本上加以解决，不能像猫头鹰搬家那样，回避矛盾，这样是解决不了问题的。大学生要正确处理好个人与他人、个人与集体、个人与社会的关系，在团结合作中共同成长、共同进步、共同发展。

【教材内容链接】《思想道德与法治》第一章第三节“创造有意义的人生”之“反对错误人生观”——反对极端个人主义

【案例十九】天下至诚　人物尽性

唯天下至诚，为能尽其性。能尽其性，则能尽人之性；能尽人之性，则能尽物之性；能尽物之性，则可以赞天地之化育；可以赞天地之化育，则可以与天地参矣。

——《中庸·第二十二章》

【案例分析】

人只有达到“至诚”的境界，才能充分实现自己本性的要求，由己推人，继而充分实现众人本性的要求，进而充分实现万物本性的要求，才能达到助推天地造化和养育的作用，即“赞天地之化育”，此时就可以与天地并列了。中国传统文化，始终将“天、地、人”并列。其中，“人”的价值最被中国人所看重，认为人类的智慧和能力太伟大了，不仅能够克服自然界对人存在的不利因素，而且能够对天地间的种种变化做出开创之举。对于中国古人来说，人生的意义就是“赞天地之化育”。

马克思在《关于费尔巴哈的提纲》中说：“哲学家们只是用不同的方式解释世界，而问题在于改变世界。”[①]作为能够改变世界的主体——人，怎么才能改变世界呢？就是要不断加强自身修养，把自己的小我融入祖国、民族的大我之中，与历史同向、与祖国同行、与人民同在，在实践中创造有价值的人生。

广大青年应当努力学习科学文化知识，不断汲取现代科学文化成果，坚持理论联系实际，积极投身社会实践，锤炼品格，在成就自我的同时，为祖国

① 《马克思恩格斯选集》（第一卷），人民出版社，2012年，第140页。

和人民做出应有的贡献。

【教材内容链接】《思想道德与法治》第一章第三节“创造有意义的人生”之“成就出彩人生”——在实践中创造有价值的人生

第二章　追求远大理想　坚定崇高信念

科学的理想信念,既是指引人们穿越迷雾、辨识航向的灯塔,也是激励人们乘风破浪、搏击沧海的风帆。大学是立德树人、培养人才的地方,是青年人学习知识、增长才干、放飞梦想的地方。追求远大理想,坚定崇高信念,在为实现中国特色社会主义共同理想而奋斗的过程中实现个人理想，是大学生自身成长成才的现实需要,也是国家和人民的殷切期盼。

本章精选 27 个中华优秀传统文化案例,用于阐释和印证理想信念的内涵及重要性、坚定信仰信念信心、在实现中国梦的实践中放飞青春梦想三个问题。

第一节　理想信念的内涵及重要性

理想信念是人的精神世界的核心,是人精神上的“钙”。没有理想信念,理想信念不坚定,精神上就会“缺钙”,就会得“软骨病”。一个人精神上“缺钙”,就容易精神空虚甚至陷入精神荒漠,既不可能感受精神生活的丰满充实,更不可能承担时代所赋予的历史重任。正确且坚定的理想信念,激励着人们为一定的社会理想和生活目标而不断努力追求。

本节精选9个中华优秀传统文化案例，用来阐释理想信念的内涵及其重要性。

【案例一】逆境不弃理想　困苦秉持信念

先生不知何许人也,亦不详其姓字,宅边有五柳树,因以为号焉。闲静少言,不慕荣利。好读书,不求甚解;每有会意,便欣然忘食。性嗜酒,家贫不能常得。亲旧知其如此,或置酒而招之;造饮辄尽,期在必醉。既醉而退,曾不吝情去留。环堵萧然,不蔽风日;短褐穿结,箪瓢屡空,晏如也。常著文章自娱,颇示己志。忘怀得失,以此自终。

——陶渊明《五柳先生传》

【案例分析】

五柳先生不知道是哪里的人,也不清楚他的姓名字号,因为他的住宅旁边种着五棵柳树,就以此为号。他安安静静,很少说话,也不羡慕荣华利禄。他喜欢读书,只领会要旨不在一字一句的解释上过分探究;每当对书中的内容有所领会的时候,就会高兴得连饭也忘了吃。他生性喜爱喝酒,因家里贫穷常常不能得到满足。亲戚朋友知道他的这种境况，有时摆了酒席来招待他。他去喝酒就喝个尽兴,希望一定喝醉;喝醉了就回家,竟然说走就走。简陋的居室里空空荡荡,遮挡不住风雨和烈日,粗布短衣上打满了补丁,盛饭的篮子和饮水的水瓢里经常是空的,可是他还是安然自得。常常写文章来自娱自乐,也稍微透露出他的志趣。他从不把得失放在心上,就这样过完自己的一生。

理想是人们在实践中形成的、有可能实现的,对自身发展目标的向往与追求,是人们的世界观、人生观和价值观在奋斗目标上的集中体现。故事中的五柳先生是一个虚构的人物，作者借其塑造了一位安贫乐道、遗世独立的隐士，通过这一形象来表达自己的人生理想和追求。而熟知陶渊明的人其实知道五柳先生就是陶渊明本人的自画像。陶渊明虽处于贫困之中却能悠闲自适，身处乱世而能洁身自好，不放弃自己的理想和追求，始终都坚守着属于他的理想和信念，从而可以过的安然自得。

【教材内容链接】《思想道德与法治》第二章第一节“理想信念的内涵及重要性”之“什么是理想信念”——理想的内涵与特征

【案例二】树远大理想　持坚定信念

班超字仲升，扶风平陵人，徐令彪之少子也。为人有大志，不修细节。然内孝谨，居家常执勤苦，不耻劳辱。有口辩，而涉猎书传。永平五年。兄固被召诣校书郎，超与母随至洛阳。家贫，常为官佣书以供养。久劳苦，尝辍业投笔叹曰：“大丈夫无它志略，犹当效傅介子、张骞立功异域，以取封侯，安能久事笔研间乎？”左右皆笑之。超曰：“小子安知壮士志哉！”

——范晔《后汉书·班梁列传》

【案例分析】

班超字仲升，扶风平陵人，是徐县县令班彪的小儿子。班超为人有远大的志向，不计较一些小事情。然而在家中孝顺勤谨，过日子常常辛苦操劳，不以劳动为耻辱。他能言善辩，浏览了许多历史典籍。公元 62 年(永平五年)，哥哥班固被征召做校书郎，班超和母亲也随同班固到了洛阳。因为家庭贫穷，班超常为官府抄书来挣钱养家。他长期抄写，劳苦不堪，有一次，他停下手中的活儿，扔了笔感叹道：“大丈夫如果没有更好的志向谋略，也应像昭帝时期的傅介子、武帝时期的张骞那样，在异地他乡立下大功，以得到封侯，怎么能长期地在笔砚之间忙忙碌碌呢？”旁边的人都嘲笑他，班超说：“凡夫俗子怎么能了解壮士的志向呢！”

理想是人们在实践中形成的、有可能实现的，对未来社会和自身发展目标的向往与追求，是指引人们前进的风向标。理想具有超越性，理想因其远大而为理想，它不仅源于现实，而且超越现实。一个人的理想决定了他的人生高度，一件事情，如果连自己都没有想要去取得成功，怎么可能将这件事情做好呢。只有先去想实现一个目标，下一步才可能实现。燕雀安知鸿鹄之志，鸿鹄翱翔于蓝天之上，尽情高飞，领略了美丽的风景，但是燕雀没有远大的理想，能够飞到树上就已经很知足了。有了高远的志向，成功才有可能。

【教材内容链接】《思想道德与法治》第二章第一节“理想信念的内涵及重要性”之“什么是理想信念”——理想的内涵与特征

【案例三】坚定信念　持之不渝

逮至尧之时，十日并出。焦禾稼，杀草木，而民无所食。

猰貐、凿齿、九婴、大风、封豨、脩蛇皆为民害。尧乃使羿诛凿齿于畴华之野，杀九婴于凶水之上，缴大风于青丘之泽，上射十日而下杀猰貐，断脩蛇于洞庭，擒封豨于桑林。万民皆喜，置尧以为天子。

——刘安·及其门客共撰《淮南子·本经训》

【案例分析】

到了尧统治的时候，有十个太阳一同出来。灼热的阳光晒焦了庄稼，花草树木干死，老百姓连吃的东西都没有。

猰貐、凿齿、九婴、大风、封豨、修蛇均祸害人民。（于是）尧派使后羿去南方泽地荒野为民除害，在北方的凶水杀灭九婴，在东方的大泽青丘系着丝绳的箭来射大风，射十个太阳（射下来九个），接着又杀死猰貐，在洞庭湖砍断修蛇，在中原一带桑林擒获封豨。民众都非常开心，并推举尧为领导人（天子）。

从传说本身入手，后羿之所以要射日是因为当时天上出现了十个太阳，大地上的百姓都流离失所，家园被烧毁，庄稼也被焚坏，还有许多人都被热死了。在这样的情况下，后羿才站出来要把太阳射下来。从这里我们能看到后羿有一种仁爱的精神，这种精神和后来儒家思想的“仁爱”可以说是不谋而合，这也是这个故事能够流传几千年的主要原因之一。后羿胸怀天下，始终坚守着为百姓谋福的信念，以不达目标永不罢休的决心和坚韧不拔的意志，不断战胜艰难险阻，坚定不移地投身于造福人类的事业中去。信念是认知、情感和意志的有机统一体，为人们矢志不渝、百折不挠地追求理想目标提供了强大的精神动力。信念具有执着性，一旦形成就不会轻易改变，当一个人抱有坚定的信念时，他就会全身心投入为实现目标而努力奋斗的事业中。这个故事告诉我们：要胸怀天下，以天下事为己任，树立强大且坚定的信念，才能不断战胜困难，将理想变为现实。

【教材内容链接】《思想道德与法治》第二章第一节“理想信念的内涵及重要性”之“什么是理想信念”——信念的内涵与特征

【案例四】心系民众　何惧苦难

死去元知万事空，但悲不见九州同。

王师北定中原日，家祭无忘告乃翁。

——陆游《示儿》

【案例分析】

原本知道死去之后就什么也没有了，只是悲哀没有见到国家统一。当大宋军队收复了中原失地的那一天，你们举行家祭时不要忘了告诉我！

陆游一生致力于抗金斗争，一直希望能收复中原。虽然频遇挫折，却仍然未改变初衷。

从诗中可以领会到诗人的爱国之心是何等的执着、深沉、热烈、真挚！也凝聚着诗人毕生的心事，诗人始终如一地抱着当时汉民族必然要复兴失地的信念，对抗战事业具有必胜的信念。题目是《示儿》，相当于遗嘱。在短短的篇幅中，诗人披肝沥胆地嘱咐着儿子，无比光明磊落，激动人心！浓浓的爱国之情跃然纸上。

人的理想信念，反映的是对社会和人自身发展的期望。理想信念是人的思想和行为的指南针，一旦确立就能够使人方向明确、精神振奋，即使前进的道路曲折、人生的境遇复杂，也能使人看到未来的希望和曙光，永不迷失前进的方向。因此，有什么样的理想信念，就意味着以什么样的期望和方式去改造自然和社会，塑造和成就自身。只有树立起崇高的理想信念，才能解答好人生的意义、奋斗的价值以及做什么样的人等重要的人生课题。

【教材内容链接】《思想道德与法治》第二章第一节“理想信念的内涵及重要性”之“理想信念是精神之‘钙’”——理想信念昭示奋斗目标

【案例五】理想富蕴志气　信念催生动力

神龟虽寿，犹有竟时。

腾蛇乘雾，终为土灰。

老骥伏枥，志在千里。

烈士暮年，壮心不已。

盈缩之期，不但在天。

养怡之福，可得永年。

幸甚至哉，歌以咏志。

——曹操《龟虽寿》

【案例分析】

神龟虽能长寿，但也有死亡的时候。腾蛇尽管能乘雾飞行，终究也会死亡化为土灰。年老的千里马虽然伏在马槽旁，但它的雄心壮志仍然能够驰骋千里。有远大抱负的人士到了晚年，奋发思进的雄心不会止息。人的寿命长短,不只是由上天所决定的。只要自己调养好身心,也可以益寿延年。我非常庆幸,就用诗歌来表达内心的志向吧!

如何对待这有限的人生?曹操一扫汉末文人感叹浮生若梦、劝人及时行乐的悲调,慷慨高颂地说道:“老骥伏枥,志在千里。烈士暮年,壮心不已。”曹操自比一匹上了年纪的千里马,虽然形老体衰,但胸中仍然激荡着驰骋千里的豪情。他说,有志干一番事业的人,虽然到了晚年,但一颗勃勃雄心永不会消沉,对宏伟理想的追求永远不会停息!

曹操对人生的看法颇有一点辩证的思维,他首先讲尊重自然规律,人总是要死的。接着讲人在有限的生命里,要充分发挥主观能动性,去积极进取,建功立业。最后谈到人在自然规律面前也不是完全无能为力的,一个人寿命的长短虽然不能违背客观规律,但也不是完全听凭上天安排。如果经常注意保养,使之健康愉快,也可以延年益寿。曹操所云“养怡之福”,不是指无所事事,坐而静养,而是说一个人的精神状态和身体健康是最重要的,不应因年暮而消沉,而要“壮心不已”。要有永不停止的理想追求和积极进取的精神,永远乐观奋发,自强不息。曹操的诗有一种震撼人心的巨大力量,使后代无数英雄志士为之倾倒若狂。

人寿命的长短不完全决定于天,只要保持身心健康就能延年益寿,这里可见诗人对天命持否定态度,而对事在人为抱有乐观主义精神,抒发了诗人不甘衰老、不信天命、奋斗不息、对伟大理想的追求永不停止的壮志豪情。

理想信念催生前进动力。志向高远,便力量无穷。一个人有了崇高坚定的理想信念,才会以惊人的毅力和不懈的努力成就事业。大学时期确立的理想信念,对今后的人生之路将产生重大影响,甚至会影响终身。大学生人生目标的确立、生活态度的形成、发展方向的设定、工作岗位的选择,以及如何择友、如何面对挫折、如何克服困难等问题的解决,都需要一个总的原则和目标,都离不开理想信念的指引和激励。

【教材内容链接】《思想道德与法治》第二章第一节“理想信念的内涵及重要性”之“理想信念是精神之‘钙’”——理想信念催生前进动力

【案例六】志存高远　无坚不摧

志之所趋，无远勿届，穷山距海，不能限也；志之所向，无坚不入，锐兵精甲，不能御也。

——金缨《格言联璧》

【案例分析】

理想信念就是人的志向。志存高远的人，再遥远的地方也能达到，再坚固的东西也能突破。精锐之师，也不能阻挡。

志向往大里说叫作理想，往小里说叫作目标。一个人有了理想，有了目标，才会有决心，有勇气去做那些常人觉得不可思议的事情。《格言联璧》给了两个具体的意象，一个叫穷山，一个叫距海。即我们所说的，山之涯，海之角，不论志向往哪个方向走，哪怕到了山边、到了海角，只要我的志向还要往前走，那么山和海都不能限制我。

《后汉书·耿弇传》中记载，西汉末年，有一个叫作耿弇的大将军。当时21岁的耿弇还只是一个毛头小子，他投奔南阳的刘秀，跟着刘秀起兵。当时他就劝刘秀收复河北，再从河北平定山东，然后就可以安定天下了。那时候刘秀不过是一小股力量，耿弇更是一个名不见经传的小伙子，所以谁都觉得他这个说法太夸张了，不可能实现。可是，耿弇因为有了这样的志向，他就产生了那种拼命三郎的勇气。此后，耿弇败延岑、平齐鲁、攻陇右，为东汉的统一立下赫赫战功。

在革命、建设、改革各个历史时期，有无数共产党员为党和人民事业英勇牺牲了，支撑他们的就是“革命理想高于天”的精神力量。

理想信念催生前进动力。我们应当重视理想信念的选择和确立，树立科学崇高的理想信念，使人生道路越走越宽广，使宝贵的人生富有价值。

【教材内容链接】《思想道德与法治》第二章第一节“理想信念的内涵及重要性”之“理想信念是精神之‘钙’”——理想信念催生前进动力

【案例七】志存高远　拒绝凡庸

夫志当存高远，慕先贤，绝情欲，弃凝滞，使庶几之志，揭然有所存，恻然有所感。忍屈伸，去细碎，广咨问，除嫌吝；虽有淹留，何损美趣？何患于不济？若志不强毅，意不慷慨，徒碌碌滞于俗，默默束于情，永窜伏于凡庸，不免于下流。

——诸葛亮《诫外甥书》

【案例分析】

志向应当建立在远大的目标上，敬仰和效法古代的圣人，并断绝私情杂欲，撇开障碍，使几乎接近圣贤的那种高尚志向在你身上明白地体现出来，使你内心震动、心领神会。要能够适应顺利、曲折等不同境遇的考验，摆脱琐碎事务和感情的纠缠，广泛地向人请教，根除自己怨天尤人的情绪。做到这些以后，虽然也有可能在事业上暂时停步不前，但不会损毁自己高尚的情趣，何必担心事业会不成功呢！如果志向不坚毅，思想境界不开阔，碌碌无为地陷身在世俗中，无声无息地被欲念困扰，永远混杂在平凡的人群中，就难免会变成没有教养、没有出息的人。

志存高远，放飞梦想。人的成就大小往往与其志向大小成正比。青年时代的毛泽东抱负远大、壮志凌云，“自信人生二百年，会当水击三千里”，终成中华人民共和国的首要缔造者，奠定了新中国的家底。少年时代的周恩来心系天下安危，发出“为中华之崛起而读书”的豪迈誓言，后来成为开国元勋，为世人称颂至今。宋末诗论家严羽在其《沧浪诗话·诗辩》中说：“学其上，仅得其中；学其中，斯为下矣。”要成就一番事业，就要有更远大的理想、更崇高的追求。

青年人要志存高远，自觉把人生理想融入国家和民族的事业中，放飞中国梦想，在为实现中华民族伟大复兴的不懈奋斗中成就栋梁之材，实现人生理想。

【教材内容链接】《思想道德与法治》第二章第一节“理想信念的内涵及重要性”之“理想信念是精神之‘钙’”——理想信念提供精神支柱

【案例八】人无理想　近于禽兽

后稷教民稼穑，树艺五谷；五谷熟而民人育。人之有道也，饱食、暖衣、逸居而无教，则近于禽兽。

——《孟子·滕文公上》

【案例解析】

后稷教人民各种农事，种植五谷；五谷成熟了，人民才能养育。人类生活的通则是，吃饱、穿暖、安居，而没有教育，便同禽兽差不多。

莎士比亚曾说：一个人在他的生命盛年，只知道吃吃睡睡，他还算什么东西，简直不过是一头牲畜。莎士比亚的话似乎有些不雅，但是诠释了这样一个道理，作为一个人是要有精神追求的。理想信念是衡量一个人精神境界高下的重要标尺。理想信念作为人的精神世界的核心，一方面能使人的精神生活的各个方面统一起来，使人的精神世界成为一个健康有序的系统，避免精神空虚和迷茫；另一方面又能引导人们不断地追求更高的人生目标，并在追求和实现理想目标的过程中提升精神境界、塑造高尚人格。

2019 年 4 月 30 日，纪念五四运动 100 周年大会在北京人民大会堂隆重举行。中共中央总书记、国家主席、中央军委主席习近平在会上发表重要讲话。在谈到“新时代中国青年要树立远大理想”时，他引用“立志而圣则圣矣，立志而贤则贤矣”，指出：“青年的理想信念关乎国家未来。青年理想远大、信念坚定，是一个国家、一个民族无坚不摧的前进动力。”[①]青年志存高远，就能激发奋进潜力，青春岁月就不会像无舵之舟漂泊不定。

【教材内容链接】《思想道德与法治》第二章第一节“理想信念的内涵及重要性”之“理想信念是精神之‘钙’”——理想信念提高精神境界

【**案例九**】坚守信仰　持之不渝

咬定青山不放松，立根原在破岩中。

千磨万击还坚劲，任尔东西南北风。

——郑板桥《竹石》

【案例分析】

紧紧咬定青山不放松，原本深深扎根石缝中。千磨万击身骨仍坚劲，任凭你刮东西南北风。

这首诗着力表现了竹子那顽强又执着的品质，是一首赞美岩竹的题画诗，也是一首咏物诗。开头用“咬定”二字，把岩竹拟人化，已传达出它的神韵和顽强的生命力，后两句进一步写岩竹的品格，它经过了无数次的磨难，才长就了一身英俊挺拔的身姿，而且从不畏惧来自东西南北的狂风的击打。这首诗表面上是写竹，实际上是写人，写作者自己那种刚正不阿、坚强不屈的性格，决不向任何邪恶势力低头的傲骨。同时，这首诗也能给我们以生命的感动，在曲折恶劣的环境中，战胜困难，面对现实，像在石缝中的竹子一样刚强勇敢，体现了爱国者的情怀。

大学生只有树立崇高的理想信念，才能激发起为民族复兴和人民幸福而发愤学习的强烈责任感与使命感，掌握建设祖国、服务人民的本领。不论今后从事什么职业，面对什么样的困难，大学生都要像竹子那般“千磨万击

---

① 习近平：《在纪念五四运动100周年大会上的讲话》，《人民日报》，2019年5月1日。

还坚劲，任尔东西南北风”，把个人的奋斗志向同国家和民族的前途命运紧紧联系在一起，把个人的学习进步同祖国的繁荣昌盛紧紧联系在一起、使理想信念之花结出丰硕的成长成才之果。

【教材内容链接】《思想道德与法治》第二章第一节“理想信念的内涵及重要性”之“理想信念是精神之‘钙’”——大学生要树立崇高的理想信念

第二节　坚定信仰信念信心

加强思想修养、提高精神境界，必须牢牢把握理想信念这个核心。要实现国家的繁荣富强、民族的伟大复兴、人民的美好生活，离不开崇高理想信念的有力支撑。实现中华民族伟大复兴的中国梦需要一代一代青年矢志奋斗。大学生生逢其时、肩负重任，应当志存高远、脚踏实地，切实增强对马克思主义、共产主义的信仰，增强对中国特色社会主义的信念，增强对实现中华民族伟大复兴的信心，把个人理想追求融入党和国家的事业之中。

本节精选 7 个中华优秀传统文化案例，用以阐释增强对马克思主义、共产主义的信仰，增强对中国特色社会主义的信念，增强对实现中华民族伟大复兴的信心。自觉做共产主义远大理想和中国特色社会主义共同理想的坚定信仰者、忠实实践者，为崇高理想信念而矢志奋斗。

【案例一】志不求易　功业乃大

志不求易者成，事不避难者进。

——范晔《后汉书·虞诩传》

【案例分析】

立志不求易成，行事不避艰难。后常用“志不求易者成，事不避难者进”

来告诫人们，只有志存高远，坚定不移，迎难而上，才会取得最后的成功。

学史增信，就是要增强信仰、信念、信心，这是我们战胜一切强敌、克服一切困难、夺取一切胜利的强大精神力量。坚定的理想信念，必须建立在对马克思主义的坚定信仰上，建立在对历史规律的深刻把握上。马克思主义是我们认识世界、改造世界的强大思想武器。马克思主义为我们提供了科学的思想方法，正确应用马克思主义，我们在观察事物时就能正确地提出问题、分析问题和解决问题。新时代的青年大学生肩负建设社会主义现代化强国、实现中华民族伟大复兴中国梦的时代使命，需要全面、准确、科学地认识马克思主义，把握马克思主义的科学价值和实践意义，增强对马克思主义的信仰。

大学生要树立崇高的理想信念，增强对马克思主义、共产主义的信仰，在错综复杂的社会现象中看清本质、明确方向，为人民服务、奉献社会做出更大的贡献。

【教材内容链接】《思想道德与法治》第二章第二节“坚定信仰信念信心”之“增强对马克思主义、共产主义的信仰”——为什么要信仰马克思主义

【案例二】胜寸心安　能胜苍穹

不能胜寸心，安能胜苍穹。

——龚自珍《自春徂秋·偶有所触》

【案例分析】

如果连自己的心都控制不住，又怎么能战胜客观世界呢。后人常用这两句话勉励，人只有从自身入手，管好自己的心智，控制好自己人性的贪婪、惰性等缺点，方有可能成就一番大事业。

所谓“胜寸心”就是要战胜自己内心的弱点和缺陷，自律自强。古人说“心之所向曰‘志’”，志当存高远。但是高远的志向需要脚踏实地，一步一个

脚印地去实现。在实现志向的过程中，可能会遇到困难、挫折和各种意想不到的挑战。这就需要用强大的心智去挑战人性的弱点，战胜懦弱、胆小的自己，鼓励自己在困境中坚持下去。

"胜寸心"方能胜苍穹。要做到"胜寸心"，就要有坚定的理想信念，就要坚持马克思主义信仰，增强共产主义信仰。习近平总书记强调："坚定理想信念，坚守共产党人精神追求，始终是共产党人安身立命的根本。对马克思主义的信仰，对社会主义和共产主义的信念，是共产党人的政治灵魂，是共产党人经受住任何考验的精神支柱。"①对共产党人而言，要始终坚守对马克思主义的信仰、对共产主义和社会主义的信仰，对党和人民忠诚，坚持全心全意为人民服务的宗旨，恪守党纪党规和国家法律，把自己锻造成为一名忠诚、干净、有担当的共产党员，方能成就共产主义的千秋伟业；对新时代大学生而言，亦要立志做坚定的马克思主义者，坚定马克思主义信仰和共产主义理想，深刻认识历史和人民怎样选择了马克思主义、选择了中国共产党、选择了社会主义道路、选择了改革开放，不断深化对马克思主义历史必然性和科学真理性、理论意义和现实意义的认识。

【教材内容链接】《思想道德与法治》第二章第二节"坚定信仰信念信心"之"增强对马克思主义、共产主义的信仰"——为什么要信仰马克思主义

【案例三】信道宜笃　竭诚行道

君子之学，必先明诸心，知所养，然后力行以求至，所谓自明而诚也。诚之之道，在乎信道笃。信道笃则行之果，行之果则守之固。

——程颐《颜子所好何学论》

【案例分析】

君子的学习方法，一定要先使内心明白，知道养护的对象，这样就会努

① 《习近平谈治国理政》（第一卷），外文出版社，2018年，第15页。

力践行以求达到目标，这就是前人所说的由于明白事理而做到诚恳。使自己达到诚的方法，在于坚信圣人之道的笃诚。信道笃诚那么实行时就果决，实行得果决那么守持得就牢固。

所谓“信道笃则行之果”。习近平总书记强调：“对马克思主义的信仰，对社会主义和共产主义的信念，是共产党人的政治灵魂，是共产党人经受住任何考验的精神支柱。”[①]若“信道不笃”，就不能竭诚行道，其最终必不能行道。背离或放弃马克思主义，就会失去灵魂、迷失方向，也就无法坚定理想信念，担当民族复兴大任。实现中华民族伟大复兴中国梦需要一代一代青年矢志奋斗。大学生生逢其时、肩负重任，应当志存高远、脚踏实地，切实增强对马克思主义、共产主义的信仰，学习和掌握马克思主义的立场、观点和方法，准确把握时代发展潮流，以科学的理想信念指引人生前进的道路和方向。做到信道笃方能行之果，行之果则能守之固。

【教材内容链接】《思想道德与法治》第二章第二节“坚定信仰信念信心”之“增强对马克思主义、共产主义的信仰”——为什么要信仰马克思主义

【案例四】坚定理想信念　指引人生方向

虽千万人，吾往矣。

——《孟子·公孙丑上》

朝闻道，夕死可矣。

——《论语·里仁第四》

【案例分析】

纵然面对千万人阻止，我也勇往直前。

早上听到或明白了一个道理，晚上死去也是值得的。

---

① 《习近平谈治国理政》(第一卷)，外文出版社，2018年，第15页。

孔子讲，“朝闻道，夕死可矣”“志士仁人，无求生以害仁，有杀身以成仁”，孟子更说“舍生取义”“虽千万人，吾往矣”。这些皆体现了古代仁人志士愿为理想献身的决心和勇气。

在当代，坚持共产主义理想信念，就要坚定不移地为建设中国特色社会主义而奋斗，坚定的理想信念，必须建立在对马克思主义的坚定信仰上，建立在对历史规律的深刻把握上。马克思主义坚持远大理想和现实目标相结合、历史必然性和发展阶段相统一，坚信人类社会必然走向共产主义。马克思主义作为我们立党立国的根本指导思想，是近代以来中国历史发展的必然结果，是中国人民长期探索的历史选择。

青年信仰什么、捍卫什么，决定着国家和民族的前途命运。新时代青年要做坚定的马克思主义者，坚定对马克思主义的信仰、对中国特色社会主义的信念、对中华民族伟大复兴中国梦的信心，让青春在实现中国梦中绽放异彩。

【教材内容链接】《思想道德与法治》第二章第二节“坚定信仰信念信心”之“增强对马克思主义、共产主义的信仰”——为什么要信仰马克思主义

【案例五】坚定信仰　愈挫弥坚

老当益壮，宁移白首之心；穷且益坚，不坠青云之志。

——王勃《滕王阁序》

【案例分析】

年纪虽老而志气更旺盛，即使自己已经满头白发，不会改变自己内心的坚守。处境越窘迫，意志尚且越坚定，不会失去自己远大的志向。（注：“老当益壮”与“穷且益坚”出自《后汉书·马援传》，原文说：“丈夫为志，穷当益坚，老当益壮”，意思是大丈夫的志气，不得志的时候应当更加坚定，年老的时候应当越发豪壮。这四句也是全篇警策，勉励怀才不遇之人不要因年华易逝和身处逆境而自暴自弃，应当执着地追求理想）

2021 年 4 月，习近平总书记在广西参观“血战湘江突重围”展陈时说：“正是因为红军是一支有理想信念的革命军队，才能视死如归、向死而生、一往无前、绝境重生，迸发出不被一切敌人压倒而是压倒一切敌人的英雄气概。为什么中国革命在别人看来是不可能成功的情况下居然成功了？成功的奥秘就在这里。”[①]坚定的信仰、信念、信心，这是红军血战湘江、成功突出重围的重要支撑，也是指引中国人民站起来、富起来和强起来的精神力量。

当代青年在追求崇高理想信念的过程中，都要有“老当益壮，宁移白首之心；穷且益坚，不坠青云之志”的态度，在实践中增强对马克思主义、共产主义的信仰，增强对中国特色社会主义的信念，增强对实现中华民族伟大复兴的信心，自觉做共产主义远大理想和中国特色社会主义共同理想的坚定信仰者和忠诚实践者。

【教材内容链接】《思想道德与法治》第二章第二节“坚定信仰信念信心”之“增强对马克思主义、共产主义的信仰”——胸怀共产主义远大理想

【案例六】性不可改　志不可夺

石可破也，而不可夺坚；丹可磨也，而不可夺赤。坚与赤，性之有也。

——吕不韦《吕氏春秋·诚廉》

【案例分析】

石头可以被打碎，但依然是坚硬的；丹砂可以被研磨，但依旧是红色的。坚硬和红色是石头和丹砂的本质属性，本性与生俱来，不会轻易因外力而改变。

《吕氏春秋》是战国末期秦国丞相吕不韦主持编撰的一部杂家著作，其中《诚廉》篇主要讲的是士大夫应该坚守信念、节操。理想信念决定一个人的选

① 《“加油、努力，再长征！”——习近平总书记考察广西纪实》，新华网，http://www.xinhuanet.com/politics/2021-04/29/c_1127388818.htm。

择，决定一个人的行动。一个人成为什么样的人，做什么样的事，有什么样的成就，很大程度上都是由个人的理想信念决定的。因此，孔子说："三军可夺帅也，匹夫不可夺志也。"理想信念就像是石头的坚硬和丹砂的红色一样，是人不可轻易更改的本质、本性，即使被破、被磨，也不可夺。

青年学生要坚定理想信念，"不论时代如何变化，不论条件如何变化，都风雨如磐不动摇，自觉做共产主义远大理想和中国特色社会主义共同理想的坚定信仰者、忠实实践者，永远为了真理而斗争，永远为了理想而斗争"[①]。

【教材内容链接】《思想道德与法治》第二章第二节"坚定信仰信念信心"之"增强对马克思主义、共产主义的信仰"——胸怀共产主义远大理想

【案例七】坚定信念　志存高远

左思，字太冲，齐国临淄人也。家世儒学。父雍，起小吏，以能擢授殿中侍御史。思少学钟、胡书及鼓琴，并不成。雍谓友人曰："思所晓解，不及我少时。"思遂感激勤学。貌寝，口讷，而辞藻壮丽。不好交游，惟以闲居为事。

造《齐都赋》，一年乃成。复欲赋三都，会妹芬入宫，移家京师，乃诣著作郎张载，访岷邛之事。遂构思十年，门庭藩溷皆著笔纸，遇得一句，即便疏之。自以所见不博，求为秘书郎。及赋成，时人未之重。思自以其作不谢班、张，恐以人废言。安定皇甫谧有高誉，思造而示之。谧称善，为其赋序。张载为注《魏都》，刘逵注《吴》《蜀》而序之曰：观中古以来为赋者多矣，相如《子虚》擅名于前，班固《两都》理胜其辞，张衡《二京》文过其意。至若此赋，拟议数家，傅辞会义，抑多精致，非夫研核者不能练其旨，非夫博物者不能统其异。世咸贵远而贱近，莫肯用心于明物。陈留卫权又为思赋作《略解》。自是之后，盛重于时，文多不载。司空张华见而叹曰：班、张之流也。使读之者尽而有余，久而更

① 《习近平谈治国理政》(第二卷)，外文出版社，2017年，第50页。

新。于是豪贵之家竞相传写，洛阳为之纸贵。初，陆机入洛，欲为此赋，闻思作之，抚掌而笑，与弟云书曰：此间有伧父，欲作《三都赋》，须其成，当以覆酒瓮耳。及思赋出，机绝叹伏，以为不能加也，遂辍笔焉。秘书监贾谧请讲《汉书》，谧诛，退居宜春里，专意典籍。及张方纵暴都邑，举家适冀州。数岁，以疾终。

——房玄龄等《晋书·左思传》

【案例分析】

左思，字太冲，齐国临淄人。他家世代承儒学。父亲左雍起于小吏，凭借才能被提拔为殿中侍御史。左思小时候学习钟繇、胡昭的书法，并学古琴，都没学成。左雍对朋友说："左思通晓、理解的东西，比不上我小时候。"左思于是受到激励，勤奋学习。他相貌丑陋，口齿笨拙，诗文词采却壮美华丽。他不喜欢与人交游，只以闲居为事。

作《齐都赋》，用了一年时间才完成。又想作《三都赋》，赶上妹妹左芬（被晋武帝征召）入宫，把家搬到京师，于是拜访著作郎张载，访求四川成都一带的事情。于是用十年时间构思，门旁庭前，篱边厕所，都放着笔和纸，偶得一句，立即记录下来。自己认为见闻不够广博，请求（到秘书省）担任（掌管图书典籍的）秘书郎之职。

等到赋写成之后，当时人们并未给予重视。左思自认为他的赋作比之班固、张衡之作毫不逊色，担心人们因为看不起他这个人而废弃他的作品。安定人皇甫谧有很高的声望，左思前去拜访他，把自己的作品拿给他看。皇甫谧大为称道，并且替他的赋写了序文。张载为其中的《魏都赋》作了注释，刘逵为其中的《吴都赋》《蜀都赋》作了注释，并为之作序说：观战国以来，作赋的人太多了，司马相如的《子虚赋》在前代享有盛名，班固的《两都赋》道理胜过文辞，张衡的《二京赋》文采超过立意。至于这篇赋作，比拟诸家，或运用辞藻表现思想，或运用事实阐发意蕴，也颇有情致，不精研细审的人不能详知这篇赋作中蕴含的深意远旨，不通晓众物的人不能统摄这篇赋作中涉及的殊物异闻。世人都崇尚古代的作品,看不起当世之人的创作,没有人肯花心思了解作品实质。陈留人卫权又为左思此赋作了《略解》。从此以后,《三都赋》被时人称誉推崇,文章太多,不一一记载。司空张华见到此赋,感叹说:左思是班固、张衡之流的人物,(此赋)能使诵读的人感觉文已尽而意有余,历时越久,越有新意。于是豪门贵族之家争相传阅抄写,京城洛阳的纸张供不应求,价格大涨。起初,陆机从南方来到洛阳,打算创作《三都赋》,听说左思正写此赋,拍手而笑,给弟弟陆云写信说:这里有个粗俗鄙陋的北人,想作《三都赋》,等他写成了,也只好用那些纸盖酒坛子罢了。等到左思的赋作传出,陆机赞叹佩服至极,认为不能超越(他),于是停笔不写了。秘书省长官贾谧请他主讲《汉书》,贾谧(在八王之乱中)被诛杀后,左思退居宜春里,一门心思扑在典籍上。等到张方肆意暴虐,祸害京都洛阳,左思将全家人搬到冀州。几年后,因病而死。

左思在写作过程中并没有被外界的嘲讽与困难打败,十年磨一剑,艰苦卓绝,终成巨著,更因这部巨著引发了历史上著名的"洛阳纸贵"。

"志不求易者成,事不避难者进。"实现中华民族伟大复兴的中国梦需要一代一代青年矢志奋斗。中国特色社会主义,承载着几代中国共产党人的理想和探索,寄托着无数仁人志士的夙愿和期盼,凝聚着亿万人民的奋斗和牺牲,是近代以来中国社会发展的必然选择。在中国共产党领导下,坚持和发展中国特色社会主义,实现中华民族伟大复兴,要求我们必须增强对中国特色社会主义的坚定信念。

【教材内容链接】《思想道德与法治》第二章第二节"坚定信仰信念信心"之"增强对中国特色社会主义的信念"——坚定中国特色社会主义理想信念

第三节　在实现中国梦的实践中放飞青春梦想

理想信念是一个思想认识问题，更是一个实践问题。如果说，现实是此岸，理想是彼岸，那么唯有实践才是联系二者的桥梁。理想不等于现实，理想的实现往往要通过一条并不平坦的曲折之路，有赖于脚踏实地、持之以恒的奋斗。只有实践，才是通往理想彼岸的桥梁。

本节精选11个中华优秀传统文化案例，用以解读科学把握理想与现实的辩证统一，坚持个人理想与社会理想的有机结合，为实现中国梦注入青春能量。

【案例一】实现理想　不辞劳苦

匡衡勤学而烛，邻居有烛而不逮，衡乃穿壁引其光，发书映光而读之。邑人大姓文不识，家富多书，衡乃与其佣作而不求偿。主人怪问衡，衡曰："愿得主人书遍读之。"主人感叹，资给以书，遂成大学。

——葛洪《西京杂记》

【案例分析】

匡衡很勤学，但没有蜡烛，邻居有蜡烛却照不到(他的房间)。匡衡于是就在墙上打了一个洞用来引进烛光，映着光来读书。当地有一大户人家叫文不识，家里十分富有，书又很多，匡衡就给他家作雇工，辛苦劳动而不要求报酬，主人感到奇怪，就问匡衡，匡衡回答说："希望可以读遍主人的书。"主人感叹，就把书借给他，(匡衡)终于成了大学问家。

在追求理想的过程中，人们常常会感受到理想与现实之间的矛盾。理想与现实是对立的，又是统一的。理想受现实的规定和制约，是在对现实认识的基础上发展起来的。匡衡正确处理了理想与现实之间的矛盾，在没有条件读书的情况下，匡衡为了读书，想尽一切办法，最终成了大学问家。对于思想活跃的青年大学生来说，也容易对理想与现实的矛盾产生困惑，这就需要正确认识理想与现实的关系。要正确认识理想在实现过程中的曲折性，正确看待事物发展过程中前进与停滞的关系。不能操之过急，也不能消极懈怠，而是要积极应对现实困难，为理想实现付出艰辛努力，将理想变为现实。

【教材内容链接】《思想道德与法治》第二章第三节“在实现中国梦的实践中放飞青春梦想”之“科学把握理想与现实的辩证统一”——辩证看待理想与现实的矛盾

【案例二】勤奋努力　渐近理想

司马温公幼时，患记问不若人。群居讲习，众兄弟既成诵，游息矣；独下帷绝编，迨能倍诵乃止。用力多者收功远，其所精诵，乃终身不忘也。温公尝言：“书不可不成诵。或在马上，或中夜不寝时，咏其文，思其义，所得多矣。”

——朱熹《三朝名臣言行录》

【案例分析】

司马光幼年时，担心自己记诵诗书以备应答的能力不如别人。所以大家在一起学习讨论时，其他的同学已经能背诵了，就去玩耍休息了；司马光却独自留下来，专心刻苦地读书，等到能够背得烂熟于心才停止。因为司马光读书时下的功夫多，收获就长远，所以他精心背诵过的内容，就能终生不忘。司马光曾经说：“读书不能不背诵。当你在骑马走路的时候，在半夜睡不着觉的时候，吟咏读过的文章，思考它的意思，收获就会非常大了！”

艰苦奋斗是实现理想的重要条件。凡有成就者，其渊博的知识、卓越的才能、闪光的智慧、不朽的业绩，都是从艰苦奋斗中得来的。艰苦奋斗是成就人生事业不可或缺的条件。在通向理想的道路上，在实现理想的过程中，没有艰苦奋斗的精神,理想是不会自动转化为现实的。

【教材内容链接】《思想道德与法治》第二章第三节“在实现中国梦的实践中放飞青春梦想”之“科学把握理想与现实的辩证统一”——艰苦奋斗是实现理想的重要条件

【案例三】生于忧患　死于安乐

孟子曰:“舜发于畎亩之中,傅说举于版筑之间,胶鬲举于鱼盐之中,管夷吾举于士,孙叔敖举于海,百里奚举于市。故天将降大任于是人也,必先苦其心志,劳其筋骨,饿其体肤,空乏其身,行拂乱其所为,所以动心忍性,曾益其所不能。人恒过,然后能改;困于心,衡于虑,而后作;征于色,发于声,而后喻。入则无法家拂士,出则无敌国外患者,国恒亡。然后知生于忧患,而死于安乐也。”

——《孟子·告子下》

【案例分析】

舜从田野中发迹,傅说从泥水匠中高升,胶鬲从卖鱼盐的商贩中被举荐,管夷吾从狱官手里获释被录用,孙叔敖从隐居的海边被选进了朝廷,百里奚从市井之间被提拔为重臣。所以,上天将要下达重要的使命给这个人,一定要先使他的内心痛苦,筋骨劳累,经受饥饿,全身困乏,使他所做的事颠倒错乱,用来震撼他的心灵,磨炼他的性格,使他增长才干,弥补不足。人经常犯错误,这样以后才能改过;内心困扰,思绪堵塞,然后才能有所作为;困扰表现在脸上,流露在言谈上,然后才能被人了解。一个国家,如果在内没有坚守法度的大臣和足以辅佐君王的贤士,在外没有实力相当、足以抗衡的国家和来自国外的祸患,这样的国家就会走向灭亡。这样以后才知道忧虑祸患能促使人(或国家)的生存发展,而安逸享乐会使人(或国家)走向灭亡的道理了。

孟子认为,历史上许多肩负重大使命的伟大人物,都曾经走过一段艰难困苦的人生旅程。坎坷曲折的人生道路，艰难险恶的环境，对他们的精神和肉体造成难以忍受的痛苦；卑微低下的社会地位，又使他们经常遭受各种鄙视和屈辱。然而这一切，不但不是坏事，反而能够触动其心灵，磨炼其意志，坚韧其性情，增长其才干。正是因为精神和身体经受了严峻的考验和锻炼，才奠定了他们成长为杰出人才的基础，最后脱颖而出，成就一番伟大的事业。这也正印证了艰苦奋斗的重要性，只有艰苦奋斗才能真正实现理想信念，才能实现成功。因此，当代青年大学生应当有艰苦奋斗的精神和磨炼意志的勇气，让理想成为现实。

【教材内容链接】《思想道德与法治》第二章第三节“在实现中国梦的实践中放飞青春梦想”之“科学把握理想与现实的辩证统一”——艰苦奋斗是实现理想的重要条件

【案例四】勤奋好学　终有所成

钱思公虽生长富贵，而少所嗜好。在西洛时尝语僚属言：平生惟好读书，坐则读经史，卧则读小说，上厕则阅小辞，盖未尝顷刻释卷也。谢希深亦言：“宋公垂同在史院，每走厕，必挟书以往，讽诵之声，琅然闻于远近，亦笃学如此。”余因谓希深曰：“余平生所作文章，多在‘三上’，乃马上、枕上、厕上也。盖惟此尤可以属思尔。”

——欧阳修《归田录》

【案例分析】

钱惟演（钱思公）虽然生长在富贵之家，却很少有别的爱好。在西京洛阳的时候，曾经对官僚下属说：我平生唯独爱好读书，坐着读经书、史书，躺着读各种杂记，如厕的时候则读小辞，大概从未把书放下片刻。谢绛（谢希深）曾经也说：“和宋公垂同住在史院的时候，他每次如厕一定带上书，读书之声，清脆响亮，远近都能听见，好学竟到了如此地步。”因此我对谢绛说：“我平生所作的文章，多半在‘三上’，即马上、枕上、厕上。因为只有在这种情况下才可以好好构思罢了。”

欧阳修被誉为“唐宋八大家”之一。王安石曾盛赞欧阳修的诗文云：“浩如江河之停蓄；其发于外者，灿如日星之光辉……其雄辞宏辩，快如轻车骏马奔驰。”（王安石《祭欧阳文忠公文》）其实欧阳修的文学才华并非与生俱来，而是刻苦勤学的结果。他构思文章，打好腹稿，大都利用“三上”，即马上、枕上、厕上。当文章构思好之后，要把文章修改精妙，欧阳修认为离不开“三多”，即“看多，做多，商量多”。（《诗人玉屑》卷五引）具体来说，就是多看诗文，有一定数量的积累；勤学多练，多写文章；多互相切磋琢磨，他山之石可以攻玉。这“三多”“三上”都归结为一个“勤”字。

“勤能补拙是良训，一分辛苦一分才。”就像鲁迅先生说的那样“所谓天才，只不过是把别人喝咖啡的工夫都用在工作上”。一个人的成功有很多因素，诸如环境、智力、机遇等，但更重要的是依赖自身的勤奋努力。缺少勤奋这一重要因素，哪怕是天赋异禀的雄鹰也只能栖息于树上，望天兴叹。

【教材内容链接】《思想道德与法治》第二章第三节“在实现中国梦的实践中放飞青春梦想”之“科学把握理想与现实的辩证统一”——艰苦奋斗是实现理想的重要条件

【案例五】成就理想　宜得多助

狄梁公与娄师德同为相。狄公排斥师德非一日。则天问狄公曰：“朕大用卿，卿知所以乎？”对曰：“臣以文章直道进身，非碌碌因人成事。”则天久之，曰：“朕比不知卿，卿之遭遇，实师德之力。”因命左右取筐箧，得十许通荐表，以赐梁公。梁公阅之，恐惧引咎，则天不责。出于外，曰：“吾不意为娄公所涵，而娄公未尝有矜色。”

——王谠《唐语林》

【案例分析】

狄梁公(狄仁杰)与娄师德一同担任国相。狄仁杰排斥娄师德不是一天了,武则天问他说:“朕重用你,你知道原因吗?”回答说:“我因为文章出色和品行端正而受到重用,并不是无所作为依靠别人的。”武则天对他说:“我曾经不了解你,你受重用,其实是娄师德的功劳。”于是令侍从拿来文件箱,拿了十几篇推荐狄仁杰的奏折给狄仁杰。狄仁杰读了之后,羞愧得自我责备,武则天没有指责他。狄仁杰走出去后说:“我没想到竟一直被娄大人包容!然而娄公从来没有自夸的神色。”

娄师德自幼聪明好学,曾在幕府中担任门下侍郎。他具备出色的政治才能和优秀的个人素养。这使得他在唐朝政治中有着举足轻重的地位。在娄师德与狄梁公(狄仁杰)一同担任国相时,狄仁杰数次排挤娄师德,娄师德不仅没有心生怨恨,反而上了“十许通表”向武则天引荐狄仁杰,且从未向狄仁杰说过这件事,直到狄仁杰看了娄师德的推荐表后备受感动。娄师德对狄仁杰的举荐,并不是为了化解狄仁杰对他的排斥所做的“利益交换”,而是知道狄仁杰有才能,能辅佐皇帝治理国家,维护社会的稳定。娄师德从维护国家利益和社会稳定的角度出发,处理好了政治上的矛盾和问题。

娄师德的一生告诉我们,一个人能否坚持和实现自己的理想和追求,不仅仅取决于他的个人素质和能力,更关键的是他的品德和对理想的态度。娄师德具有坚定的信仰和强烈的责任感。他对自己的责任非常清楚,始终把国家和人民的利益放在第一位,把自身奋斗目标与国家、民族的奋斗目标相统一。把个人理想融入社会理想之中,在为实现社会理想而奋斗的过程中实现个人理想。

追求个人理想的实践活动都是在社会中进行的,个人理想的实现不仅仅是个人奋斗的事,而是要担当时代赋予的社会责任和历史使命。个人只有把人生理想融入国家和民族的事业中,才能最终成就一番事业。大学生要在坚持和发展中国特色社会主义，实现中华民族伟大复兴社会理想的指引下，珍惜韶华、奋发有为，勇于追求个人理想，在实现社会理想的过程中努力实现个人理想。

【教材内容链接】《思想道德与法治》第二章第三节“在实现中国梦的实践中放飞青春梦想”之“坚持个人理想与社会理想的有机结合”——个人理想以社会理想为指引

【案例六】个人理想融入社会理想之中

或问：“大衍之数，《易》之缊乎？学者莫不尽心焉。”曰：“大衍，《易》之末也，何必尽心焉也。《易》者，文王之作也，其书则六经也，其文则圣人之言也，其事则天地万物、君臣父子、夫妇人伦之大端也。大衍，筮占之一法耳，非文王之事也。”“然则不足学乎？”曰：“得其大者可以兼其小，未有学其小而能至其大者也，知此然后知学《易》矣。”

——欧阳修《欧阳修集·卷十八·居士集卷十八》

【案例分析】

获取《易》的大道理就可以兼得其中卦的小道理，从未有过学习卦的小道理就能通达《易》的大道理的。了解了这一点，然后就了解学习《易》的道理了。古文原本就是针对学《易》的方法而言，也就是说，学习《易》应该从《易》的大道理着手，而不能只看《易》某一卦的道理，因为只要学会了《易》的大道理，由此就可以获得《易》中卦的小道理，懂得了这一点，就容易学懂《易》了。“得其大者可以兼其小”是欧阳修关于《易经》学习方法的见解。欧阳修认为易学有“大、小”之别，强调学习《易经》应从“大义”着手，而不能只局限于某一卦的小道理；只有学会了《易经》的大道理，才可以通达《易经》各卦的小道理。这句话阐述了“得大”与“兼小”的关系，推而广之，人生亦然。要明确大道规律、把握趋势发展，而不能舍本逐末、反向行之，倘若只陷进细微琐碎，便难得大方向。

2013 年 5 月 2 日，习近平总书记给北京大学考古文博学院 2009 级本科团支部全体同学的回信时指出："'得其大者可以兼其小。'只有把人生理想融入国家和民族的事业中，才能最终成就一番事业。希望你们珍惜韶华、奋发有为，勇做走在时代前面的奋进者、开拓者、奉献者，努力使自己成为祖国建设的有用之才、栋梁之材，为实现中国梦奉献智慧和力量。"①

"得其大者可以兼其小"，这句话习近平总书记在 2015 年 6 月对美国进行国事访问前夕接受《华尔街日报》书面采访时也提到过："看待中美关系，要看大局，不能只盯着两国之间的分歧，正所谓'得其大者可以兼其小'。中美两国经济总量占世界三分之一、人口占世界四分之一、贸易总量占世界五分之一。这两个'大块头'不合作，世界会怎样？历史和现实都表明，中美两国合则两利、斗则俱伤。"②

习近平总书记两次引用这句古语，讲的不是同样的事情，但说的是同样的道理：要想成就大局，就不能陷于局部。如果只看眼前、只论得失、只记自我，就可能纠缠在具体的事务之中不得脱身，从而因小失大；相反，如果能看到大势、大局和大道，以大胸襟、大眼界包容小问题、小矛盾，所谓的"小"也自然能处理好了。习近平总书记在给北京大学的同学们回信时提及这句话，是鼓励青年们将人生理想融入国家和民族的事业中，珍惜韶华、奋发有为，勇做走在时代前面的奋进者、开拓者、奉献者，在实现中国梦的生动实践中放飞青春梦想，在为人民利益的不懈奋斗中书写人生华章；在谈到中美关系的时候提起，是希望中美两国既要看清中美关系的主流应是合作共赢，也要看到中美关系与世界的和平与稳定密切相关，不能只盯着分歧，要把握大

① 中共中央文献研究室编：《习近平关于实现中华民族伟大复兴的中国梦论述摘编》，中央文献出出版社，2013 年，第 51 页。

② 中共中央党史和文献研究院编：《习近平关于中国特色大国外交论述摘编》，中央文献出版社，2020 年，第 171 页。

局,从而找到处理中美关系的一把钥匙。

在中国文化的思维里,始终存有一种从大处着眼的意识。强调要把问题放到大局中去思考、定位、摆布,提倡人生建立一种放眼大局的价值观念。

“得其大者可以兼其小”,国家梦想的实现,往往就是个人梦想的达成;群体利益的实现,往往就是个人利益的获得;目标理想的实现,往往也是现实条件的改善。坚持个人的奋斗目标与国家、民族的奋斗目标相统一,把个人理想融入社会理想之中,在为实现社会理想而奋斗的过程中实现个人理想,这是大学生成长成才的必由之路。

【教材内容链接】《思想道德与法治》第二章第三节“在实现中国梦的实践中放飞青春梦想”之“坚持个人理想与社会理想的有机结合”——社会理想是个人理想的汇聚和升华

【案例七】不畏浮云遮望眼　风物长宜放眼量

飞来山上千寻塔,闻说鸡鸣见日升。
不畏浮云遮望眼,自缘身在最高层。

——王安石《登飞来峰》

饮茶粤海未能忘,索句渝州叶正黄。
三十一年还旧国,落花时节读华章。
牢骚太盛防肠断,风物长宜放眼量。
莫道昆明池水浅,观鱼胜过富春江。

——毛泽东《七律·和柳亚子先生》

【案例分析】

登上飞来峰顶高高的塔,听说每天鸡鸣时分在这可以看到旭日升起。不怕层层浮云遮挡我远望的视线,是因为自己站在飞来峰的最高层。“不畏浮云遮望眼,自缘身在最高层。”这两句是全诗的精华,蕴含着深刻的哲理:人不能只为眼前的利益,应该放眼大局和长远利益。

我们在广州品茗畅谈的情景,至今使人不能忘怀,在重庆您向我索诗时正是秋天草木枯黄的时节。历经三十一年的风雨战斗,又回到这旧都,在这落花缤纷的暮春时节有幸读到了您华美的诗篇。你遇到一些不顺心的事,牢骚太多了,要提防有碍身心健康,对一切风光景物要放宽眼界去衡量。不要说北京颐和园昆明湖的水太浅,在这里观赏游鱼要远胜于富春江边钓鱼。“牢骚太盛防肠断,风物长宜放眼量。”这句诗是诗人针对柳亚子的诗所表现的思想情绪进行正面的批评和规劝。诗人说,应该放开眼界,从远处,大处着眼,也就是从未来从全局着眼,胸襟开阔,保持健康的心态。

习近平主席在接受《华尔街日报》采访时引用了毛泽东七律诗中的一句来表达“风物长宜放眼量。”“分析中国经济,要看这艘大船方向是否正确,动力是否强劲,潜力是否充沛。在大海上航行,再大的船也会有一时的颠簸。只要投资者全面了解中国改革开放以来的经济发展历程、近期中国为促进经济持续稳定增长制定的战略以及中国经济各项数据和趋势,就会做出正确的判断。”①

“风物长宜放眼量”,高瞻远瞩、才不畏浮云遮望眼;步步算计、才往往是步履维艰。当我们抱怨眼前琐事、诸多不满时,不妨看看远方目标、想想理想所在,就可超越情绪化、琐碎化的局限;当我们困扰当下纷争、陷入纠葛时,不妨丈量大势所需、考量时代所盼,就可超越私利化、局部化的狭隘。“风物长宜放眼量”“得其大者可以兼其小”,放眼量、得其大,这是一种提醒,提醒我们在人生之中、国家之间:大气才有大器玉成,阔步才得海阔天空。因此,当代大学生要有超越眼下、远观大局的胸怀抱负、眼光气量,把个人理想同国家的前途、民族的命运相结合,坚持个人的向往和追求同社会的需要和人

① 习近平:《习近平接受〈华尔街日报采访〉:坚持构建中美新型大国关系正确方向　促进亚太地区和世界和平稳定发展》,《人民日报》,2015 年 9 月 23 日。

民的利益相一致，正确处理好个人与社会的关系，个人理想才可能变为现实。

【教材内容链接】《思想道德与法治》第二章第三节“在实现中国梦的实践中放飞青春梦想”之“坚持个人理想与社会理想的有机结合”——得其大者可以兼其小

【案例八】实现理想　贵在坚持

骐骥一跃，不能十步；驽马十驾，功在不舍。

——《荀子·劝学》

【案例分析】

骏马跳跃一次，不能超过十步之遥；而劣马走上十天，其行程也相当可观，这是因为它行走不止的缘故。

荀子以骏马、驽马为喻阐述学习的道理。天资聪颖的人如果缺少持之以恒的精神，三天打鱼，两天晒网，就好比一匹健壮的骐骥不愿持续远行。而生性驽钝的人如果刻苦努力，锲而不舍，也可做出“十驾”之功。

大量事实告诉人们，那些在事业上取得伟大成就、对人类做出卓越贡献的人，都是在青年时期就立下了鸿鹄之志，并为之坚持不懈、努力奋斗。大学生肩负实现中华民族伟大复兴中国梦的历史重任，只有把实现理想的道路建立在脚踏实地的奋斗上，才能放飞青春梦想，实现人生理想。

【教材内容链接】《思想道德与法治》第二章第三节“在实现中国梦的实践中放飞青春梦想”之“为实现中国梦注入青春能量”——立鸿鹄志　做奋斗者

【案例九】勇立鸿志　激发智慧

志不强者智不达。

——《墨子·修身》

志不立无可成之事。

——王阳明《教条示龙场诸生》

【案例分析】

志向不坚定的人,智慧就得不到充分的发挥。

人应当怀抱高远的志向。志向不确定,则什么事情也做不成。

这里的“志”具有双重含义:一是对未来目标的向往,二是实现奋斗目标的顽强意志。志向,就是理想信念;立志,就是确立理想信念。

远大的志向如太阳,唯其大,才有永不枯竭的热能;如灯塔,唯其高,才能照亮前进的航程。有志者,事竟成;有大志者,人生事业才能辉煌。志向高远,就是要放开眼界,不满足于现状,也不屈服于一时一地的困难与挫折,更不要斤斤计较个人利益的多少与得失。大量事实告诉我们,那些在事业上取得伟大成就、对人类做出卓越贡献的人,都是在青年时期就立下了鸿鹄之志,并为之坚持不懈、努力奋斗。周恩来中学时期就立下了“为中华之崛起而读书”的志向,李四光、钱学森、邓稼先等老一代知识分子,青年时期就立志用自己的聪明才智报效祖国。青年志存高远,就能激发奋进潜力,青春岁月就不会像无舵之舟漂泊不定。树雄心、立壮志,是关系大学生一生前途命运的重大课题。

【教材内容链接】《思想道德与法治》第二章第三节“在实现中国梦的实践中放飞青春梦想”之“为实现中国梦注入青春能量”——立鸿鹄志　做奋斗者

【案例十】点滴做起　成就高远

合抱之木,生于毫末;九层之台,起于累土;千里之行,始于足下。

——《道德经·第六十四章》

【案例分析】

合抱的大树，生长于细小的幼苗；九层的高台，筑起于每一堆泥土；千里的远行，是从脚下第一步开始走出来的。

自觉躬身实践，知行合一。踏踏实实、循序渐进，与雄心壮志、力争上游并不矛盾，不踏踏实实打好基础，就无法攻尖端，攀高峰。漫长征途需要一步一步地走，崇高理想的实现需要一点一滴地奋斗。通往理想的路是遥远的，但起点就在脚下，就在一切平凡的岗位上，就在扎扎实实的学习和工作中。

习近平总书记说过“社会主义是干出来的”“新时代也是干出来的”“青春是用来奋斗的”。大学生要牢记“空谈误国，实干兴邦”，既要树立远大理想，又要脚踏实地、埋头苦干，在“真刀真枪”的实干中成就一番事业。

【教材内容链接】《思想道德与法治》第二章第三节“在实现中国梦的实践中放飞青春梦想”之“为实现中国梦注入青春能量”——自觉躬身实践　知行合一

【案例十一】严谨治学　知行合一

不闻不若闻之，闻之不若见之，见之不若知之，知之不若行之。学至于行而止矣。

——《荀子·儒效》

【案例分析】

没听到的不如听到的，听到的不如见到的，见到的不如了解到的，了解到的不如去实行，学问到了实行就达到了极点。唯其达到了亲身实践，学问才算是达致知行合一的化境。

崇高理想的实现离不开个人一步一个脚印地努力奋斗，志高存远、脚踏实地，才是青年成长成才的正道。习近平总书记在党的十九大报告中指出：“青年一代有理想、有本领、有担当，国家就有前途，民族就有希望。中国梦是历史的、现实的，也是未来的；是我们这一代的，更是青年一代的。中华民族伟大复兴的中国梦终将在一代代青年的接力奋斗中变为现实。”[①]“青年兴则国家兴，青年强则国家强”，新时代的青年要知行合一，做实干家。大学生作为担当民族复兴大任的时代新人，只有把理想、本领与担当的个人内在意识，通过实践自觉外化于现实生活，把思想认识落实到实践行动，才能产生变革社会的伟大力量，真正承担起国家前途与民族希望的重担。

正如习近平总书记在党的二十大报告中指出：“青年强，则国家强。当代中国青年生逢其时，施展才干的舞台无比广阔，实现梦想的前景无比光明。”[①]

【教材内容链接】《思想道德与法治》第二章第三节“在实现中国梦的实践中放飞青春梦想”之“为实现中国梦注入青春能量”——自觉躬身实践　知行合一

① 习近平：《决胜全面建成小康社会　夺取新时代中国特色社会主义伟大胜利——在中国共产党第十九次全国代表大会上的报告》，《人民日报》，2017 年 10 月 28 日。

② 习近平：《高举中国特色社会主义伟大旗帜　为全面建设社会主义现代化国家而团结奋斗——在中国共产党第二十次全国代表大会上的报告 》，《人民日报》，2022 年 10 月 26 日。

第三章 继承优良传统 弘扬中国精神

实现中华民族伟大复兴的中国梦,必须弘扬中国精神,这就是以爱国主义为核心的民族精神和以改革创新为核心的时代精神。爱国主义始终是把中华民族坚强团结在一起的精神纽带,改革创新始终是推进改革开放和社会主义现代化建设的精神力量。当代大学生担当着民族复兴的时代使命,要努力做忠诚的爱国者和时代的奋进者,用实际行动展现中国精神的青春风采。

本章精选 27 个中华优秀传统文化案例,用于解读中国精神是兴国强国之魂、做新时代的忠诚爱国者、让改革创新成为青春远航的动力三个问题。

第一节 中国精神是兴国强国之魂

“人无精神则不立,国无精神则不强。精神是一个民族赖以长久生存的灵魂,唯有精神上达到一定的高度,这个民族才能在历史的洪流中屹立不倒、奋勇前进。”[①]中华民族能够在5000多年的历史长河中生生不息、薪火相传，很重要的一个原因就是，拥有孕育于中华民族悠久辉煌历史文化之中的伟大中国精神。中国精神作为兴国强国之魂，是实现中华民族伟大复兴不可或缺的精神支柱。

本节精选16个中华优秀传统文化案例，用以阐释崇尚精神是中华民族的优秀传统、中国精神的丰富内涵、中国共产党是中国精神的忠实继承者和坚定弘扬者、实现中国梦必须弘扬中国精神。

【案例一】身处陋巷　乐在其中

贤哉，回也！一箪食，一瓢饮，在陋巷，人不堪其忧，回也不改其乐。贤哉，回也！

——孔子《论语·雍也》

【案例分析】

颜回是个贤能的人啊！一箪饭食、一瓢饮水，住在简陋的巷子里，这样的贫困忧愁，其他人都受不了，颜回却在其中快乐地学习着。

“仁”是孔子一生身体力行追求的目标，也是他循循教导弟子去实践的理想境界。在众多弟子中，孔子认为，颜回在实践“仁”的道德精神方面做得最好。具体体现在“安贫”上，吃简单的饭食，喝凉水，住简陋房屋，却没有一句怨苦之言。但仅仅安于这种贫困生活是不够的，颜回真正可贵的，还在于不因为条件恶劣而改变自己刻苦学习、实践“仁”的乐趣。所以，孔子把他视作实践道德精神的榜样。

后来，人们把孔子和颜回这种重视物质享受之外的精神生活的追求，称为“孔颜乐处”。

---

① 《习近平谈治国理政》（第二卷），外文出版社，2017年，第47~48页。

宋代思想家对“孔颜乐处”推崇备至，视为道德修养的崇高典范。

今天，物质生活已经极为丰富，但寻求更高尚的精神生活，不断充实因物欲侵蚀而变得日益空虚的心灵，仍然是人们孜孜以求的一种道德修养和良方。

【教材内容链接】《思想道德与法治》第三章第一节“中国精神是兴国强国之魂”之“崇尚精神是中华民族的优秀传统”——对物质生活与精神生活相互关系的独到见解

【案例二】赶考虽急　道义事大

罗一峰先生，名伦，以孝廉赴会试。仆于途中拾一金镯。行已五日，先生忧旅费不给，仆曰：“无虑也，向于山东某处拾一金镯，可质为费。”先生怒，欲亲赍付还。仆叩首，且屈指曰：“往返必误场期，不可。”先生曰：“此必婢仆遗失，万一主人拷讯，因而致死，是谁之咎？吾宁不会试，不忍令人死于非命也。”竟寻至其家，果系妇遗面盆，而婢误投于地者。主妇疑婢窃取，鞭笞流血，几次寻死。夫复疑妻有私，辱骂不休，妻亦愤怒投缳，赖人解救。先生至，出镯与之，举家感激。急行至京，试期已届矣，仓皇投卷，竟得中试，状元及第。

——张廷玉《明史·罗伦传》

【案例分析】

罗一峰先生（姓罗，号一峰先生），名叫罗伦，以举人身份参加科考会试。他的仆人在路上捡到一个金镯。走了五天，罗先生担心盘缠不够，仆人说：“不用担心，之前在山东某处捡到一只金镯，可以典当出去作为盘缠。”罗先生大怒，并打算亲自交还给失主。仆人赶紧磕头，并掰着手指说：“这样一来一回一定会错过考试，不可以。”罗先生说：“这一定是丫环仆人丢失的，万一主人拷打审讯他，因此而死，是谁的过错？我宁可不考试，也不忍心让别人死于非命。”最后还是找到失主家里，果然是女主人丢失的首饰，而丫环错把金镯扔在地上。女主人怀疑是丫环偷了，用鞭子把她打得流血，丫环要自杀好几次了。丈夫又怀疑妻子有私情，辱骂妻子不止，妻子也愤怒地去上吊，多亏被人解救。罗先生到了以后，拿出金镯还给他们，全家人都很感激他。罗先生急忙赶路到京城，考试时间正好赶上，匆忙交上考卷，竟然考中了，还是状元及第。

罗伦要考取的功名利禄、仆人捡到的金镯都是实实在在的“利”。但是“利”摆在眼前时，罗伦第一时间想到的是这个好处该不该得。孔子说：“不义而富且贵，于我于浮云”(《论语·述而》)。孟子说：“非其道，一箪食不可受于人。如以道，则舜受尧之天下不以为泰”(《孟子·滕文公下》)。荀子说：“保利弃义，谓之至贼”(《荀子·修身》)。当义和利之间出现矛盾时，儒家提出要“见利思义”，反对只追求个人私利，要求君子“见德思义”。如果利不符合道义的要求，就应该不顾个人利害、得失，甚至不惜牺牲个人生命，舍利而取义。

朱熹曾经说过“义利之说，乃儒者第一义”。在儒家思想中，义占据着举足轻重的地位，对利的追求与获取，不仅要受义的制约，必要的时候，更应因义而放弃利，这就是儒家重义轻利的价值取向(当然，尽管先秦儒家和后世宋明理学都强调“先义后利”，但是他们也首先承认义与利并存的合理性，并将义与利的统一作为“先义后利”的基础)。

中华民族具有崇尚精神的优良传统，中华文明历来把人的精神生活纳入人生和社会理想之中。古圣先贤认为，人之所以异于禽兽，在于人有道德，有精神追求。物质生活固然为人所必需，但如果只沉溺于物欲而不能自拔，则无异于禽兽。中华民族崇尚精神的优良传统，首先表现为对物质生活与精神生活相互关系的独到见解。

【教材内容链接】《思想道德与法治》第三章第一节“中国精神是兴国强国之魂”之“崇尚精神是中华民族的优秀传统”——对物质生活与精神生活

相互关系的独到见解

【案例三】升华境界　戒乎“三怨”

狐丘丈人谓孙叔敖曰:“人有三怨,子知之乎?”孙叔敖曰:“何谓也?”对曰:“爵高者,人妒之;官大者,主恶之;禄厚者,怨逮之。”孙叔敖曰:“吾爵益高,吾志益下;吾官益大,吾心益小;吾禄益厚,吾施益博。是以免三怨,可乎?”故老子曰:“贵必以贱为本,高必以下为基。”

——刘安及其门客共撰《淮南子·道应训》

【案例分析】

狐丘的一位老人对孙叔敖说:“人有三件容易招怨恨的事情, 你知道吗?”孙叔敖说:“哪三件?”老人回答说:“爵位高了,士人就会嫉妒他;官做大了,君王便会嫌恶他;俸禄丰厚了,怨恨就会找上门来。”孙叔敖说:“我爵位越高,我的态度越卑恭;我官做得越大,我的心欲越小;我的俸禄越丰厚,我的布施越广泛。我用这种方法来避免这三方面怨恨,你看可以吗?”所以《老子》说:“尊贵必以贱卑为根本,高大必以低下为基础。”

孙叔敖是这样说的,也是这样做的。他身居高位,却轻车简从,吃穿简朴,妻儿不着锦衣,甚至连马都不食粟。孙叔敖去世后,家里竟然连棺木都不曾准备,他的儿子靠砍柴度日。

欲望的两端,一头是动力,一头是深渊。适当的欲望、科学的理想,是我们前进的动力,而一旦超过这个度,就会一步步走向深渊。中国古人在理欲观上主张导欲、节欲,强调用道德理性和精神品格对欲望进行引导和控制,时刻对私欲、贪欲保持警惕,做到“心不随念转,眼不被境迁”。重视并崇尚精神生活是中国古代思想家的主流观点。

【教材内容链接】《思想道德与法治》第三章第一节“中国精神是兴国强国之魂”之“崇尚精神是中华民族的优秀传统”——对物质生活与精神生活

相互关系的独到见解

【案例四】生不害仁　杀身成仁

志士仁人，无求生以害仁，有杀身以成仁。

——《论语·卫灵公》

兼相爱，交相利。

——《墨子·兼爱下》

【案例分析】

志士仁人决不为了自己活命而做出损害仁义的事情，而是宁可牺牲自己也要恪守仁义的原则。

互相有爱，能够都得到利益。

中华民族崇尚的优秀传统精神，也表现为对理想的不懈追求。理想是激励个体的精神内驱力，是凝聚社会整体的精神力量。矢志不渝地坚守理想，是中国古人崇尚精神的典型体现。如儒家把仁爱和谐视为最高理想，为实现“仁”的理想即使献出生命也在所不惜。

中国共产党是中国精神的忠实继承者和坚定弘扬者。百年前，先驱们创建了中国共产党，形成了坚持真理、坚守理想，践行初心、担当使命，不怕牺牲、英勇斗争，对党忠诚、不负人民的伟大建党精神，这是中国共产党的精神之源。历史川流不息，精神代代相传。百年来，在革命、建设、改革等各个历史时期，一代又一代中国共产党人顽强拼搏、不懈奋斗，涌现出了一大批视死如归的革命烈士、一大批顽强奋斗的英雄人物、一大批忘我奉献的先进模范，形成了井冈山精神、长征精神、遵义会议精神、延安精神等伟大精神，构筑起了中国共产党人的精神谱系。

【教材内容链接】《思想道德与法治》第三章第一节“中国精神是兴国强国之魂”之“崇尚精神是中华民族的优秀传统”——对理想的不懈追求

【案例五】创新突破　持续发展

穷则变，变则通，通则久。

——《周易·系辞传》

【案例分析】

事物达到极点时就会变化，变化就能通达，通达就能长久。

创新精神在中国有久远的历史，中华文明历来注重自强不息，革故鼎新。正是这种“变则通”的思想与中华民族居安思危、未雨绸缪的忧患意识相碰撞，形成了中华民族的创新精神。

在几千年历史长河中，中国人民始终辛勤劳作、发明创造，产生了思想史上群星闪耀的诸子百家，产生了科技史上影响人类文明进程的四大发明，产生了风雅颂、诗词曲的伟大文艺作品，产生了震撼人心的文化遗存、气势恢宏的伟大工程。在以习近平同志为核心的党中央坚强领导下，我们进入了新时代，迈上了实现中华民族伟大复兴的新征程，中国正经历着历史上最为广泛而深刻的社会变革，正在进行人类历史上最为宏大而独特的实践创新。

当代中国的社会变革、实践创新，不是对我国历史文化的简单延续，不是对共产主义设想模板的简单套用，不是对其他国家现代化发展的再翻版，在此进程中，定会遇到全新事物、全新问题，这就需要中国人民继续发扬创造精神，不满足于寻常做法，不因循守旧，充分发挥自己的聪明才智，寻找新方法、探索新路径、积累新经验、采取新举措，提出新观点、构建新理论、开辟新实践，用创新创造走出新道路，用创新创造实现伟大梦想。

正如习近平总书记所指出：“今天，中国人民的创造精神正在前所未有地迸发出来，推动我国日新月异向前发展，大踏步走在世界前列。只要14亿多中国人民始终发扬这种伟大创造精神，我们就一定能够创造出一个又一个人间奇迹！”①

① 《习近平在第十三届全国人民代表大会第一次会议上的讲话》，《人民日报》，2018年3月21日。

【教材内容链接】《思想道德与法治》第三章第一节"中国精神是兴国强国之魂"之"中国精神的丰富内涵"——伟大创造精神

【案例六】革故鼎新　自强不息

天行健，君子以自强不息。

——《周易》

【案例分析】

天（即自然）的运动刚强劲健，相应地，君子处世，也应像天一样，自我力求进步，刚毅坚卓，发愤图强，永不停息。

奋斗精神是根植于中华传统文化的民族基因。在中华传统文化中，刚健有为、积极进取被认为是做人、成事的基本态度。中国人民自古就明白，世界上没有坐享其成的好事，要想幸福就要奋斗。几千年来，中华民族革故鼎新、自强不息，建大好河山，垦广袤良田，治大江大河，营造多姿多彩的生活，推动中华文明绵延赓续，同时也在这个过程中不断砥砺奋斗精神，使之深深融入自己的血脉和灵魂。

聚焦中国近现代史，奋斗精神是推动历史不断发展前进的密钥。建立中国共产党、成立中华人民共和国、推进改革开放和中国特色社会主义事业，是近代以来实现中华民族伟大复兴的三大里程碑，也是中国人民砥砺奋斗的三座历史丰碑。从一代代仁人志士为救亡图存抛头颅、洒热血，到革命战争年代红军翻雪山、过草地，再到深化改革开放时期啃硬骨头、涉深水区……不难发现，中国人民每一次从困难中站起来继续向前，每一次创造、每一次超越的背后，都有奋斗精神提供着强大的支撑。

站在新时代历史方位，奋斗精神是实现民族伟大复兴的必需动力。社会主义是干出来的，新时代也是干出来的。当今中国虽然取得了巨大的成就，但也面临严峻的挑战。我们必须准备付出更为艰巨、更为艰苦的努力。中国特色社会主义新时代是奋进的时代,必须传承和弘扬伟大奋斗精神。只要中国人民继续发扬不畏艰难、锐意进取的奋斗精神,用创造、用奋斗书写新时代的壮丽篇章,我们必将实现中华民族伟大复兴的中国梦。

【教材内容链接】《思想道德与法治》第三章第一节“中国精神是兴国强国之魂”之“中国精神的丰富内涵”——伟大奋斗精神

【案例七】团结和谐　凝聚力量

二人同心,其利断金;同心之言,其臭如兰。

——《易传·系辞传上·第八章》

【案例分析】

两人心意相同,行动一致的力量犹如利刃可以截断金属;在语言上谈得来,说出话来像兰草那样芬芳、高雅,娓娓动听,没有污秽的语言。这句话讲的是朋友交情深厚,强调了团结的重要性。

在中国的历史进程中,中华民族的团结精神不断书写、丰富着各族人民团结奋进的中华民族发展史。这样的团结精神在中华民族经历一次次风雨时,就能进行一场场气壮山河的斗争,谱写出一曲曲可歌可泣的史诗;这样的团结精神,在外敌入侵之时,便能万众一心抵御外侮,战胜一次次挑战,胜利走向一个个辉煌;这样的团结精神,在我国推进社会主义建设和改革开放事业之时,能够不断克服政治、经济和自然界的种种困难和考验,顶住来自国内外的种种压力和挑战,使我国现代化建设和改革开放的航船乘风破浪、胜利前进。

进入新时代,中华民族比历史上任何时期都更接近、更有信心和能力实现中华民族伟大复兴的目标。但这个目标绝不是轻轻松松、敲锣打鼓就能实现的,实现中国梦必须凝聚中国力量。这是全国各族人民大团结的力量,是14亿多中国人心往一处想、劲往一处使汇聚起来的力量。因此,作为新时代的青年，我们应该发扬伟大团结精神，守望相助，汇聚成14亿多中国人民无坚不摧的伟大力量。

【教材内容链接】《思想道德与法治》第三章第一节“中国精神是兴国强国之魂”之“中国精神的丰富内涵”——伟大团结精神

【案例八】不辱使命　至死不渝

夸父与日逐走，入日。渴，欲得饮，饮于河、渭，河、渭不足，北饮大泽。未至，道渴而死。弃其杖。化为邓林。

——《山海经·海外北经》

【案例分析】

夸父与太阳赛跑，快要追到太阳的旁边时，他感到特别口渴，就把黄河、渭河的水都喝光了，可是还觉得口渴，他又向北方跑去，想要去喝大湖的水，但还没赶到大湖，就渴死了。他的手杖跌落的地方，长成了一片桃林。

这则神话故事寄托了古代先民探索自然、征服自然的强烈愿望，深刻反映了中国人民勇于追求和实现梦想的执着精神。

在几千年的历史长河中，中国人民不仅始终心怀梦想，而且不懈追梦、执着圆梦。《礼记·礼运》勾画了“大同社会”和“小康社会”这两种社会状态，康有为在《大同书》中提出，要建构一个“人人相亲，人人平等，天下为公”的理想社会。近代以来，实现中华民族伟大复兴成为中国人民最伟大的梦想。为了实现这一伟大梦想，中国的仁人志士进行了无数次的探索和实践，以同敌人血战到底的气概、在自力更生的基础上复兴旧物的决心、自立于世界民族之林的能力，持续奋斗了180多年。特别是在中国共产党的带领下，我们迎来了使中华民族从“站起来”“富起来”到“强起来”的伟大飞跃。今天，中国人民比历史上任何时期都更接近、更有信心和能力实现中华民族伟大复兴。只要我们始终发扬诸如夸父追日所展现的伟大梦想精神，就一定能够实现中华民族的伟大复兴。

【教材内容链接】《思想道德与法治》第三章第一节"中国精神是兴国强国之魂"之"中国精神的丰富内涵"——伟大梦想精神

【案例九】追逐梦想　永不言弃

又北二百里，曰发鸠之山，其上多柘木。有鸟焉，其状如乌，文首、白喙、赤足，名曰："精卫"，其鸣自詨。是炎帝之少女，名曰女娃，女娃游于东海，溺而不返，故为精卫。常衔西山之木石，以堙于东海。漳水出焉，东流注于河。

——《山海经·北山经》

【案例分析】

再往北二百里，是座发鸠山，山上生长着茂密的柘树。山中有一种禽鸟，形状像一般的乌鸦，却长着花脑袋、白嘴巴、红足爪，名叫精卫，它发出的叫声就是自身名称的读音。精卫鸟原是炎帝的小女儿，名叫女娃。女娃到东海游玩，淹死在东海里没有返回，就变成了精卫鸟，常常衔着西山的树枝和石子，用来填塞东海。漳水从这座山发源，向东流入黄河。

女娃淹死在东海，化作精卫，誓要填平东海，此虽为中国上古神话传说，却代表了中华民族追求梦想不屈不挠的精神。在中国几千年的历史长河中，中国人民正因为始终心怀梦想，不懈追求梦想，刻印下社会发展的脚步，也标注着历史前行的轨迹。中国梦包含着中华民族的复兴情结，更包含着中华民族特有的理想信念，其背后是数千年的积淀、近百年的回响、亿万人的渴望，对伟大梦想的追求已经深深融入中国人民的血脉中，深深烙印在中华文明的基因里。

实现中华民族伟大复兴，就是中华民族近代以来最伟大的梦想，是整个20世纪中国无数志士仁人一直顽强追求的目标和时代潮流中的突出主题。正是这样的梦想精神，使中国人民从硝烟弥漫的革命年代，到激情燃烧的建设岁月，再到波澜壮阔的改革时期，在不断的探索和奋斗中写下了让世界惊叹的“中国故事”。

新时代中国人民的这个伟大梦想，是家国天下的梦想和情怀，展现着习近平新时代中国特色社会主义思想的鲜明品格，深藏于中国人心中的民族复兴之梦，犹如地平线上跳动着的朝阳，喷薄而出。中国梦正焕发出鼓舞亿万人民的磅礴力量，激荡着中国人民的筑梦情怀，中国人民相信，山再高，往上攀，总能登顶；路再长，走下去，定能到达。只要继续发扬伟大的梦想精神，坚持不懈地埋头苦干、共同奋斗，中华民族的伟大复兴必将“长风破浪会有时”。

【教材内容链接】《思想道德与法治》第三章第一节“中国精神是兴国强国之魂”之“中国精神的丰富内涵”——伟大梦想精神

【案例十】一力弱微　众力磅礴

大鹏之动，非一羽之轻也；骐骥之速，非一足之力也。

——王符《潜夫论·释难》

【案例分析】

大鹏冲天飞翔，靠的不是一根轻盈的羽毛；骏马急速奔跑，靠的不是一只脚的力量。比喻任何事情的成功都不是靠单枪匹马的因素，只有合整体之力才能完成。

人民群众是历史发展和社会进步的主体力量。坚持和发展中国特色社会主义、实现中华民族的伟大复兴，最根本的力量在人民，最强大的力量在团结凝聚起来的人民。“团结就是力量，团结才能前进”[①]，只要我们继续发扬团结精神，紧密团结在以习近平同志为核心的党中央周围，心往一处想，劲往一处使，用14亿多人民的智慧和力量汇集起强大的磅礴力量，中华民族

① 《习近平在第十三届全国人民代表大会第一次会议上的讲话》，《人民日报》，2018年3月21日。

伟大复兴的中国梦终将在一代代人的接力奋斗中变为现实。

【教材内容链接】《思想道德与法治》第三章第一节“中国精神是兴国强国之魂”之“实现中国梦必须弘扬中国精神”——凝聚兴国强国的磅礴伟力

【案例十一】精忠报国　气吞山河

怒发冲冠，凭栏处、潇潇雨歇。抬望眼，仰天长啸，壮怀激烈。三十功名尘与土，八千里路云和月。莫等闲，白了少年头，空悲切！

靖康耻，犹未雪。臣子恨，何时灭！驾长车，踏破贺兰山缺。壮志饥餐胡虏肉，笑谈渴饮匈奴血。待从头、收拾旧山河，朝天阙。

——岳飞《满江红·写怀》

【案例分析】

我愤怒得头发都竖了起来，独自登高凭栏远眺，骤急的风雨刚刚停歇。抬头远望天空，禁不住仰天长啸，一片报国之心充满心怀。三十多年来虽已建立一些功名，但如同尘土微不足道，南北转战八千里，经过多少风云人生。好男儿，要抓紧时间为国建功立业，不要空空将青春消磨，等年老时徒自悲切。靖康之变的耻辱，至今仍然没有被雪洗。作为国家臣子的愤恨，何时才能泯灭！我要驾着战车向贺兰山进攻，连贺兰山也要踏为平地。我满怀壮志，打仗饿了就吃敌人的肉，谈笑渴了就喝敌人的鲜血。待我重新收复旧日山河，再带着捷报向国家报告胜利的消息！

岳飞在少年时代，家乡就被金兵占领。他很有民族气节，毅然从军。他指挥的军队，英勇善战，接连获胜，屡立战功。敌人最怕他的军队，称之为“岳爷爷军”，并且传言说：“撼山易，撼岳家军难！”岳飞乘胜追击金兵，直至朱仙镇，距离北宋的京城汴京只有四十五里了。金兵元气大伤，准备逃归，还有不少士卒纷纷来降。岳飞看到这样大好的抗战形势，非常高兴，决心乘胜猛追，收复中原。就在这关键的时刻，当时的宰相秦桧，为了和金人议和，一日连下十二道金牌,令岳飞班师回朝。岳飞悲愤万分,说:“十年之力,废于一旦!”秦桧把岳飞当成是其投降阴谋的主要障碍，又捏造说岳飞受诏逗留，抵制诏令,以“莫须有”(也许有)的罪名,将他害死。岳飞被害时,才 39 岁。了解了这些情况,对这首词中充满的强烈感情,就不难理解了。

我国古代进步的知识分子,往往都把“忠于朝廷”看作爱国的表现。在封建社会里,尤其是在民族矛盾激化,上升为主要矛盾的时期,“忠于朝廷”与爱国常常是紧密结合在一起的。因此,岳飞在这首词中所表露的忠于朝廷的思想,是跟渴望杀尽敌人、保卫祖国疆土的壮志密切结合着的。一部中华民族的发展史,就是一部中华儿女的爱国奋斗史。要弘扬以爱国主义为核心的民族精神,为中国人民克服艰难险阻、实现中华民族伟大复兴提供不竭的精神力量。

【教材内容链接】《思想道德与法治》第三章第一节“中国精神是兴国强国之魂”之“实现中国梦必须弘扬中国精神”——弘扬以爱国主义为核心的民族精神

【案例十二】忠心为国　九死不悔

长太息以掩涕兮,哀民生之多艰。余虽好修姱以鞿羁兮,謇朝谇而夕替。既替余以蕙纕兮,又申之以揽茝。亦余心之所善兮,虽九死其犹未悔。怨灵修之浩荡兮,终不察夫民心。众女嫉余之蛾眉兮,谣诼谓余以善淫。固时俗之工巧兮,偭规矩而改错。背绳墨以追曲兮,竞周容以为度。忳郁邑余侘傺兮,吾独穷困乎此时也。宁溘死以流亡兮,余不忍为此态也。鸷鸟之不群兮,自前世而固然。何方圜之能周兮,夫孰异道而相安?屈心而抑志兮,忍尤而攘诟。伏清白以死直兮,固前圣之所厚。

——屈原《离骚》

【案例分析】

我揩着眼泪声声长叹，哀叹人生道路多么艰难。我虽爱好修洁严于责己，可早晨进谏晚上即遭贬。他们弹劾我佩带蕙草啊，又因我采白芷加我罪名。这是我心中追求的东西，就是多次死亡也不后悔。怨就怨楚王这样糊涂啊，他始终不体察别人的心情。群臣都忌妒我的丰姿，造谣诽谤说我妖艳好淫。庸人本来善于投机取巧，背弃规矩而又改变政策。违背是非标准追求邪曲，争着把苟合取悦作为法则。忧愁烦闷使我失意不安，现在孤独穷困多么艰难。宁可马上死去魂魄离散，媚俗取巧的事我坚决不干。雄鹰不与那些燕雀同群，原本自古以来就是这般。方和圆怎能够互相配合，志向不同何能彼此相安。宁愿委曲心志压抑情感，宁把斥责咒骂统统承担。保持清白节操死于直道，这本为古代圣贤所称赞！

本篇节选自《离骚》，为屈原所作，表达了屈原忠君爱国之情。屈原出身于楚宗室贵族，少年时受过良好的教育，博闻强志，志向远大。起初他颇受楚怀王的信任，曾做到左徒的高官，他主张改良内政，联齐抗秦。但是楚怀王的令尹子椒、上官大夫靳尚和他的宠妃郑袖等人，由于受了秦国使者张仪的贿赂，不但阻止怀王接受屈原的意见，并且使怀王疏远了屈原。屈原被流放时，虽有怨言，但始终心系国家和楚王，还希望楚怀王能够醒悟过来重新重用他振兴楚国。结果楚怀王被秦国诱去，囚死在秦国。楚顷襄王即位后，屈原继续受到迫害，并一再遭到放逐。公元前 278 年秦将白起一举攻破楚国首都郢都。忧国忧民的屈原在长沙附近的汨罗江怀石自杀，以死殉国。据说端午节就是为了纪念屈原的爱国精神和气节而设立的。

屈原这种爱国精神和气节正是我们应该传承的，无论受到怎样的磨难和屈辱，民族气节都是身为中华儿女的我们不可缺少的，因此我们要始终像屈原一样怀有一颗爱国的热忱之心，忠心为国。

【教材内容链接】《思想道德与法治》第三章第一节“中国精神是兴国强国之魂”之“实现中国梦必须弘扬中国精神”——弘扬以爱国主义为核心的民族精神

【案例十三】忧国忧民　赤胆忠心

病骨支离纱帽宽，孤臣万里客江干。
位卑未敢忘忧国，事定犹须待阖棺。
天地神灵扶庙社，京华父老望和銮。
出师一表通今古，夜半挑灯更细看。

——陆游《病起书怀》

【案例分析】

南宋孝宗淳熙三年（1176 年）四月，陆游被免官后，移居成都西南浣花村，缠绵病榻二十余日，愈后作《病起书怀》二首，此为第一首。诗词释义为：病体虚弱消瘦，以致纱帽帽沿都已宽松，不受重用只好客居在与之相隔万里的成都江边。职位低微却从未敢忘记忧虑国事，即使事情已经商定，也要等到有了结果才能完全下结论。希望天地神灵保佑国家社稷，北方百姓都在日夜企盼着君主御驾亲征收复失落的河山。诸葛孔明的传世之作《出师表》忠义之气万古流芳，深夜难眠，还是挑灯细细品读吧。

这首诗从诗人身体衰弱、客居江边的现实境况起笔，以夜读诸葛亮《出师表》煞尾。诗人一生屡遭顿挫，年过半百仍壮志难酬。却在诗中说“事定犹须待阖棺”，表明他对前途依然充满希望。其中“位卑未敢忘忧国”可谓本首七律的“诗眼”，与明末清初思想家顾炎武的“天下兴亡，匹夫有责”一样，都表明了作者虽然地位卑微，但从未忘却忧国忧民的责任。这句话也成为后世许多忧国忧民之士用以自勉自励的座右铭。尾联写诗人夜半挑灯细读《出师表》，含蓄地表达了忠心报国的愿望。

习近平总书记教导我们：“对每一个中国人来说，爱国是本分，也是职责，是心之所系、情之所归。”[①]我们要弘扬以爱国主义为核心的民族精神，凝聚亿万中华儿女生生不息、自立自强的爱国之心，斗志昂扬，逐梦前行。

① 习近平：《在纪念五四运动 100 周年大会上的讲话》，《人民日报》，2019 年 5 月 1 日。

【教材内容链接】《思想道德与法治》第三章第一节“中国精神是兴国强国之魂”之“实现中国梦必须弘扬中国精神”——弘扬以爱国主义为核心的民族精神

【案例十四】国家至上　爱憎分明

利于国者爱之，害于国者恶之。

——《晏子春秋·内篇·谏上》

【案例分析】

齐景公打算重赏谄谀之人，可是主管的大臣并不想顺从齐景公的旨意，齐景公非常恼火。晏子知道之后，就主动进宫去朝见齐景公，并且还说了一大段推心置腹的话来劝谏齐景公。他的大意是说，在夏商周三代，夏禹、商汤、周文王、周武王之所以能够振兴国家，就是因为他们“利于国者爱之，害于国者恶之”。意思是说，国家是人民安身立命的根本，所以凡是有利于国家的事情，哪怕对于个人利益有所损害，也应该加以爱惜和保护；凡是不利于国家的事情，哪怕对个人利益有好处，那也应该厌恶摒弃它。国家利益永远先于个人利益。

于谦小小年纪就胸怀大志，在他还没有成年的时候，就写下“粉身碎骨浑不怕，要留清白在人间”这样的诗句，那不仅是他少年时候的理想，而且在他成人以后，还用行动将之付诸实践。

爱国主义体现了人们对自己祖国的深厚感情，揭示了个人对祖国的依存关系，是调节个人和祖国之间关系的道德要求。我们每个人都应该成为爱国主义精神的践行者和传播者。中华人民共和国成立 70 周年庆典，就是对 14 亿多中国人进行的一次爱国主义集中教育。那时，《我和我的祖国》在大街小巷传唱，使得人心空前凝聚，爱国热情空前高涨，为我们排除万难、集中力量办好中国人自己的事情，凝聚起了强大的民族向心力和战斗力，更加坚定了中华民族走中国特色社会主义道路的信心和决心。

【教材内容链接】《思想道德与法治》第三章第一节“中国精神是兴国强国之魂”之“实现中国梦必须弘扬中国精神”——弘扬以爱国主义为核心的民族精神

【案例十五】身赴国难　视死如归

白马饰金羁，连翩西北驰。
借问谁家子，幽并游侠儿。
少小去乡邑，扬声沙漠垂。
宿昔秉良弓，楛矢何参差。
控弦破左的，右发摧月支。
仰手接飞猱，俯身散马蹄。
狡捷过猴猿，勇剽若豹螭。
边城多警急，虏骑数迁移。
羽檄从北来，厉马登高堤。
长驱蹈匈奴，左顾凌鲜卑。
弃身锋刃端，性命安可怀？
父母且不顾，何言子与妻！
名编壮士籍，不得中顾私。
捐躯赴国难，视死忽如归！

——曹植《白马篇》

【案例分析】

白色的战马，饰着金黄的笼头，直向西北飞驰而去。请问这是谁家的孩子，是幽州和并州的游侠骑士。年纪轻轻就离开了家乡，到边塞显身手建立功勋。楛木箭和强弓从不离身，下苦功练就了一身武艺。拉开弓如满月左右射击,一箭箭中靶心不差毫厘。抬手就能射中飞驰而来的东西,俯身就能打碎箭靶。他灵巧敏捷赛过猿猴,又勇猛轻疾如同豹螭。听说国家边境军情紧急,侵略者一次又一次进犯内地。告急信从北方频频传来,游侠儿催战马跃上高堤。随大军平匈奴直捣敌巢,再回师扫鲜卑驱逐敌骑。上战场面对着刀山剑树,从不将安和危放在心里。连父母也不能孝顺服侍,更不能顾念那儿女妻子。名和姓既已列上战士名册,早已经忘掉了个人私利。为国家解危难奋勇献身,把死亡看得像回家一样平常。

此诗以曲折动人的情节描写边塞游侠为维护国家主权捐躯赴难、奋不顾身的英勇行为。中华民族的发展离不开全国各族人民大团结的力量,离不开中华儿女的爱国奋斗。中国早就有以天下兴亡、人民安康为己任的家国情怀,形成了追求进步、民族尊严和国家主权的光荣传统,形成了对外来侵略者无比痛恨、对求荣的民族败类无比鄙视、对爱国志士无比崇敬的宝贵民族气节。以爱国主义为核心的民族精神,为中国人民克服艰难险阻、实现中华民族伟大复兴提供了不竭的精神力量。

【教材内容链接】《思想道德与法治》第三章第一节“中国精神是兴国强国之魂”之“实现中国梦必须弘扬中国精神”——弘扬以爱国主义为核心的民族精神

【案例十六】时移世易　推陈出新

满眼生机转化钧,天工人巧日争新。
预支五百年新意,到了千年又觉陈。
李杜诗篇万口传,至今已觉不新鲜。
江山代有才人出,各领风骚数百年。
……

——赵翼《论诗五首》

【案例分析】

大自然和人类社会不断的运动发展，新事物、新思想层出不穷。即使能预支五百年的新颖的作品，到了一千年又觉得陈旧了。李白和杜甫的诗篇曾经被成千上万的人传颂，但读起来感觉已经没有什么新意了。国家代代都有很多有才情的人，他们的诗篇文章以及人气都会流传数百年。

这些反映了诗歌创作贵在创新的主张。他认为诗歌随时代不断发展，诗人在创作的时候也应求新求变，并非只有古人的作品才是最好的，每个时代都有属于自己风格的诗人。本诗虽语言直白，但寓意深刻，“江山代有才人出，各领风骚数百年”一句表达了文学创作随着时代变化发展的主题思想与中心。

当今世界，改革创新的潮流滚滚向前。改革创新是推动人类社会向前发展的根本动力。谁排斥改革，谁拒绝创新，谁就会落后于时代，谁就会被历史淘汰。改革创新对我们来说仍然是不可缺少的一种意识，因此我们要发扬以改革创新为核心的时代精神，实现中国梦。

【教材内容链接】《思想道德与法治》第三章第一节“中国精神是兴国强国之魂”之“实现中国梦必须弘扬中国精神”——弘扬以改革创新为核心的时代精神

第二节　做新时代的忠诚爱国者

中国特色社会主义进入新时代，实现中华民族伟大复兴的中国梦是新时代爱国主义的鲜明主题。大力弘扬新时代爱国主义精神，必须坚持爱国爱党、爱社会主义相统一、维护祖国统一和民族团结、尊重和传承中华民族历史文化、坚持既立足中国又面向世界。

本节精选6个中华优秀传统文化案例，深入挖掘中华优秀传统文化中的爱国精神，用以阐释弘扬新时代爱国主义精神，做新时代的忠诚爱国者。

【案例一】为国抗倭　赤胆忠心

十载驱驰海色寒，孤臣于此望宸銮。繁霜尽是心头血，洒向千峰秋叶丹。

——戚继光《望阙台》

【案例分析】

望着苍茫清寒的海色，想起了自己旷日持久的抗倭斗争，孤零零的我一个人在此遥望着朝廷。繁霜洒遍，那是我一腔热血，洒向千万座山峰，染红了枫树的叶子。

“十载”在这里是一个取整的数字，戚继光从浙江再转战福建，前后大约是十年的时间。戚继光奔走边疆，孤悬海岸，但他始终心向朝廷、心向家园。正是这颗热烈的报国忠心，才能够让他克服无数的困难，取得抗倭的决定性胜利。

新时代爱国主义的体现就是要做到两个相统一。

第一，爱国与爱家相统一。家是最小国，国是千万家。在中华文明史上，家与国从来就没有分离过。没有国家的繁荣发展，就没有家庭的幸福美满；同样，没有千万个家庭的幸福美满，哪来国家的繁荣发展。因此，习近平在2018年春节团拜会上强调指出：“我们要积极培育和践行社会主义核心价值观，弘扬中华民族传统美德，把爱家和爱国统一起来，把实现个人梦、家庭梦融入国家梦、民族梦之中，用我们4亿多家庭、13亿多人民的智慧和力量，汇聚起夺取新时代中国特色社会主义伟大胜利、实现中华民族伟大复兴中国梦的磅礴力量。”①

① 习近平：《在中共中央国务院举行春节团拜会上的重要讲话》，《人民日报》，2018年2月15日。

第二,爱国和爱党爱社会主义相统一。2015年12月30日,习近平在十八届中央政治局第二十九次集体学习时强调指出:“只有坚持爱国和爱党、爱社会主义相统一,爱国主义才是鲜活的、真实的。”①

爱国,不能停留在口号上,而是要把自己的理想同祖国的前途、民族的命运紧密联系在一起。新时代大学生不仅要在认识上深刻理解爱国爱党爱社会主义的高度统一,更要以实际行动体现对祖国的热爱、对党的热爱和对社会主义的热爱。扎根人民,奉献国家。

【教材内容链接】《思想道德与法治》第三章第二节“做新时代的忠诚爱国者”之“坚持爱国爱党爱社会主义相统一”

【案例二】前事不忘　后事之师

人事有代谢,往来成古今。
江山留胜迹,我辈复登临。
水落鱼梁浅,天寒梦泽深。
羊公碑尚在,读罢泪沾襟。

——孟浩然《与诸子登岘山》

【案例分析】

世间的人和事更替变化,暑往寒来,时间流逝,形成了从古到今的历史。江山各处保留的名胜古迹,而今我们又可以登攀亲临。水落石出,鱼梁洲清浅;天寒木落,云梦泽广袤无边。晋人羊祜纪念碑如今依然巍峨矗立,读罢碑文泪水沾湿了衣襟。

人事有交替,往来成古今。1938年10月,毛泽东在中国共产党六届六中全会上所做的《论新阶段》政治报告中指出:“今天的中国是历史的中国的一

① 习近平:《大力弘扬伟大爱国主义精神　为实现中国梦提供精神支柱》,《人民日报》,2015年12月30日。

个发展；我们是马克思主义的历史主义者，我们不应当割断历史。从孔夫子到孙中山，我们应当给以总结，承继这一份珍贵的遗产。这对于指导当前的伟大的运动，是有重要的帮助的。”①

中华优秀传统文化是中华民族的精神命脉，其中蕴含着中华民族世世代代形成和积累的思想营养和实践智慧，是中华民族得以延续的文化基因，也是我们在世界文化激荡中站稳脚跟的基础。我们要不断地向历史学习，汲取历史智慧，总结历史经验和历史规律，回答和解决在新的历史条件下党和国家发展面临的重大理论和现实问题。

【教材内容链接】《思想道德与法治》第三章第二节“做新时代的忠诚爱国者”之“尊重和传承中华民族历史文化”——历史文化是民族生生不息的丰厚滋养

【案例三】铭记中华文明　传承民族精神

灭人之国，必先去其史；隳人之枋，败人之纲纪，必先去其史；绝人之才，湮塞人之教，必先去其史；夷人之祖宗，必先去其史。

——龚自珍《古史钩沉论》

【案例分析】

要灭亡别人的国家、颠覆别国的政权、破坏别国的法纪、断绝别国的贤才、堵塞别国的思想文化教育途径、污蔑诛伐别人的祖宗，一定会先篡改除去他们的历史文化。这阐释了历史文化对一个国家和民族的重要性。

1997年，美国总统尼克松写了一本书，叫作《不战而胜》，就有类似的观点：“当有一天，中国的年轻人已经不再相信他们老祖宗的教导和他们的传统文化，我们美国人就不战而胜了……”可见，要让一个民族真正地失去自

① 《毛泽东选集》(第二卷)，人民出版社，1991年，第534页。

信，就要割裂他们的民族凝聚力、否定他们的民族历史和文化，让他们成为一盘散沙。

我们的民族之所以被称为“中华民族”，就因为我们是依托于中华几千年历史文化而存在，如果抛弃传统、丢掉根本，就等于割断了自己的精神命脉。西方的“和平演变”从未停止，有些被历史虚无主义思想影响的学者们打着重评历史的幌子，否定近现代以来的中国革命史和中国共产党史，抹黑革命英雄、诽谤革命领袖，企图从根本上否定马克思主义的指导地位和中国走向社会主义的历史必然性，否定中国共产党的领导，如果不对其加以整顿，将会扰乱人们的思想。20世纪的苏联就曾打着“反思历史”的旗号抹黑苏共历史，比如污蔑十月革命使俄国离开了“人类文明的正道”等，这导致全民族精神支柱的坍塌，加速了苏联解体。

新时代大学生要了解中华民族历史，传承中华文化基因，树立文化自信，提升民族自豪感，尊重和传承好中华民族辉煌灿烂的历史文化；要在实践中深刻领悟中国共产党为什么能、马克思主义为什么行、中国特色社会主义为什么好，增强历史自觉和历史自信。

【教材内容链接】《思想道德与法治》第三章第二节“做新时代的忠诚爱国者”之“尊重和传承中华民族历史文化”——旗帜鲜明反对历史虚无主义

【案例四】独立自主　合作共赢

齐侯至自田，晏子侍于遄台，子犹驰而造焉。公曰：“唯据与我和夫！”晏子对曰：“据亦同也，焉得为和？”公曰：“和与同异乎？”对曰：“异。和如羹焉，水火醯醢盐梅，以烹鱼肉，燀之以薪，宰夫和之，齐之以味；济其不及，以泄其过。君子食之，以平其心。君臣亦然。君所谓可而有否焉，臣献其否以成其可。君所谓否而有可焉，臣献其可以去其否。是以政平而不干，民无争心。故《诗》曰：‘亦有和羹，既戒既平。鬷嘏无言，时靡有争。’先王之济五味，和五声也，以平其心,成其政也。声亦如味,一气,二体,三类,四物,五声,六律,七音,八风,九歌,以相成也。清浊,小大,短长,疾徐,哀乐,刚柔,迟速,高下,出入,周疏,以相济也。君子听之,以平其心。心平,德和。故《诗》曰:'德音不瑕。'今据不然。君所谓可,据亦曰可;君所谓否,据亦曰否。若以水济水。谁能食之?若琴瑟之专一,谁能听之?同之不可也如是。"

——左丘明《左传·昭公二十年·晏子对齐侯问》

【案例分析】

齐景公从打猎的地方回来,晏子在遄台随侍,梁丘据也驾着车赶来了。齐景公说:"只有梁丘据与我和谐啊!"晏子回答说:"梁丘据也不过是相同而已,哪里能说是和谐呢?"齐景公说:"和谐与相同有差别吗?"晏子回答说:"有差别。和谐就像做肉羹,用水、火、醋、酱、盐、梅来烹调鱼和肉,用柴火烧煮。厨工调配味道,使各种味道恰到好处;味道不够就增加调料,味道太重就减少调料。君子吃了这种肉羹,用来平和心性。国君和臣下的关系也是这样。国君认为可以的,其中也包含了不可以,臣下进言指出不可以的,使可以的更加完备;国君认为不可以的,其中也包含了可以的,臣下进言指出其中可以的,去掉不可以的。因此政事平和而不违背礼制,百姓没有争斗之心。所以《诗·商颂·烈祖》中说:'还有调和的好羹汤,五味备又适中。敬献神明来享用,上下和睦不争斗。'先王使五味相互调和,使五声和谐动听,用来平和心性,成就政事。音乐的道理也像味道一样,由一气、二体、三类、四物、五声、六律、七音、八风、九歌各方面相配合而成,由清浊、小大、短长、疾徐、哀乐、刚柔、迟速、高下、出入、周疏各方面相调节而成。君子听了这样的音乐,可以平和心性。心性平和,德行就协调。所以《诗·豳风·狼跋》说:'美好音乐没有瑕疵。'现在梁丘据不是这样的。国君认为可以的,他也说可以;国君认为不可以的,他也说不可以。如果用水来调和水,谁能吃得下去?如果用琴瑟常弹一个音调,谁听得下去?'同'与'和'不可以相同的道理,就像这样。"

《说文解字》对“和”字解释为“和，相应也”，指的是乐器演奏的协调，后引申为不同事物之间相互配合默契。对“同”字的解释则是“同，合会也”。意思是口中说的都是一样的话，表达的是重复之意。可见“和”体现的是基于多种事物所形成的多元统一体，而“同”则是由相同因素叠加构成的简单同一体的事物。中国古人用烹调鱼和肉做肉羹的道理，将音乐的和谐作为处理人与人、人与社会、族群与族群、人与天地等关系的模型，对“和”的追求也就成为中国思想文化的普遍理想，塑造了中华文明的思维方式、价值取向和审美追求。

习近平总书记指出：“各国历史文化和社会制度各有千秋，没有高低优劣之分……各国历史文化和社会制度差异自古就存在，是人类文明的内在属性。没有多样性，就没有人类文明。多样性是客观现实，将长期存在。”[①]可见，不管是社会制度的选择，还是对某些价值理念的定义；不管是人类走向现代化的途径和方式，还是不同区域不同民族的文化形态，都不能够也不应该定于一尊，如果缺乏多样性，世界必然变得单调乏味。就全人类共同价值而言，应该倡导求同存异、和而不同，充分尊重文明的多样性，尊重各国自主选择社会制度和发展道路的权利。促进不同国度、不同文明相互借鉴、共同进步，共同推动人类文明发展进步。

【教材内容链接】《思想道德与法治》第三章第二节“做新时代的忠诚爱国者”之“坚持立足中国又面向世界”——推动构建人类命运共同体

【案例五】强军促和　慎战不战

兵者，国之大事，死生之地，存亡之道，不可不察也。

——孙武《孙子兵法·始计篇》

① 习近平：《让多边主义的火炬照亮人类前行之路》，《人民日报》，2021年1月26日。

【案例分析】

战争，是国家的大事，是关系到多少人的生死和国家存亡的大问题，不能不慎重对待。

2017 年 1 月 18 日，习近平主席在联合国日内瓦总部发表了题为《共同构建人类命运共同体》的主旨演讲。在演讲中他指出："中国维护世界和平的决心不会改变。中华文明历来崇尚'以和邦国'、'和而不同'、'以和为贵'。中国《孙子兵法》是一部著名兵书，但其第一句话就讲：'兵者，国之大事，死生之地，存亡之道，不可不察也'，其要义是慎战、不战。几千年来，和平融入了中华民族的血脉中，刻进了中国人民的基因里。"①

中华人民共和国成立 70 多年来，中国从一个积贫积弱的国家发展成为世界第二大经济体，靠的是中国人民的勤劳、智慧和艰苦奋斗，也得益于一个总体和平稳定的外部环境。实现中国梦，依然需要一个和平稳定的外部环境。面向世界，推动构建人类命运共同体，为维护人类共同利益、推动人类文明发展进步提供中国智慧，始终做世界和平的建设者、全球发展的贡献者、国际秩序的维护者。

【教材内容链接】《思想道德与法治》第三章第二节"做新时代的忠诚爱国者"之"坚持立足中国又面向世界"——推动构建人类命运共同体

【案例六】相互尊重　相向而行

万物并育而不相害，道并行而不相悖。

——戴圣《礼记·中庸》

【案例分析】

万物竞相生长而互不妨害，日月运行、四时更替而互不冲突，体现了宇宙和大自然法则中的包容精神与和合之道。

---

① 习近平：《共同构建人类命运共同体》，《人民日报》，2017 年 1 月 18 日。

习近平总书记在《中法建交五十周年纪念大会上的讲话》等文中引用了这句古语，阐释的正是中国梦的“中国性”和“世界性”，他还在“纪念孔子诞辰2565周年国际学术研讨会”上强调，“推进人类各种文明交流交融、互学互鉴，是让世界变得更加美丽、各国人民生活得更加美好的必由之路”[①]。放在全球视野里，中国梦是我们的目标，这个目标与其他国家的目标是一致的。他提到，中国有中国梦，法国有法国梦。中国梦是法国的机遇，法国梦也是中国的机遇。法国总统奥朗德还曾提出，中法两国人民要在实现各自梦想的基础上，努力实现“中法梦”。除了中法之梦，其他国家民族的梦想，也是一样的道理。可见，中国梦与世界各国人民的美好梦想相通。中国的梦想，不仅关乎中国的命运，也关系世界的命运。

【教材内容链接】《思想道德与法治》第三章第二节“做新时代的忠诚爱国者”之“坚持立足中国又面向世界”——推动构建人类命运共同体

第三节 让改革创新成为青春远航的动力

改革创新是当代中国最突出、最鲜明的特点。大学生富有想象力和创造力，是改革创新的生力军，要在改革创新的实践中奉献祖国、服务人民、实现价值，让改革创新成为青春远航的强大动力。

本节精选5个中华优秀传统文化案例，用以阐释改革开放是当代中国的显著特征；改革创新是新时代的迫切要求，做改革创新生力军，深入挖掘中华优秀传统文化中的改革创新精神，指导新时代大学生在创造中不断积累经验、取得成果。

① 习近平：《在纪念孔子诞辰2565周年国际学术研讨会暨国际儒学联合会第五届会员大会开幕会上的讲话》，《人民日报》，2014年9月24日。

【案例一】不拘旧制　博采众长

赵武灵王北略中山之地，至房子，遂至代，北至无穷，西至河，登黄华之上，与肥义谋胡服骑射，以教百姓，曰："愚者所笑，贤者察焉。虽驱世以笑我，胡地、中山，吾必有之。"遂胡服。

国人皆不欲。公子成称疾不朝。王使人请之曰："家听于亲，国听于君。今寡人作教易服，而公叔不服，吾恐天下议之也。制国有常，利民为本；从政有经，令行为上。明德先论于贱，而从政先信于贵，故愿慕公叔之义以成胡服之功也。"公子成再拜稽首曰："臣闻中国者，圣贤之所教也，礼乐之所用也，远方之所观赴也，蛮夷之所则效也。今王舍此而袭远方之服，变古之道，逆人之心，臣愿王孰图之也！"使者以报。王自往请之，曰："吾国东有齐、中山，北有燕、东胡，西有楼烦、秦、韩之边。今无骑射之备，则何以守之哉？先时中山负齐之强兵，侵暴吾地，系累吾民，引水围鄗；微社稷之神灵，则鄗几于不守也，先君丑之。故寡人变服骑射，欲以备四境之难，报中山之怨。而叔顺中国之俗，恶变服之名，以忘鄗事之丑，非寡人之所望也。"公子成听命，乃赐胡服，明日服而朝。于是始出胡服令，而招骑射焉。

——司马光《资治通鉴·赵武灵王胡服骑射》

【案例分析】

赵武灵王北巡中山国的边界。到房子（今河北省临城），到代（今山西北部雁门关一带），北面到无穷，西到黄河，登黄华山，与大臣肥义商议，改穿胡（北方少数民族的统称）服，骑马射箭，以教军民，并说："愚人讥笑的，正是贤人察到的，尽管世上的人都笑我，但北方中山国我必占有它。"于是赵武灵王穿上胡服。

赵国都城的人都不愿穿胡服，公子成推说有病，不上朝。赵雍派人去请，并传话："在家听从父母，全国听从国君，现今我改变传统的教化，改换胡式服装，可是您不穿胡服，我忧虑下面的臣民议论啊！治国常规以利民为本，推行政令有固定原则,令行禁止是要紧的事。普及教育从平民开始,推行政令上层带头奉行。所以要仰仗您的声望来完成胡服的变革。”公子成恭恭敬敬叩头说:“我听说过,中原之国是圣贤教化的地方,行礼作乐的地方,远方国家景仰的地方,边陲少数民族学习的地方。如今赵王舍弃这些传统习俗,却去因袭胡服,违背人心,我希望您仔细考虑这件事吧。”使者回去向赵王报告了公子成的话。

赵王于是去公子成处拜访,说:“我国东面有齐国、中山国,北面有燕国、东胡国,西面有楼烦国,与秦国、韩国接壤。没有骑兵,怎能守卫?中山国虽小,但它依仗齐国强大,屡次侵犯赵国土地,俘虏赵国民众,引水围鄗地,若无土神谷神保佑,鄗地几乎守不住,先君为此感到羞耻啊!所以我改革服装以防备边境的危难,报中山国之仇,可是叔父您迁就中原国家的习俗,不愿改变服装,忘了鄗的耻辱,这不是我期望的啊。”公子成被赵雍说服。于是赵雍送了一套胡服给公子成,第二天公子成穿胡服上朝。于是赵王才下达胡服令,招民习骑射。

这个故事是赵武灵王为了国家的强大,进行胡服骑射改革的故事,故事主要围绕赵武灵王与重臣公子成之间的争论展开,主要通过两个方面的言论表现赵武灵王注重实用、勇于改革的形象;它揭开了我国古代战争史上由车战转变为骑射的重要一页;体现了古代各民族之间的交流与融合;同时也是古代思想文化方面的一场改革。赵武灵王勇于变革、坚持变革的精神,善于变革的智慧,从现代社会发展看来,尤其值得肯定,值得学习。正是这种变革和开放精神,使中华文明成为人类历史上唯一一个绵延 5000 多年至今未曾中断的灿烂文明。新时代,中华民族正在以改革开放的姿态继续走向未来。

【教材内容链接】《思想道德与法治》第三章第三节“让改革创新成为青春远航的动力”之“改革开放是当代中国的显著特征”——改革开放是当代中国最鲜明的特色

【案例二】明者因时而变　知者随事而治

商君者，卫之诸庶孽公子也，名鞅，姓公孙氏，其祖本姬姓也。鞅少好刑名之学，事魏相公叔痤为中庶子。公叔痤知其贤，未及进。会座病，魏惠王亲往问病，曰："公叔病如有不可讳，将奈社稷何？"公叔曰："痤之中庶子公孙鞅，年虽少，有奇才，愿王举国而听之。"王嘿然。王且去，痤屏人言曰："王即不听用鞅，必杀之，无令出境。"王许诺而去。公叔痤召鞅谢曰："今者王问可以为相者，我言若，王色不许我。我方先君后臣，因谓王即弗用鞅，当杀之。王许我。汝可疾去矣，且见禽。"鞅曰："彼王不能用君之言任臣，又安能用君之言杀臣乎？"卒不去。惠王既去，而谓左右曰："公叔病甚，悲乎，欲令寡人以国听公孙鞅也，岂不悖哉！"

……

孝公既用卫鞅，鞅欲变法，恐天下议己。卫鞅曰："疑行无名，疑事无功。且夫有高人之行者，固见非于世；有独知之虑者，必见敖於民。愚者暗于成事，知者见于未萌。民不可与虑始而可与乐成。论至德者不和於俗，成大功者不谋於众。是以圣人苟可以疆国，不法其故；苟可以利民，不循其礼。"孝公曰："善。"甘龙曰："不然。圣人不易民而教，知者不变法而治。因民而教，不劳而成功；缘法而治者，吏习而民安之。"卫鞅曰："龙之所言，世俗之言也。常人安於故俗，学者溺于所闻。以此两者居官守法可也，非所与论於法之外也。三代不同礼而王，五伯不同法而霸。智者作法，愚者制焉；贤者更礼，不肖者拘焉。"杜挚曰："利不百，不变法；功不十，不易器。法古无过，循礼无邪。"卫鞅曰："治世不一道，便国不法古。故汤武不循古而王，夏殷不易礼而亡。反古者不可非，而循礼者不足多。"孝公曰："善。"以卫鞅为左庶长，卒定变法之令。

——司马迁《史记·商君列传》

【案例分析】

商君，是卫国国君姬妾生的公子，名鞅，姓公孙，他的祖先本来姓姬。公孙鞅年轻时就喜欢刑名法术之学，侍奉魏国国相公叔痤做了中庶子。公叔痤知道他贤能，还没来得及向魏王推荐。正赶上公叔痤得了病，魏惠王去看望他，说："你的病倘有不测，国家将怎么办呢？"公叔痤回答说："我的中庶子公孙鞅，虽然年轻，却有奇才，希望大王能把国政全部交给他，由他去治理。"魏惠王听后默默无言。当魏惠王将要离开时，公叔痤屏退左右随侍人员，说："大王假如不任用公孙鞅，就一定要杀掉他，不要让他走出国境。"魏王答应了他的要求就离去了。公叔痤召来公孙鞅，道歉说："刚才大王询问能够出任国相的人，我推荐了你。看大王的神情不会同意我的建议。我当先忠于君后考虑臣的立场，因而劝大王假如不任用公孙鞅，就该杀掉他。大王答应了我的请求。你赶快离开吧，不快走马上就要被擒。"公孙鞅说："大王既然不能听您的话任用我，又怎么能听您的话来杀我呢？"因此公孙鞅没有离开魏国。惠王离开后，对随侍人员说："公叔痤的病很严重，真叫人伤心啊，他想要我把国政全部交给公孙鞅掌管，又劝我杀了公孙鞅，难道不是糊涂了吗？"

……

孝公任用卫鞅后不久，打算变更法度，又恐怕天下人议论自己。卫鞅说："行动犹豫不决，就不会搞出名堂，办事犹豫不决就不会成功。况且超出常人的行为，本来就常被世俗非议；有独道见解的人，一定会被一般人嘲笑。愚蠢的人事成之后都弄不明白，聪明的人事先就能预见将要发生的事情。不能和百姓谋划新事物的创始，而可以和他们共享成功的欢乐。探讨最高道德的人不与世俗合流，成就大业的人不与一般人共谋。因此圣人只要能够使国家强盛，就不必沿用旧的成法；只要能够利于百姓，就不必遵循旧的礼制。"孝公说："讲的好。"甘龙说："不是这样。圣人不改变民俗而施以教化，聪明的人不改变成法而治理国家。顺应民风民俗而施教化，不费力就能成功；沿袭成法而治理国家,官吏习惯而百姓安定。”卫鞅说:“甘龙所说的,是世俗的说法啊。一般人安于旧有的习俗,而读书人拘泥于书本上的见闻。这两种人奉公守法还可以,但不能和他们谈论成法以外的改革。三代礼制不同而都能统一天下,五伯法制不一而都能各霸一方。聪明的人制定法度,愚蠢的人被法度制约;贤能的人变更礼制,寻常的人被礼制约束。”杜挚说:“没有百倍的利益,就不能改变成法;没有十倍的功效,就不能更换旧器。仿效成法没有过失,遵循旧礼不会出偏差。”卫鞅说:“治理国家没有一成不变的办法,有利于国家就不仿效旧法度。所以汤武不沿袭旧法度而能王天下,夏殷不更换旧礼制而灭亡。反对旧法的人不能非难,而沿袭旧礼的人不值得赞扬。”孝公说:“讲的好。”于是任命卫鞅为左庶长,终于制定了变更成法的命令。

商鞅变法是战国时期一次较为彻底的封建制变法改革运动, 顺应了封建历史发展的潮流,推动了奴隶制社会向封建制社会转型,符合新兴地主阶级的利益,大大推动了社会进步和历史的发展。通过改革,秦国废除了旧的制度,创立了适应社会经济发展的新制度。改革推动了秦国社会的进步,促进了经济的发展。同时,壮大了国力,实现了富国强兵。为以后秦统一全国奠定了基础,对中国历史的发展起到了重要的推动作用。

一个国家、一个民族要振兴,就必须在历史前进的逻辑中前进、在时代发展的潮流中发展。中国特色社会主义之所以具有蓬勃生命力,就在于其延续了中华民族自古就有的变革和开放精神,实行改革开放。改革不停顿、开放不止步,中国一定会有让世界刮目相看的新的更大奇迹。

【教材内容链接】《思想道德与法治》第三章第三节“让改革创新成为青春远航的动力”之“改革开放是当代中国的显著特征”——改革开放是当代中国最鲜明的特色

【案例三】变革旧制　锐意创新

帝欲用安石，唐介言："安石难大任"。帝曰："文学不可任耶？经术不可任耶？吏事不可任耶？"介对曰："安石好学而泥古，故议论迂阔，若使为政，必多所变更。"帝不以为然，竟以安石参知政事，谓之曰："人皆不能知卿，以卿但知经术，不晓世务。"安石对曰："经术正所以经世务。"帝曰："然则卿设施以何为先？"安石对曰："变风俗，立法度，正方今之所急也。"帝深纳之。

——吴乘权《纲鉴易知录》

【案例分析】

皇帝想启用王安石，唐介说："安石很难担当起这个职务。"皇帝说："他在文学方面有所不足而不值得重任吗？经术方面有所不足而不值得重任吗？吏事方面有所不足而不值得重任吗？"唐介答："安石好学但是思想古板，所以讨论的时候，他的思想行为不切实际，如果他做了官，他的政策肯定经常变更。"皇帝却不这样认为，最终还是任命王安石为参知政事，对王安石说："别人都不了解你，认为你只知道经学数术，不清楚世务。"王安石答道："经学数术正是用来规划处理事务。" 皇帝说："那么你认为应该先实施什么政策？"王安石说："要改变风气、礼节、习惯，公布新的法令，这正是现在所急需要做的事。"皇帝就采纳了他的意见。

王安石是个人才，列宁称他为11世纪中国杰出的改革家。他的变法虽然最终失败，但在历史上功不可没。仁宗用人不疑，才使王安石有一展抱负的机会，中国历史才有这自上而下锐意变法的一段时间。创新决定未来，改革关乎国运。在当代中国，经济社会发展离不开改革创新。必须坚持全面深化改革，推进国家治理体系和治理能力现代化，将改革进行到底，进一步解放和发展生产力，进一步激发和凝聚社会创造力。

【教材内容链接】《思想道德与法治》第三章第三节"让改革创新成为青春远航的动力"之"改革创新是新时代的迫切要求"——创新是推动人类社

会发展的重要力量

【案例四】以创新动力　促社会进步

力，形之所以奋也。

——《墨子·经上》

【案例分析】

力，这个力量的力，是使得物体的运动发生转移和变化的手段。这对“力”的概念，做出了一个非常朴素的界定。《墨经》是一部非常伟大的著作，内容非常丰富，用我们现在的眼光来看，里面含有大量的哲学、物理学、数学等知识，具有非常重要的科学价值。

中国特色社会主义进入新时代，创新的重要性越来越凸显。首先，满足人民日益增长的美好生活需要，解决发展的不平衡、不充分的问题，创新是动力源。其次，创新是解决大而不强的关键。由大国到强国，由跟跑、并跑到领跑，由站起来、富起来到强起来，就必须依靠创新，尤其是科技创新。最后，面对世界百年未有之大变局，实现中华民族伟大复兴，就必须把关键核心技术牢牢掌握在自己手中，而绝不能成了“卡脖子”的问题，绝不能受制于人。“创新是引领发展的第一动力”，就是要把创新放到国家发展全局的核心位置，让创新在全社会蔚然成风。

【教材内容链接】《思想道德与法治》第三章第三节“让改革创新成为青春远航的动力”之“改革创新是新时代的迫切要求”——创新能力是当今国际竞争新优势的集中体现

【案例五】不日新　必自退

汤之盘铭曰：“苟日新，日日新，又日新。”《康诰》曰：“作新民。”《诗》曰：

“周虽旧邦，其命维新。”是故君子无所不用其极。

——曾子《大学》

【案例分析】

《大学》里说商汤在盥洗盘上刻着一句话：“苟日新，日日新，又日新。”意思是如果能够一天除旧布新，就应保持日日为之，新了还要新。《尚书·康诰》是新的周朝政权对殷商的遗老遗少说，要他们做新式的人民，意思就是要改变他们在过去旧朝代的思维方式和生活方式以适应新的朝代。《诗经·文王》里说周朝是旧日同殷商一样历史悠久的邦国，并不是在灭了殷以后才出现的新的国家，但同样是很早就成立的国家，为什么一个败落了，一个却变成新兴的政体呢？就在于周邦不断革新自己。所以说，不进则退，不新则旧，慢进也是退。也正因为如此，圣人君子总是不断超越，以崭新的自我来面对世界，用各种方法让自己进步、日臻完善。

无论是个人还是社会，都要不断改革创新才能进步和发展。清朝腐朽没落，已不适应当时的时代发展，所以被列强欺辱，使百姓受难，无数仁人志士求新变法，最终在中国共产党的带领下选择了社会主义道路。邓小平在历史的变革中毅然决定实行改革开放，至今四十多年的实践证明，改革开放是当代中国进步的活力之源。而创新是推动人类社会发展的第一动力，也是改革开放的生命。在当今面临世界百年未有之大变局的历史背景下，唯有改革创新才能赢得未来。

青年时期是改革创新的宝贵时期，新时代的大学生应当把握时代脉搏，迎接时代挑战，树立改革创新的自觉意识，不断增强改革创新的能力和本领，勇做改革创新的实践者，在创新创造中成就自我，成就民族希望。

【教材内容链接】《思想道德与法治》第三章第三节“让改革创新成为青春远航的动力”之“做改革创新生力军”——树立改革创新的自觉意识

第四章　明确价值要求　践行价值准则

人类社会发展的历史表明，对一个民族、一个国家来说，最持久、最深层的力量是全社会共同认可的核心价值观。社会主义核心价值观是当代中国精神的集中体现，是中国特色社会主义道路、理论、制度、文化的价值表达，凝结着全体人民共同的价值追求。大学生要深刻领会社会主义核心价值观的重要意义和科学内涵，扣好人生的每一粒扣子，从日常点滴做起，从细微之处做起，成为社会主义核心价值观的坚定信仰者、积极传播者和模范践行者。

本章精选 36 个中华优秀传统文化案例，用于解读全体人民共同的价值追求、社会主义核心价值观的显著特征、积极践行社会主义核心价值观三个问题。明确价值要求，践行价值准则。

第一节　全体人民共同的价值追求

核心价值观，承载着一个民族、一个国家的精神追求，体现着一个社会评判是非曲直的价值标准。社会主义核心价值观集中体现了社会主义的本质属性，代表全体人民共同的价值追求。只有全社会积极弘扬和践行社会主义核心价值观，才能汇聚起建设社会主义现代化强国和实现中华民族伟大复兴中国梦的磅礴力量。

本节精选17个中华优秀传统文化案例，用以阐释价值观与社会主义核心价值观及其基本内容、当代中国发展进步的精神指引，凸显社会主义核心价值观的重大意义。

【案例一】传统美德　与人为善

德不孤，必有邻。

——《论语·里仁》

仁者爱人。

——《孟子·离娄下》

己所不欲，勿施于人。

——《论语·卫灵公》

出入相友，守望相助，疾病相扶持。

——《孟子·滕文公上》

【案例分析】

有道德的人是不会孤单的，一定会有志同道合的人来和他相伴。

仁者是充满慈爱之心，满怀爱意的人。

自己不愿意的，不要施加给别人。

人们出入劳作时相互友好伴随，抵御盗寇时互相警戒，患病时会互相关心帮助。

“德不孤，必有邻”“仁者爱人”“己所不欲，勿施于人”“出入相友，守望相助，疾病相扶持”四句话展示了中国人独特的精神世界，是中华儿女延续至今的日用而不觉的价值观，具有鲜明的民族特色。在一个国家、一个民族、一个社会中都会有各种不同的、多种多样的价值取向和价值观念，有的甚至相互之间还是矛盾的、冲突的。但是一个社会要稳定、要和谐、要发展，就需要有一个共同的核心价值观。对此，习近平总书记讲过，“如果一个民族，一个国家没有共同的核心价值观，莫衷一是，行无依归，那这个民族，这个国家就无法前进”[①]。中国历史源远流长，创造出了灿烂绚丽的中华文化。要概括中华传统文化中所包含的核心价值思想并非易事，但大体上可用“仁义礼智信”这五个核心内容来说明其丰富内涵。“五常”作为两千多年中国传统社会道德精神和秩序规范的核心价值观，其中所蕴含的文化认同和价值规范力量，对于凝聚中华民族精神、维护民族团结、维系社会稳定具有不可替代的历史作用。

【教材内容链接】《思想道德与法治》第四章第一节“全体人民共同的价值追求”之“价值观与社会主义核心价值观”——价值观与核心价值观

【案例二】践行德义　方为君子

君子义以为质，礼以行之，孙以出之，信以成之，君子哉！

——《论语·卫灵公篇》

【案例分析】

君子以义作为根本，用礼加以推行，用谦逊的语言来表达，用忠诚的态度来完成，这就是君子了。孔子对一个人修身的高要求也在《论语》中多次体现。在这里，孔子提出了君子的四条行为准则，以道义作为修身的根本，以礼制作为载体来运行，通过谦逊来表达，通过诚信来圆满地完成。

中国传统文化中的核心价值思想内涵十分丰富，概括起来，“仁义礼智信”始终是我国传统核心价值观和道德精神最基本、最重要的范畴。“仁义礼

① 习近平：《青年要自觉践行社会主义核心价值观》，《人民日报》，2014年5月4日。

智信”为儒家“五常”，孔子提出“仁、义、礼”，孟子延伸为“仁、义、礼、智”，董仲舒扩充为“仁、义、礼、智、信”，后称“五常”。这“五常”贯穿于中华伦理的发展过程之中，成为中国价值体系中的最核心要素，对社会主义核心价值观的形成起着重要的借鉴作用。党的十八大提出，要倡导富强、民主、文明、和谐，倡导自由、平等、公正、法治，倡导爱国、敬业、诚信、友善，“把涉及国家、社会、公民三个层面的价值要求融为一体，既继承了中华优秀传统文化，也体现了社会主义本质要求，体现了时代精神”①，鲜明确立了当代中国的核心价值理念，生动展现了中国共产党和中华民族高度的价值自信与价值自觉。

【教材内容链接】《思想道德与法治》第四章第一节“全体人民共同的价值追求”之“价值观与社会主义核心价值观”——价值观与核心价值观

【案例三】察听民意　和谐发展

夫听察者，乃存亡之门户，安危之机要也。若人主听察不博，偏受所信，则谋有所漏，不尽良策；若博其观听，纳受无方，考察不精，则数有所乱矣。

——魏征等《群书治要·卷四十八·体论》

【案例分析】

听和察，是国家存亡安危的关键。假如君主不能广泛地听取和明察，只接受亲信者的言论，那么谋划必定有疏漏，不能尽收好的策略；假如能广泛地听取和明察，但采纳的方法不对，考察也不精确，谋略计划必然混乱无章。

唐太宗李世民一方面广开言路、听取谏言；另一方面明察、分辨这些劝言的邪正，从而做出正确的决定，使谋划、策略不至于错误。唐太宗的做法值得后人借鉴。社会主义核心价值观倡导的民主是广泛的民主，绝不以牺牲多数人利益为代价来保护少数人的利益，同时又尊重和照顾少数人，充分反映

① 习近平：《青年要自觉践行社会主义核心价值观》，《人民日报》，2014 年 5 月 4 日。

和协调各方面的意愿和利益。有事好商量,众人的事情由众人商量,是人民民主的真谛。协商民主是实现党的领导的重要方式,是我国社会主义民主政治的特有形式和独特优势。领导干部要进行科学决策,也同样离不开其他人的意见和建议,尤其是来自广大人民群众的意见和建议。领导干部自身必须积极发扬民主精神,欢迎和鼓励人民群众提出批评和建议,以指导科学决策。

中国特色社会主义进入新时代,大学生肩负着民族复兴的历史使命,对国家、民族使命的担当应当表现在对国家政治、经济建设和发展的高度关注和积极参与上。因此,大学生要自觉培养民主意识,树立民主理念,践行民主实践,提升民主能力,为我国的民主制度建设做出贡献。

【教材内容链接】《思想道德与法治》第四章第一节“全体人民共同的价值追求”之“社会主义核心价值观的基本内容”——民主

【案例四】理政要道　中正平直

季康子问政于孔子,孔子对曰:“政者,正也。子帅以正,孰敢不正?”

——《论语·颜渊篇》

【案例分析】

季康子向孔子询问为政方面的事,孔子回答说:“‘政’的意思就是端正,您自己先做到端正,谁还敢不端正?”孔子认为,为政者先要身正,端正自己的言行,做好榜样。只有自己先做到公正无私、光明磊落,才能上行下效,使天下人都做到正道。

公正是人类的共同政治价值,也是社会主义的核心价值;是人类社会进步的标尺,也是中国共产党长期追求的根本目标。社会主义之所以最终要消灭经济上的剥削和政治上的压迫,归根结底是为了消除社会的不平等和不公正,使全体人民在政治、经济、文化诸方面享有同等的权利,从而实现人的全面发展和个性的充分解放。因此,实现公平正义不仅关系到社会的稳定与和谐,关系到党和国家的长治久安，而且关系到公民的基本权利，关系到人的全面发展和社会的全面进步。中共十八届三中全会将公平正义当作全面深化改革的出发点和落脚点。

青年是中国特色社会主义事业的接班人、是国家的未来和民族的希望。大学生要自我修炼、自我约束、自我塑造，在廉洁自律、公平正义上做出表率；要把促进公平正义作为价值追求，树立和践行社会主义公正观。

【教材内容链接】《思想道德与法治》第四章第一节“全体人民共同的价值追求”之“社会主义核心价值观的基本内容”——公正

【案例五】清心寡欲　正直无私

清心为治本，直道是身谋。秀干终成栋，精钢不作钩。仓充鼠雀喜，草尽兔狐愁。史册有遗训，毋贻来者羞。

——包拯《书端州郡斋壁》

【案例分析】

《书端州郡斋壁》这首诗写在广东端州的墙壁之上，包拯时任端州知州（即太守）。这首诗的意思是，清私心是治事的根本，讲直道是立身的宗旨。好木料终成栋梁，好钢材坚强不屈。谷仓里存粮丰富，那么偷吃公粮的鼠雀就会高兴。田野里无杂草，那么常啃青草的兔狐就会发愁。要牢记先贤留下的立身处事的教导，决不能让后人想到我而觉得羞耻。

全诗共四十字，展现了包拯为官、为人之道，即为官要清廉无私，奉行直道，操守正直；为人处世以刚直不阿为准则，宁折不弯，绝不被外力折服；要除暴安良，铲除这些贪官污吏赖以生存和为非作歹的条件，使其无法逞凶。

“开封有个包青天，铁面无私辨忠奸”，包拯是北宋名臣，廉洁公正、立朝刚毅、不附权贵、铁面无私、英明决断、敢于替百姓申不平，故有“包青天”及“包公”之名。“包青天”不以职位命名、不以谥号官称，而是以公平正直的品格，来世世代代地定性他，是古往今来的民众对他最爱戴的称呼。

我们国家大力弘扬的社会主义核心价值观，在社会层面的价值取向上，有一个词就是“公正”。公正，就是公平正直，就是能仰不愧于天、俯不怍于人，就是习近平引用《贞观政要》说的这一句：理国要道，在于公平正直。

【教材内容链接】《思想道德与法治》第四章第一节“全体人民共同的价值追求”之“社会主义核心价值观的基本内容”——公正

【案例六】崇尚法治　强国安邦

国无常强，无常弱。奉法者强则国强，奉法者弱则国弱。……故有荆庄、齐桓则荆、齐可以霸，有燕襄、魏安釐则燕、魏可以强。今皆亡国者，其群臣官吏皆务所以乱，而不务所以治也。其国乱弱矣，又皆释国法而私其外，则是负薪而救火也，乱弱甚矣！

——《韩非子·有度》

【案例分析】

韩非子是战国时期法家思想的集大成者。“有度”，就是有法度。韩非子把“奉法”作为治乱兴亡的关键。这段话的意思是，国家不会永远富强，亦不会长久贫弱。执行法度的人坚决，国家就会富强；执行法度的人软弱，国家就会贫弱。

韩非子认为，各国皆有法度，关键是能否秉公执法。他以荆庄王（楚庄王）、齐桓公、燕襄王、魏安王为例，说明君主若能坚决推行法治，国家就能强盛，“故有荆庄、齐桓则荆、齐可以霸，有燕襄、魏安则燕、魏可以强”。他接着指出：“今皆亡国者，其群臣官吏皆务所以乱，而不务所以治也。其国乱弱矣，又皆释国法而私其外，则是负薪而救火也，乱弱甚矣！”意思是，现在这些国家都已衰落，是由于他们的大臣官吏，都去做使国家乱而不是使国家治的事情。国家已经衰落，又都舍弃国法而营求私利，如同负薪救火，国家就更衰落了。

卢梭曾经说过："规章只不过是穹隆顶上的拱梁，而唯有慢慢诞生的风尚才最后构成那个穹隆顶上的不可动摇的拱心石"。管用而有效的法律，既不是铭刻在大理石上，也不是铭刻在铜表上，而是铭刻在公民的内心里。如何让法治成为全民的信仰？这就需要像这句古语一样，让"奉法者强"。作为领导干部和立法、司法、执法者，一定要首先在实践中贯彻法治思维，做到知行合一、铁面无私。习近平强调，要"努力让人民群众在每一个司法案件中都能感受到公平正义"[①]，人民群众的法治信仰，就是建立在这种"守法者得利，违法者受罚"的司法、执法过程中，建立在这种管用有效、已定必行的法制体系上。

在当代中国，全面推进依法治国，加快建设社会主义法治国家，是坚持和发展中国特色社会主义的本质要求和重要保障，是实现国家治理体系和治理能力现代化的必然要求，事关我们党执政兴国、事关人民幸福安康、事关党和国家长治久安。社会主义核心价值观倡导的法治，不是对资本主义法治理念的照搬照抄，而是立足中国的社会现实和文化传统，坚持党的领导、人民当家作主、依法治国的有机统一。新时代大学生要提高运用法治思维和法治方式的能力。

【教材内容链接】《思想道德与法治》第四章第一节"全体人民共同的价值追求"之"社会主义核心价值观的基本内容"——法治

【案例七】精忠报国　义不容辞

臣鞠躬尽瘁，死而后已。

——诸葛亮《出师表》

僵卧孤村不自哀，尚思为国戍轮台。

——陆游《十一月四日风雨大作》

① 《习近平关于全面依法治国论述摘编》，中央文献出版社，2015 年，第 65~66 页。

保国者，其君其臣肉食者谋之；保天下者，匹夫之贱与有责焉耳。

——顾炎武《日知录·正始》

【案例分析】

诸葛亮在《出师表》中指出要为国家勤勤恳恳，竭尽心力，到死为止。

南宋时期的爱国诗人陆游在《十一月四日风雨大作》一诗中指出：我直挺挺躺在孤寂荒凉的乡村里，没有为自己的处境而感到悲哀，心中还想着替国家防卫边疆。

明末清初杰出的思想家顾炎武在《日知录》中指出：保卫国家是那些做君做臣吃俸禄的人的事情，老百姓不用去管；保住天下，才是每一个老百姓要努力的。实际上就是我们经常所说的“天下兴亡，匹夫有责”。

自古以来，我们从不缺乏爱国的有志之士，他们用诗句表达了自己的爱国之情，同时在各自的时代也展现了他们的爱国之行。爱国是最深沉、最持久的情感，是新时代每个人应当遵循的最基本的价值观念和道德准则，也是中华民族的优良传统。社会主义核心价值观所倡导的爱国，就是要我们把个人价值的实现与国家的发展结合起来，把人生意义的提升同增进人民的福祉结合起来，增强对国家历史和文化的认同，增强我们作为中国人的底气和骨气，同时，还要将个人梦与国家梦紧密结合，在为国家繁荣发展的过程中贡献自己的力量，从而更好地把我们的国家建设好。

【教材内容链接】《思想道德与法治》第四章第一节“全体人民共同的价值追求”之“社会主义核心价值观的基本内容”——爱国

【案例八】忧国忧民　感时伤怀

国破山河在，城春草木深。

感时花溅泪，恨别鸟惊心。

烽火连三月，家书抵万金。

白头搔更短，浑欲不胜簪。

——杜甫《春望》

【案例分析】

长安沦陷，国家破碎，只有山河依旧；春天来了，人烟稀少的长安城里草木茂密。感伤国事，不禁涕泪四溅，鸟鸣惊心，徒增离愁别恨。连绵的战火已经延续到了现在，家书难得，一封抵得上万两黄金。愁绪缠绕，搔头思考，白发越搔越短，简直插不了簪了。

诗人记忆中昔日长安的春天是何等的繁华，鸟语花香，飞絮弥漫，烟柳明媚，游人迤逦，可是那种景象今日已经荡然无存了。反映了同时代的人们热爱国家、期待和平的美好愿望，表达了大家一致的内在心声，也展示出诗人忧国忧民、感时伤怀的高尚情感。

爱国，是社会主义核心价值观的核心，是每个公民的义务和责任。爱国具有鲜明的时代特征，只有把爱国作为不可须臾离弃的价值观，贯穿民族复兴整个历史过程，才能不断增强中华儿女对中华民族的认同、对中华文化的认同、对中国特色社会主义的认同，朝着“富强、民主、文明、和谐”的理想迈进。

【教材内容链接】《思想道德与法治》第四章第一节“全体人民共同的价值追求”之“社会主义核心价值观的基本内容”——爱国

【案例九】国辱难堪　极度忧伤

九十韶光如梦里。寸寸关河，寸寸销魂地。落日野田黄蝶起，古槐丛荻摇深翠。惆怅玉箫催别意。蕙些兰骚，未是伤心事。重叠泪痕缄锦字，人生只有情难死。

——文廷式《蝶恋花·九十韶光如梦里》

【案例分析】

九十天的春光匆匆而过，如在梦里，一寸寸的山河、每一寸的土地都让人极度哀痛。落日之下野田里黄蝶飞舞，古槐树和丛荻摇曳着枝条，显出一片浓碧。玉箫吹奏起惆怅失意的音调，催人别离，但个人的挫折和失意，并不是令我伤心的事。在热泪纵横的悲愤中封好了信封，人生中只有真挚的感情才永不会死。

文廷式(1856—1904)，中国近代著名爱国诗人、词家、学者，在甲午战争时期主战反和，并积极致力于维新变法运动，是晚清政治斗争中的关键人物之一。中日甲午战争，当时号称世界第二大战，天时地利占全了的北洋舰队，在日本舰队面前不堪一击，这首词即感此而作。“九十韶光如梦里”，感慨昔日天朝大国的强盛，“寸寸关河，寸寸销魂地”，则谓甲午战争后割地。“落日”二句写战乱后的萧条荒芜，黍离之悲。“蕙些兰骚，未是伤心事”，意谓即使是充满激愤的《招魂》《离骚》，同自己内心的苦痛相比，也算不得什么。

这首词属于婉约词，是一种配乐歌唱的新体诗，词人多通过抒写离愁别恨，歌颂爱情的真挚，也往往抒写感时伤世之情，把家国之恨、身世之感，或打入艳情，或寓于咏物，表面看似抒写爱情，描摹物象，实际上却别有寄托。这首词即是借咏男女离别寄托心忧国运之情，沉痛哀艳。爱国是最深沉、最持久的情感，是每个公民应当遵循的最基本的价值观念和道德准则，也是中华民族的优良传统。爱国是中华民族最稳定的文化基因，是国人自古以来就普遍认可的道德标准。时至今日，经过数千年的沉淀、特别是百年来反帝自强斗争的洗礼，爱国主义已然内化成了中华民族民族精神的核心，构成了实现中国梦的精神支柱。

【教材内容链接】《思想道德与法治》第四章第一节“全体人民共同的价值追求”之“社会主义核心价值观的基本内容”——爱国

【案例十】诚信借阅　遍观群书

余幼时即嗜学。家贫，无从致书以观，每假借于藏书之家，手自笔录，计日以还。天大寒，砚冰坚，手指不可屈伸，弗之怠。录毕，走送之，不敢稍逾约。以是人多以书假余，余因得遍观群书。

——宋濂《送东阳马生序》

【案例分析】

宋濂被明太祖朱元璋誉为“开国文臣之首”。小时候，他家里很穷，没钱买书，只好向朋友借，每次借书，他都讲好期限，按时还书，从不违约。一次，他借到一本书，读得爱不释手，便决定把它抄下来。可是还书的期限快到了，他只好连夜抄书。天气酷寒时，砚池中的水冻成了坚冰，手指不能屈伸，他仍不放松抄书。抄写完后，赶快送还人家，不敢稍稍超过约定的期限。因此人们大多肯将书借给他，他因而能看各种各样的书。

本文是作者以自己青少年时期在艰难条件下刻苦学习的经历，劝勉当时的马生不要辜负良好条件，要刻苦读书，以期有成。文章中“走送之，不敢稍逾约”的“走”字和“稍”字，强调了他坚守信约，决不耽误，即使困难再大，也是这样。正因为如此，人们才乐于借书给他，他也才有可能“遍观群书”。

党的十八大以来，习近平总书记在国内外多个重要场合强调诚信的重要性，诚信精神源远流长。在社会主义核心价值观中，爱国、敬业、诚信、友善是公民的基本道德规范，其中诚信即诚实守信，是人类社会千百年传承下来的道德传统，也是社会主义道德建设的重点内容，它强调诚实劳动、信守承诺、诚恳待人。诚实守信是为人之本，从业之要，做人是否诚实守信，是一个人品德修养状况和人格高尚的表现，是能否赢得别人尊重和友善的重要前提条件之一。

作为未来要承担起民族复兴伟业的时代青年，我们要从自身做起，在传统文化中汲取养分、向榜样典范学习效仿、用实际行动践行诚信，守好公民道德的“诚信”基石，坚定传统文化贯穿始终的诚信精神。

【教材内容链接】《思想道德与法治》第四章第一节“全体人民共同的价值追求”之“社会主义核心价值观的基本内容”——诚信

【案例十一】不诚失信　自取祸端

济阴之贾人，渡河而亡其舟，栖于浮苴(chá)之上，号焉。有渔者以舟往救之，未至，贾人急号曰：“吾乃济阴之巨室也，能救我，予尔百金！”渔者载而升诸陆，则予十金。渔者曰：“向许百金，而今予十金，无乃不可乎！”贾人勃然作色曰：“若，渔者也，一日能获几何？而骤得十金，犹为不足乎？”渔者黯然而退。他日，贾人浮吕梁而下，舟薄于石又覆，而渔者在焉。人曰：“盍救诸？”渔者曰：“是许金不酬者也。”立而观之，遂没。

——刘基《郁离子》

【案例分析】

济阳有个商人过河时船沉了，他抓住一根大麻杆高声呼救。有个渔夫闻声而致，商人急忙喊：“我是济阳最大的富翁，你若能救我，我给你一百两金子。”待救上岸后，商人却翻脸不认账了。他只给了渔夫十两金子。渔夫责怪他不守信，出尔反尔。富翁说：“你一个打鱼的，一生都挣不了几个钱，突然得十两金子还不满足吗？”渔夫只得怏怏而去。不料想后来那个富翁又一次原地翻船了。有人欲救，那个曾被他骗过的渔夫说：“他是个说话不算数的人！”于是商人被淹死在河中。

诚信是个人立身处世的基本价值规范，是社会存续发展的重要价值基石。社会主义核心价值观倡导的诚信，就是要以诚待人、以信取人。孟子有云：“车无辕而不行，人无信则不立。”(《孟子·离娄上》)可见，人在社会上如果不讲信用，肯定没有人愿意与其交往，更不会赢得别人的信任。故事中的商人正是因为缺少诚信，才失去了渔夫的信任，所以第二次翻船时没有人愿意去救他，最终淹死于河中。

诚实守信是立身处世的基本原则之一。大学生是未来建设社会主义现代化事业的中坚力量，将担当民族复兴的重任。作为新世纪的大学生，我们应该具备固守诚信，讲信用、守诺言的优秀品质，建立良好的信用关系，努力构建言行一致、诚信有序的社会。

【教材内容链接】《思想道德与法治》第四章第一节“全体人民共同的价值追求”之“社会主义核心价值观的基本内容”——诚信

【案例十二】诚以待人　信以立国

夫诚者，君子之所守也，而政事之本也，唯所居以其类至。

——《荀子·不苟》

【案例分析】

真诚，是君子的操守，政治的根本。只要立足真诚，同类就会聚拢来了。

人无信不立，国无信不强。古人把守信看作是做人非常重要的品行之一。如果没有信用，什么事也干不好。人与人之间的交往，关键是要讲信用。讲究“言必行，信必果”。（《论语·子路》）做人要诚信，为政也要诚信。政府诚信是社会诚信的一大支柱，党的干部理应成为求真务实的表率，把说真话、办实事作为政德底线，如此才能用好手中权力，取信于民。如果容忍造假行为、宽纵造假干部，让造假者行得通，难免形成恶劣的破窗效应，也会让不少公众面对干部简历“自发”地滋生怀疑的情绪。正如孔子所言：“去食。自古皆有死，民无信不立。”（《论语· 颜渊》）

诚信属于道德范畴，没有重量，也无标价，却可以使一个人轻如鸿毛或身败名裂，也可以使一个人重如泰山或名垂千史。言而无信之人，他的灵魂便一文不值，甚至让人唾弃；诚实守信之人，其心灵高贵得让人仰慕。

有这样一个故事。魏文侯和管理山林的官员约定好去打猎。这天，魏文侯和大臣们在宫中喝酒喝得很开心，天下起了雨。魏文侯将要出去，大臣们说：

“今天喝酒这么开心，天又下大雨，大王要去哪里呢？”魏文侯说：“我和管理山林的人约好去打猎。虽然现在很快乐，难道我可以不遵守约定吗？”于是他就出去了，亲自来到管理山林的人那里取消了这次打猎活动。

言而有信。魏文侯作为一国之君，他完全可以派人去告诉管理山林的官员取消打猎活动就可以，但是魏文侯执意亲自前往，在他看来，约定好的事情，是不能轻易违背的，哪怕是有特殊情况，也应该亲自通知对方，以免让人苦等，这是对别人的尊重。正如《吕氏春秋·贵信》中所强调的那样，“凡人主必信。信而又信，谁人不亲？”王安石也说：“自古驱民在信诚，一语为重百金轻。”正是因为魏文侯言而有信，信义昭著，才赢得了民众的信任，魏国才能变得强大。可见，言而有信不仅是一种美德，更是一种政治力量。

【教材内容链接】《思想道德与法治》第四章第一节“全体人民共同的价值追求”之“社会主义核心价值观的基本内容”——诚信

【案例十三】以信立国　以信取民

夫信者，人君之大宝也。国保于民，民保于信；非信无以使民，非民无以守国。是故古之王者不欺四海，霸者不欺四邻，善为国者不欺其民，善为家者不欺其亲。不善者反之，欺其邻国，欺其百姓，甚者欺其兄弟，欺其父子。上不信下，下不信上，上下离心，以至于败。所利不能药其所伤，所获不能补其所亡，岂不哀哉！昔齐桓公不背曹沫之盟，晋文公不贪伐原之利，魏文侯不弃虞人之期，秦孝公不废徙木之赏。此四君者道非粹白，而商君尤称刻薄，又处战攻之世，天下趋于诈力，犹且不敢忘信以畜其民，况为四海治平之政者哉！

——司马光《资治通鉴·卷三》

【案例分析】

司马光说：“信誉，是君主至高无上的法宝。国家靠人民来保卫，人民靠信誉来保护；不讲信誉无法使人民服从，没有人民便无法维持国家。所以古代成就王道者不欺骗天下，建立霸业者不欺骗四方邻国，善于治国者不欺骗人民，善于治家者不欺骗亲人。”几千年以来，凡是立志要做明君，要强国富民的皇帝，无不把它奉作金科玉律。大到一个国家，中到一个团体，小到一个家庭和个人，无信不立。这是千古不易之理。再看看古今中外的老商号、老企业，无一不是以诚信立足，靠诚信打天下，才有数百年屹立不倒之发展。

司马光接着说：“只有蠢人才反其道而行之，欺骗邻国，欺骗百姓，甚至欺骗兄弟、父子。上不信下，下不信上，上下离心，以致一败涂地。靠欺骗所占的一点儿便宜救不了致命之伤，所得到的远远少于失去的，这岂不令人痛心！”司马光举了四个例子来说明古代帝王对于诚信、信誉的重视。当年齐桓公不违背曹沫以胁迫手段订立的盟约，晋文公不贪图攻打原地而遵守信用，魏文侯不背弃与山野之人打猎的约会，秦孝公不收回对移动木杆之人的重赏，这四位君主的治国之道尚且称不上完美，而公孙鞅可以说是过于刻薄了，但他们处于你攻我夺的战国乱世，天下尔虞我诈、斗智斗勇之时，尚且不敢忘记树立信誉以收服人民之心，又何况今日治理一统天下的当政者呢！今天的书本上常常看到这样的话，“几千年以前的古人尚且能做到的事情，今天的我们也一定能做到……”遗憾的是，还是有某些公司、企业的决策者被一时的利益蒙住了眼睛，不讲诚信，最终一败涂地。

《庄子·盗跖》里有一个小故事：“尾生与女子期于梁（桥）下，女子不来，水至不去，抱梁柱而死。”如果把这样的故事放到今人的眼中去看，恐怕只能是一个笑话，但是我们能从这里面看到古人对于诚信是有多么严格的要求。社会在发展，人类在进步。但在前行的路上，我们是否也该反思一下，可曾丢掉了什么比急急忙忙赶路还要重要的东西？比如诚信。

【教材内容链接】《思想道德与法治》第四章第一节“全体人民共同的价值追求”之“社会主义核心价值观的基本内容”——诚信

【案例十四】人以信立身　国以信得存

子曰：人而无信，不知其可也。大车无輗，小车无軏，其何以行之哉！

子贡问政。子曰："足食，足兵，民信之矣。"子贡曰："必不得已而去，于斯三者何先？"曰："去兵。"子贡曰："必不得已而去，于斯二者何先？"曰："去食。自古皆有死，民无信不立。"

——《论语·为政》

【案例分析】

孔子说："人要是不讲信用，不知道他还能做什么。就像大车没有了輗，小车没有了軏，它靠什么行走呢？"（"輗"和"軏"是古代车子上连接车辕和车轭的插销，大车的叫"輗"，小车的叫"軏"。没有了輗和軏，车子是不能行走的。）

子贡向孔子问如何为政，孔子说："只要有充足的粮食、军队和信任就可以了。"子贡再问："如果这三个不能同时保留，去掉哪一个呢？"孔子说："去掉军队。"子贡再问："如果剩下的两个不能同时保留，去掉哪一个呢"？孔子说："去掉粮食，人总会死，但是人无信就无法立足。"

孔子用"大车无輗，小车无軏"来形容一个没有诚信的人，是富有象征意味的："輗"和"軏"本身虽然不为车子提供动力，却是连接车辕和车轭的关键。诚信虽然本身不是一种能力，却是把人与人组织连接起来的关键，没有了诚信，就算个人本事再大，也无法在社会上立足成事。

古往今来，诚信的力量从来都不容忽视。对个人而言，诚信是立身之本，是做人做事必须坚守的道德底线；对社会而言，诚信是公序良俗，是社会和谐和睦的基本前提；对国家而言，诚信是软实力，是国家发展、国际交往不可或缺的重要基石。

国家要强大，不仅要在经济、国防上下功夫，更重要的是依道治国，得民心者得天下。

【教材内容链接】《思想道德与法治》第四章第一节"全体人民共同的价

值追求”之“社会主义核心价值观的基本内容”——诚信

【案例十五】言行一致　诚实守信

言必信，行必果。

——《论语·子路》

【案例分析】

“信”是守信，而“果”是有结果的。它的意思是说话一定要守信，做事一定要坚持到底，一定要有结果。

儒家是极重视诚信的，儒家提倡的“五常”是中国价值体系中最核心的因素，为中华民族留下了宝贵的道德精神财富，“信”作为“五常”之一，可见其分量之重。

从历史上看，讲诚信是中华民族的传统美德。在中国传统文化中，有许许多多我们都耳熟能详的名言警句，表达了中华儿女对诚信的重视。比如“一言九鼎”“一言既出，驷马难追”“小信成则大信立”。诚信已经融入中华儿女的基因和血脉之中，成为中华儿女“修身、齐家、治国、平天下”的价值追求。因此，习近平强调，要“深入挖掘和阐发中华优秀传统文化讲仁爱、重民本、守诚信、崇正义、尚和合、求大同的时代价值，使中华优秀传统文化成为涵养社会主义核心价值观的重要源泉”[①]。

从现实来看，守诚信是实现中国梦的时代要求。习近平说：“企业无信，则难求发展；社会无信，则人人自危；政府无信，则权威不立。”[②]所以说，实现中华民族伟大复兴的中国梦，就需要诚信这个法宝带动起整个社会的力量，更好地构建诚信社会，共建诚信中国。

【教材内容链接】《思想道德与法治》第四章第一节“全体人民共同的价

① 《习近平谈治国理政》（第一卷），外文出版社，2018 年，第 164 页。

② 习近平：《之江新语》，浙江人民出版社，2007 年，第 18 页。

值追求”之“社会主义核心价值观的基本内容”——诚信

【案例十六】诚信无隐　终获重用

晏元献公为童子时，张文节荐之于朝廷，召至阙下。适值御试进士，便令公就试。公一见试题，曰：“臣十日前已作此赋，有赋草尚在，乞别命题。”上极爱其不隐。

及为馆职，时天下无事，许臣寮择胜燕饮。当时侍从文馆士大夫为宴集，以至市楼酒肆，往往皆供帐为游息之地。公是时贫甚，不能出，独家居，与昆弟讲习。一日，选东宫官，忽自中批除晏殊。执政莫谕所因，次日进复，上谕之曰：“近闻馆阁臣寮，无不嬉游燕赏，弥日继夕。唯殊杜门，与兄弟读书。如此谨厚，正可为东宫官。”

公既受命，得对，上面谕除授之意，公语言质野，则曰：“臣非不乐宴游者，直以贫无可为之。臣若有钱亦须往，但无钱不能出耳。”上益嘉其诚实，知事君体，眷注日深。仁宗朝，卒至大用。

——沈括《梦溪笔谈·人事一》

【案例分析】

晏元献公（晏殊，北宋著名文学家、政治家）还是孩子时，张文节就把他推荐给朝廷，召至京城。正值殿试进士，皇上便令晏公就试。晏公一见试题，就说：“臣十天前已作过此赋，有赋的草稿还在，请另外命题。”皇上极喜欢他的不隐瞒。

等到晏公为馆职，当时天下太平，允许各部门臣僚同事选择胜地聚会宴饮。当时文馆的侍从士大夫各为宴集，以至街市楼堂酒肆，往往都供设帷帐成为游乐憩息之所。宴公那时贫困异常，不能出游，就独自在家中与兄弟们讲学读书。有一天，朝廷选东宫官，忽然宫中传出皇上的批示，授晏殊为此官。执政大臣不明白其中的缘由，第二天入见皇上核实，皇上解释说：“近来听说馆阁臣僚无不嬉戏游乐、宴会赏景，流连尽日又继以夜晚，只有晏殊闭门不出而与兄弟们读书。如此谨厚，正可为东宫官。”

晏公既受命为此职，得以入见皇上，皇上当面向他说明要授他为东宫官的用意。晏公语言质朴，就说：“臣并非不喜欢宴集游乐，仅仅是因为贫困，没有游乐的条件。臣要是有钱，也会参加，只是无钱不能出门。”皇上更欣赏他的诚实，认为他懂得事君的大体，眷顾关注日益深厚。到仁宗朝他终于获得重用。

晏殊坦言试题是自己做过的，请皇帝另外命题；他还向皇帝坦言自己并不是不喜欢宴集游乐，而只是因为贫困，没有条件游乐。晏殊始终不为功名利禄而弄虚作假，也正因为他的诚信，才得到了皇帝的赏识而得以重用。

诚信是大学生全面发展的前提。社会主义核心价值观倡导的诚信，就是要以诚待人、以信取人，说老实话、办老实事、做老实人。大学生只有养成诚实守信的道德品质，才能真正忠诚于国家和民族的事业，牢固确立在中国共产党领导下走中国特色社会主义道路，为实现中华民族伟大复兴终生奋斗的理想信念。

【教材内容链接】《思想道德与法治》第四章第一节“全体人民共同的价值追求”之“社会主义核心价值观的基本内容”——诚信

【案例十七】言必行　行必果

昔吴起出，遇故人而止之食。故人曰：“诺，期返而食。”起曰：“待公而食。”故人至暮不来，起不食而待之。明日早，令人求故人。故人来，方与之食。起之不食以俟者，恐其自食其言也。其为信若此，宜其能服三军欤？欲服三军，非信不可也！

——宋濂《吴起守信》

【案例分析】

吴起出门,碰到了老朋友,就留人家一起吃饭。老朋友说:“好吧。马上就会回来吃饭。”吴起说:“我等您来吃饭。”老朋友到晚上还没来,吴起不吃饭等候着他。第二天早上,就派人去请老朋友。老朋友来了,吴起才和他一起吃饭。吴起不吃饭而等候老朋友的原因是怕自己说了话不算数。他坚守信用到如此程度,这是能使军队信服的缘由吧!要想使军队信服,作为将领不守信用是不行的。

这个故事体现了吴起诚实守信、以身作则、为人讲信用、待人诚恳的品质。正是因为这样,吴起才能让军队信服,成为我国古代著名的军事家,也是兵家的代表人物,后世人将他与孙武并称为“孙吴”。

《吴起守信》的故事启发我们为人要讲信用,待人诚恳守信。诚信是个人立身处世的基本价值规范,更是社会存续发展的重要价值基石。《论语·学而》中也有“与朋友交,言而有信”的论述,同样说明了诚信的重要性。这些都与社会主义核心价值观倡导的诚信具有一脉相承的关系。诚实守信是一种道德品质和道德观念,更是每一个公民的道德责任。大学生要始终坚持社会主义核心价值观倡导的诚信,遵信守诺、言行一致,诚实做人、诚信做事。

【教材内容链接】《思想道德与法治》第四章第一节“全体人民共同的价值追求”之“社会主义核心价值观的基本内容”——诚信

第二节　社会主义核心价值观的显著特征

真理的力量加上道义的力量,才能行之久远。社会主义核心价值观体现了社会主义意识形态的本质要求,体现了社会主义制度在思想精神层面上的质的规定性,以其先进性、人民性、真实性站在人类道义的制高点上,彰显独特而强大的价值观优势。

本节精选10个案例，从中华优秀传统文化中阐释反映人类社会发展进步的价值理念、彰显人民至上的价值立场和因真实可信而具有强大的道义力量。

【案例一】惟恐不雨 犹恐春阴

桑条无叶土生烟，箫管迎龙水庙前。

朱门几处看歌舞，犹恐春阴咽管弦。

——李约《观祈雨》

【案例分析】

旱情严重，桑树枝不生叶，土地干燥，腾起的尘土好像烟雾，人们吹奏着乐器到龙王庙祈求降雨。但是富贵人家整天听歌看舞，还怕春天的阴雨使管弦乐器受潮而发不出悦耳的声音。

水庙前是无数小百姓，箫管追随，恭迎龙神；而少数“几处”豪家，同时也在品味管弦，欣赏歌舞。一方是惟恐不雨；一方却“犹恐春阴”。惟恐不雨者，是因生死攸关的生计问题；“犹恐春阴”者，则仅仅是怕丝竹受潮，声音哑咽而已。这样，一方是深重的殷忧与不幸，另一方是荒嬉与闲愁。通过大旱之日两种不同生活场面、不同思想感情的对比，深刻揭露出统治阶级不顾劳动人民疾苦，终年贪图享乐、醉生梦死的社会现实。

作为社会意识的价值观念是社会存在的反映。在阶级社会中，核心价值观体现的是这个社会占统治地位阶级的根本利益。奴隶社会的核心价值观体现奴隶主阶级的根本利益，封建社会的核心价值观体现封建地主阶级的根本利益，资本主义社会的核心价值观体现资产阶级的根本利益。社会主义核心价值观同社会主义经济基础和上层建筑相适应，“社会主义”是社会主义核心价值观的“底色”，它是站在最大多数人民的价值立场上，提出自己的价值目标和价值追求。体现了社会主义制度在思想精神层面的质的规定性，充分彰显了社会主义社会的本质要求。

【教材内容链接】《思想道德与法治》第四章第二节“社会主义核心价值观的显著特征”之“反映人类社会发展进步的价值理念”——体现社会主义的本质属性

【案例二】趋时适治　广采博取

天下之治，有因有革，期于趋时适治而已。

——脱脱《宋史·卷三三四·徐禧传》

【案例分析】

治理天下的办法，有继承有变革，但都是为了能符合时代需要，达到治理的目的。

人类社会发展的实践证明，历史总是在继承和超越中前进的。资本主义的出现，开创了生产力快速发展的时代，是人类历史发展的重要阶段。社会主义代替资本主义，并不意味着社会主义要全盘否定和抛弃资本主义创造的一切成果，也不意味着社会主义不与资本主义发生任何联系。相反，社会主义要体现出相对资本主义的优势并最终战胜资本主义，必须大胆借鉴和吸收包括资本主义文明在内的一切人类文明成果，创造出高于资本主义国家的社会生产力和物质文化生活水平。

社会主义核心价值观吸纳了世界文明的有益成果。博采众长、兼容并蓄是中华文明的气质，社会主义核心价值观以海纳百川的气度广泛吸收和借鉴了包括资本主义文明成果在内的人类一切文明成果，萃取精华、融会贯通，形成了具有世界视野、中国气派的价值观。

【教材内容链接】《思想道德与法治》第四章第二节“社会主义核心价值观的显著特征”之“反映人类社会发展进步的价值理念”——吸纳世界文明有益成果

【案例三】交流互鉴　博采众长

古法之佳者守之，垂绝者继之，不佳者改之，未足者增之，西方画之可采入者融之。

——徐悲鸿《中国画改良论》

【案例分析】

古代画法好的去遵守，接近失传的去继承，不好的去修改，不完整的去补充，西洋画中可以采纳的就加以融会贯通。

20世纪，中国传统绘画的活力枯竭和流失，面对这种情况，徐悲鸿提出："古法之佳者守之，垂绝者继之，不佳者改之，未足者增之，西方画之可采入者融之。"以简洁的十字：守之、继之、改之、增之、融之勾勒了一个解决中国画危机的框架，并借此构筑了一个中国绘画得以继续衍生的堡垒，同时也开启了堡垒之窗，阐明了文化交流互鉴的重要性。一种民族文化，无论它曾经多么的丰富、多么的先进、多么的伟大、多么的辉煌，如果把自己封闭起来，与外部世界相隔绝，不仅难以保持自我更新、自我发展的生命力，也不可能获得世界性的文化价值和意义。

习近平强调："文明因多样而交流，因交流而互鉴，因互鉴而发展。"[①]社会主义是脱胎于资本主义的，但民主、自由、平等、公正、法治从不是资本主义的"专属"，而是人类几千年文明成果的积淀和升华，社会主义核心价值观在吸收人类优秀价值理念的基础上，以中国经验、中国实践为民主、自由、平等、公正、法治等价值理念赋予社会主义性质，代表了人类社会前进的方向和价值理念。

【教材内容链接】《思想道德与法治》第四章第二节"社会主义核心价值观的显著特征"之"反映人类社会发展进步的价值理念"——吸纳世界文明

① 《习近平在亚洲文明对话大会开幕式上的主旨演讲》，新华网，http://www.xinhuanet.com/politics/leaders/2019-05/15/c_1124497022.htm。

有益成果

【案例四】包罗万象　兼容并蓄

其象者，日月、乾坤、寒暑、雌雄、昼夜、阴阳等，所以包罗万象，举一千从，运变无形而能化物。大矣哉，阴阳之理也。

——《黄帝内经》

【案例分析】

所谓象数，就是日月、乾坤、寒暑、雌雄、昼夜、阴阳等，包括了形形色色一切景象，举一个例子，千百个例子都可通了，它变幻无穷，化生万物。这阴阳之理，真是博大得很啊！

上述案例是成语包罗万象的出处，形容事物内容丰富，无所不有。2014年习近平总书记在北京大学考察时指出："我们提倡的社会主义核心价值观，把涉及国家、社会、公民的价值要求融为一体，既体现了社会主义本质要求，继承了中华优秀传统文化，也吸收了世界文明有益成果，体现了时代精神。"①这一重要论断对社会主义核心价值观的形成有了明确指向，不仅继承了中华优秀传统文化，也虚心学习借鉴了人类社会创造的文明成果。一个国家的崛起不仅仅是经济腾飞，更是文化和价值观的崛起。历史表明，勇于吸收世界文明有益成果的国家，往往能够迅速崛起于世界民族之林。

【教材内容链接】《思想道德与法治》第四章第二节"社会主义核心价值观的显著特征"之"反映人类社会发展进步的价值理念"——吸纳世界文明有益成果

---

① 习近平：《青年要自觉践行社会主义核心价值观——在北京大学师生座谈会上的讲话》，《人民日报》，2014年5月5日。

【案例五】万事纷杂　以人为本

天地之大，黎元为先。

——房玄龄等《晋书·宣帝纪·制曰》

【案例分析】

天地虽然广袤无垠，但是黎民百姓才是国家的根本。

人民群众决定着一个国家与民族的前途命运，只有把人民放在最高的位置，时时刻刻关心其获得感、安全感、幸福感才能兴邦强国！纵观人类社会发展的历史，人民群众在社会历史发展中具有主体作用，人民群众是历史的创造者，所以站在人民的立场，为人民谋福利、谋利益，是马克思主义最根本的政治立场，中国共产党为人民而生，因人民而兴。中国共产党始终坚持以人民为中心的思想，而社会主义核心价值观坚持人民历史主体地位，代表最广大人民的根本利益，反映最广大人民的价值诉求，引导最广大人民为实现美好社会理想而奋斗。人民性是社会主义核心价值观的根本特性。

【教材内容链接】《思想道德与法治》第四章第二节“社会主义核心价值观的显著特征”之“彰显人民至上的价值立场”——尊重人民群众历史主体地位

【案例六】民贵君轻　民为邦本

圣人无常心，以百姓心为心。

——《道德经·第四十九章》

民之所好好之，民之所恶恶之，此之谓民之父母。

——戴圣《礼记·大学》

民惟邦本，本固邦宁。

——《尚书·夏书·五子之歌》

民为贵，社稷次之，君为轻。

——《孟子·梁惠王上》

天之生民，非为君也，天之立君，以为民也。

——《荀子·大略》

治国有常，而利民为本；政教有经，而令行为上。

——刘安及其门客共撰《淮南子·氾论训》

天下之治乱，不在一姓之兴亡，而在于民之忧乐。

——黄宗羲《明夷待访录·原臣》

【案例分析】

老子在《道德经》中指出："圣人"没有固定的想法，要将百姓的想法作为自己的想法。这是一种典型的人民至上的理念。

《礼记·大学》中指出：老百姓喜欢什么，当权者就喜欢什么；老百姓厌恶什么，当权者就厌恶什么，这样才称得起是老百姓的父母官。

《尚书》中指出：人民是国家的根本，根本牢固，国家就安宁。

《孟子·梁惠王上》中指出：把人民放在第一位，国家其次，君在最后。

《淮南子·氾论训》中指出：治理国家有不变的法则，但最根本的是让人民获利；政治教化也有固定的模式，但最紧要的是让政令畅通无阻。

清代黄宗羲在《明夷待访录》中指出：判断天下是安定还是混乱，不是以一姓的兴旺为标准，而是以万民的忧愁和快乐为标准。

古代思想家们民贵君轻的民本思想，与以人民为中心的思想不谋而合。在2020年抗击新冠肺炎疫情的斗争中，人民至上、生命至上成为最为醒目的价值导向，深刻彰显了我国社会主义核心价值观的人民性。习近平深刻指出："什么叫人民至上？这么多人围着一个病人转，这真正体现了不惜一切代价。"[①]因为中国共产党的根本宗旨是全心全意为人民服务，我们的国家是人民当家作主的社会主义国家。鲜明的人民性，使得社会主义核心价值观具有强大的感召力。

① 习近平：《从人民中汲取磅礴力量》，《人民日报》，2020年5月29日。

【教材内容链接】《思想道德与法治》第四章第二节“社会主义核心价值观的显著特征”之“彰显人民至上的价值立场”——体现以人民为中心的价值导向

【案例七】顺民意　应民心

唯仁人放流之，迸诸四夷，不与同中国。此谓唯仁人为能爱人，能恶人。见贤而不能举，举而不能先，命也；见不善而不能退，退而不能远，过也。好人之所恶，恶人之所好，是谓拂人之性，菑必逮夫身。是故君子有大道，必忠信以得之，骄泰以失之。好人之所恶，恶人之所好，是谓拂人之性，菑必逮夫身。

——曾子《大学·第十一章》

【案例分析】

只有仁德的人能把这种嫉妒贤人的人流放，驱逐到边远地区，使他们不能留在国家的中心地区。这叫作只有仁德的人能够爱人，能够恨人。看到贤人而不举荐，举荐了但不尽快使用，这是怠慢。看到不好的人却不能摈弃，摈弃了却不能放逐到远方，这是过错。喜欢人所厌恶的，厌恶人所喜欢的，这是违背了人性，灾害必然会降临到他的身上。因此，君子所有的高尚德行，一定要忠诚老实才能够获得，骄纵放肆便会失去。曾子提示我们：那些成大业的大人，必须能够识人和用人，而真正能做到识人和用人，必须要有大的胸怀和大的智慧，并且忠告我们唯仁人能爱人，能恶人。也就是说，只有内心有仁德的人，才可能有大胸怀，才会以天下人心为心。因为有了大智慧的人，才能够明天理遵天道，从而管控自己的私欲。

荀子在《哀公》中说：“传曰：君者，舟也；庶人者，水也。水则载舟，水则覆舟。”以舟和水比喻君王与百姓的关系，把君比做舟，把民比做水，水可载舟达到彼岸，亦可将舟掀翻沉没，可谓精辟至极。所以说：若为君者为一己的私欲，他的好恶有悖人民的好恶，以至失去民心，得不到人民的拥护，必将是引祸至身，自取灭亡。由此可见，为君者要亲贤臣，远小人，以人民的好恶为好恶，符合人民利益的事便做，以民为本，使人人各得其所，以此获得民心，此可谓治国之道。

其实，这也可作为“以人民为中心”的修身之道。社会主义核心价值观是当代中国发展进步的精神指引，也是新时代大学生的人生价值准则。大学生不能以逆反心理故意标新立异，反其道而行之，而应始终与社会主义核心价值观这个全体人民共同的价值追求保持一致，站在人民大众的立场，同人民一道拼搏，同祖国一道前进，服务人民，奉献社会。

【教材内容链接】《思想道德与法治》第四章第二节“社会主义核心价值观的显著特征”之“彰显人民至上的价值立场”——体现以人民为中心的价值导向

【案例八】尊重人民　依靠人民

君依于国，国依于民。刻民以奉君，犹割肉以充腹，腹饱而身毙，君富而国亡。

——司马光《资治通鉴·唐太宗论止盗》

国以民为本，社稷亦为民而立。

——朱熹《四书集注》

【案例分析】

唐太宗曾对身边的大臣说：“君主依靠国家，国家依靠民众。依靠剥削民众来奉养君主，如同割下身上的肉来充腹，腹饱而身死，君主富裕国家就灭亡。”

朱熹也曾说过：“国家以人民为本，社稷也是为了人民而建立的。”

民本思想对历代王朝的统治者有着深刻的积极影响，是中华优秀传统文化不可或缺的组成部分。中国传统政治中存在基本的矛盾现象，即政治理念中民为主体，政治现实中君为主体。“民众既是君权统治赖以存在的基础，也是政权体系之外足以制约君权甚至颠覆君权的政治力量。为政者须以天下百姓为重，爱护民众，予民以休养生息。然而这种政治模式将人民作为客体的存在去对待，并将君主与民众对立。”[①]在封建统治者看来，“君本”是根本目的，而“民本”只是一种手段。统治者利用民本思想架构起古代君主专制的政治制度和道德准则，保证了封建统治阶级的特权。

进入新时代，以习近平同志为核心的党中央坚守党的初心使命，带领全党秉承“全心全意为人民服务”的根本宗旨，紧紧依靠广大人民群众，在理论和实践上极大地丰富和发展了中国共产党以人民为中心的思想。历史和实践充分证明，传统民本思想只有立足当代中国语境，与马克思主义基本原理相结合，才能在新的历史时期迸发出强大的真理力量和实践伟力，使中华优秀传统文化展现出新时代风采。

【教材内容链接】《思想道德与法治》第四章第二节“社会主义核心价值观的显著特征”之“彰显人民至上的价值立场”——体现以人民为中心的价值导向

【案例九】名非天造　必从其实

天无度，人以太阳一日所行之舍为之度；天无次，人以月建之域为之次。非天所有，名因人立；名非天造，必从其实。十有二次，因乎十有二建而得名，日运刻移，东西循环，固无一定之方也。

——王夫之《思问录·外篇》

【案例分析】

天本没有“度”之名，人们把太阳每天运行所经过的地方叫作一度；天本没有“次”之名，人们把每个“月”中(十五)的大月亮叫作一次。这两个名字并不是天本来就有的，而是人所起的名字；它们的名字不是天造的，但又必须

① 汤荣光、李嘉霖：《中华优秀传统文化的民本意蕴及其调适》，《山东省社会主义学院学报》，2022年第1期，第81页。

以实际存在的事物为依据。周天有十二等分，所以设立了十二个名字，而实际上太阳运行，东升西落，本来就没有必然的方式方法。

王夫之在这篇文章中，实际上是想告诉人们：对这些“人为之名数”，可以说“名因人立”，但又是“名非天造，必从其实”，因为“人为之名数”并非凭空而造，必须以实际存在的事物为依据。因此，要真正了解天象与节候，就不能受“度”“次”之名的束缚，而要去考察实际的天象与节候变化。

“名非天造，必从其实。”任何一种价值观，如果只是停留在口头上，不管多么动听，也终将被历史抛弃。社会主义核心价值观不仅真正地与社会主义制度相契合，与保障人民的根本利益相一致，而且因其真实可信而具有强大的道义力量。中国的民主制度不是装饰品，不是用来做摆设的，而是用来解决人民需要解决的问题的。中国特色社会主义的成功也验证了社会主义核心价值观的正确性、可信性，使得社会主义核心价值观可以而且能够成为真切、具体、广泛的现实。

【教材内容链接】《思想道德与法治》第四章第二节“社会主义核心价值观的显著特征”之“因真实可信而具有强大的道义力量”——社会主义核心价值观是真实可信的

【案例十】求同存异　互学互鉴

仲尼祖述尧舜，宪章文武。上律天时，下袭水土。辟如天地之无不持载，无不覆帱。辟如四时之错行，如日月之代明。万物并育而不相害，道并行而不相悖。小德川流；大德敦化。此天地之所以为大也。

——戴圣《礼记·中庸》

【案例分析】

《中庸》这段话颂扬孔子继承尧舜的传统，以文王、武王为典范，上遵循天时运行的规律，下符合水土地理的环境。就像天地那样没有什么不能承载,没有什么不能覆盖。又好像四季的交错运行,日月交替光明。万物一起生长而互不妨害,遵循各自的规律而互不冲突。小的德行如河水一样长流不息,大的德行使万物敦厚纯朴。这就是天地的伟大之处啊!

“万物并育而不相害,道并行而不相悖”为传世名言。体现了宇宙和大自然法则中的包容精神与和合之道。阐明了中国人认识世界的基本方式,那就是万物竞相生长,但是彼此之间并不妨害;日月运行、四时更替各有各的规律,相互不冲突,所以由此形成了我们以“和而不同”的眼光来看待差异性、尊重多样性,通过兼收并蓄来弥合彼此之间的不同,那就是用“求同存异”的态度来寻求共识,以相互尊重的方式来化解冲突。1955 年 4 月,周恩来在万隆会议上引用了这句名言,并据此提出了著名的“求同存异”的外交原则。

习近平总书记多次在讲话中引用“万物并育而不相害,道并行而不相悖”。2014 年 3 月 27 日,习近平总书记在中法建交五十周年纪念大会上的讲话中指出:“‘万物并育而不相害,道并行而不相悖。’中国梦是法国的机遇,法国梦也是中国的机遇。开创紧密持久的中法全面战略伙伴关系新时代,是我们唯一正确的选择,也是我这次访法期间,同奥朗德总统达成的最重要战略共识。我真诚希望,中法两国和两国人民在实现中国梦和法国梦的过程中相互理解、相互帮助,共同实现‘中法梦’。”①

2017 年 12 月 1 日,习近平总书记在中国共产党与世界政党高层对话会上的主旨讲话中再次引用了这一名言。习近平总书记说:“我们要努力建设一个远离封闭、开放包容的世界。中国有句古话:‘万物并育而不相害,道并行而不相悖。’文明的繁盛、人类的进步,离不开求同存异、开放包容,离不开文明交流、互学互鉴。历史呼唤着人类文明同放异彩,不同文明应该和谐共生、相得益彰,共同为人类发展提供精神力量。我们应该坚持世界是丰富多

① 习近平:《论坚持推动构建人类命运共同体》,中央文献出版社,2018 年,第 86 页。

彩的、文明是多样的理念，让人类创造的各种文明交相辉映，编织出斑斓绚丽的图画，共同消除现实生活中的文化壁垒，共同抵制妨碍人类心灵互动的观念纰缪，共同打破阻碍人类交往的精神隔阂，让各种文明和谐共存，让人人享有文化滋养。”①

2022年10月16日，习近平总书记在党的二十大报告中指出：“构建人类命运共同体是世界各国人民前途所在。万物并育而不相害，道并行而不相悖。只有各国行天下之大道，和睦相处、合作共赢，繁荣才能持久，安全才有保障。”②

当前我国社会思潮表现为多元化趋势，我们要警惕西方意识形态渗透带来的挑战，廓清西方思想迷雾，认清其实质和危害。西方的“普世价值”是一种具有理论和实践虚伪性的资本主义价值观，其推行的是西方特定的价值观及背后的经济政治文化制度。“普世价值”并没有带来真正的民主、自由和人权。反而种族歧视、劳资对立、金钱政治、贫富分化、社会撕裂、人权无保障等问题，在一些西方国家长期存在且愈演愈烈。与此相反，中国所主张的共同价值，是倡导求同存异、和而不同，充分尊重文明的多样性，尊重各国自主选择社会制度和发展道路的权利。这与唯我独尊、强施于人、旨在推行资本主义政治理念和制度模式的所谓“普世价值”根本不同。“万物并育而不相害，道并行而不相悖。”中国真诚呼吁世界各国弘扬和平、发展、公平、正义、民主、自由的全人类共同价值，促进各国人民相知相亲，尊重世界文明多样性，以文明交流超越文明隔阂、以文明互鉴超越文明冲突、以文明共存超越文明优越，共同开创人类更加美好的未来。

【教材内容链接】《思想道德与法治》第四章第二节“社会主义核心价值

① 习近平：《论坚持推动构建人类命运共同体》，中央文献出版社，2018年，第512页。

② 习近平：《高举中国特色社会主义伟大旗帜 为全面建设社会主义现代化国家而团结奋斗——在中国共产党第二十次全国代表大会上的报告》，《人民日报》，2022年10月26日。

观的显著特征”之“因真实可信而具有强大的道义力量”——认清西方“普世价值”的实质

第三节　积极践行社会主义核心价值观

“一种价值观要真正发挥作用，必须融入社会生活，让人们在实践中感知它、领悟它。”[①]这就要求在培育和弘扬社会主义核心价值观的过程中，下好落细、落小、落实的功夫。对于大学生而言，就是要切实做到勤学、修德、明辨、笃实，使社会主义核心价值观成为一言一行的基本遵循。

本节精选9个案例，从中华优秀传统文化中阐释社会主义核心价值观的践行路径。深入挖掘中华优秀传统文化中的价值取向，为全社会培育和弘扬社会主义核心价值观指明方向。

【案例一】一屋之不扫　何以扫天下

蕃年十五，尝闲处一室而庭宇芜秽。父友同郡薛勤来候之，谓藩曰：“孺子何不洒扫以待宾客？”曰：“大丈夫处世，当扫除天下，安事一室乎？”勤知其有清世之志，甚奇之。

——范晔《后汉书·陈蕃传》

【案例分析】

陈蕃十五岁的时候，曾经悠闲地待在一间居室当中，但院子是荒芜肮脏的。他父亲的朋友、同郡的薛勤来问候，对陈蕃说：“你为什么不洒一洒水、打扫一下来接待宾客呢？”陈蕃说：“大丈夫处世，应当打扫天下，为什么要打扫

① 习近平：《把培育和弘扬社会主义核心价值观作为凝魂聚气强基固本的基础工程》，《人民日报》，2014年2月26日。

一间居室呢？”薛勤（由此）知道陈番有雄视天下的志向，并感到很惊奇。

陈蕃立大志，做大事而不拘小节。薛勤从这一点上肯定了他。从另一角度来看，“一屋不扫，又何以扫天下呢！”

小是大的基础，大是小的积累，立大志应从小事做起，培养自己的才能。一切从小事做起，才能成就大业。陈蕃的故事这就启示年轻人要注重细节的积累，今天的一点学习，明天的一点努力，后天的一点变化，日积月累到了一定的程度，就会发生质的改变。

无论是学习还是以后的事业，我们都应该从小事做起。核心价值观的养成绝非一日之功。大学生要坚持由易到难、由近及远，从现在做起，在身边小事中践行，努力把核心价值观的要求变为日常的行为准则，形成自觉奉行的理想信念，并身体力行大力将其推广到全社会去，从“扫一屋”开始，将来才能有机会“扫天下”。

【教材内容链接】《思想道德与法治》第四章第三节“积极践行社会主义核心价值观”之“扣好人生的扣子”——核心价值观的养成绝非一日之功

【案例二】成以勤　惰则败

天下古今之庸人，皆以一惰字致败。

——曾国藩《曾国藩家书》

【案例分析】

这里所说的庸人，指的是普通人、一般的人。对于一般的人来说，没有什么特长和才气，只有勤奋工作才能成就事业，所以最忌讳一个“惰”字。“圣人是肯做工夫的庸人，庸人是不肯做工夫的圣人”。大多数人一辈子平庸，只因懒惰。

曾国藩在对九弟的信中，指出了“惰”对人生状态的影响。惰性是一种好逸恶劳、不思进取、没有责任心的表现，是一个人成功路上的大敌。三分钟热度，时常憎恶自己的不争气，本想在有限的生命里体验很多种生活，却把同样的日子重复多年。终日混迹社交网络，脸色蜡黄地对着手机冷光屏，可以说上几句话的人却寥寥无几。不曾经历过真正的沧桑，却已失去最后一点少年意气，尚未拥有百毒不侵的内心，却提前丧失了热泪盈眶的能力。大多数人空有一颗想要上进和努力的心，在实际生活中却活得敷衍。一边痛恨自己的拖延和懒散，一边又纵容自己于当下的满足和安逸。

以勤治惰，以勤治庸，不管是修身自律，还是为人处世，一勤天下无难事。只有战胜了自己的惰性，才有可能不断进取。战胜自己惰性最主要的一点是要有理想和目标的牵引。不轻易放弃，才可能成功；不一味抱怨，才可能进步；不懒散懈怠，才可能优秀！知识是树立社会主义核心价值观的重要基础。大学生要注重把所学知识内化于心，形成自己的见解，既有专攻，又要博览，应勤学苦练，求得真学问。努力掌握为祖国、为人民服务的真才实学。

【教材内容链接】《思想道德与法治》第四章第三节“积极践行社会主义核心价值观”之“把社会主义核心价值观落细落小落实”——勤学

【案例三】勤奋学习　修德增智

孔子谓伯鱼曰：“鲤乎！吾闻可以与人终日不倦者，其惟学焉。其容体不足观也，其勇力不足惮也，其先祖不足称也，其族姓不足道也；终而有大名，以显闻四方，流声后裔者，岂非学者之效也？故君子不可以不学，其容不可以不饬。不饬无类，无类失亲，失亲不忠，不忠失礼，失礼不立。夫远而有光者、饬也；近而愈明者、学也。譬之污池，水潦注焉，雚苇生焉，虽或以观之，孰知其源乎？”

——王肃注《孔子家语·致思》

【案例分析】

《孔子家语》是三国时期魏国大臣、经学家王肃编撰的一部记录孔子及孔门弟子思想言行的著作。本段记录的是，有一次孔子对伯鱼说道："孔鲤呀，我听说，只有学习能让人整天做却不觉得疲倦。一个人的容貌体态不值得向人炫耀，一个人的勇猛与力量不足以让人惧怕；一个人的先祖不值得赞扬，一个人的姓氏不足以让人称道。最后拥有好的声誉，扬名四方，流传于后世的，难道不是学习的功用吗？所以，君子不能不学习，其容貌也不能不修饰，如果不加以修饰就不具有良好的举止，如果没有良好的举止，就会失去别人亲近自己的机会，失去这个机会，就失去了忠信。失去了忠信，也就失去了礼，失去了礼也便难以立足。从远处看有亮丽光彩的人，是容貌修饰的原因；从近处看更加耀眼聪慧的人，是学习的原因。这就好像一个污水池一样，雨水注入其中，苇草生于其中，即便有人来观看，然而谁知道水的源头在哪里呢？"

学习是根本。大学生应当把学习作为一种精神追求、一种生活方式，以韦编三绝、悬梁刺股的毅力，以凿壁借光、囊萤映雪的劲头，努力扩大知识半径，既读有字之书，也读无字之书，砥砺道德品质，练就过硬本领。让勤于学习、敏于求知成为青春远航的动力；要把学习作为一种精神追求、一种生活方式，努力掌握马克思主义理论，形成正确的世界观和科学的方法论，深化对社会主义核心价值观的认知认同；要做到知行合一，把核心价值观内化为自己的精神追求，外化为自己的自觉行动。

【教材内容链接】《思想道德与法治》第四章第三节"积极践行社会主义核心价值观"之"把社会主义核心价值观落细落小落实"——勤学

【案例四】从善改过　提升自我

君子以见善则迁，有过则改。

——《易传·象传下·益》

【案例分析】

君子见到善人善事，就会追随、效仿，发现自己有过错，就会毫不犹豫地改正。

善良给人带来福音，丑恶给人造成祸患，此句劝诫为君子者，要注重道德修养，除恶扬善，追求更高尚的人生价值。加强道德修养，注重道德实践。“德者，本也。”蔡元培曾经说过：“若无德，则虽体魄智力发达，适足助其为恶。”德是首要，是方向，一个人只有明大德、守公德、严私德，其才方能用得其所。修德，既要立意高远，又要立足平实。要立志报效祖国、服务人民，这是大德，养大德者方可成大业。同时，还得从做好小事、修好小节起步，“见善则迁，有过则改”，踏踏实实修好大德、公德、私德，学会劳动、学会勤俭，学会感恩、学会助人，学会谦让、学会宽容、学会自省、学会自律。

培育和践行社会主义核心价值观，既要目标高远，保持定力、不懈奋进，又要脚踏实地，严于律己、精益求精。新时代大学生要将社会主义核心价值观转化为人生的价值准则，勤学以增智、修德以立身、明辨以正心、笃实以为功，在激扬青春、开拓人生、奉献社会的进程中书写无愧于时代的壮丽篇章。

【教材内容链接】《思想道德与法治》第四章第三节“积极践行社会主义核心价值观”之“把社会主义核心价值观落细落小落实”——修德

【案例五】时刻反省　改过进步

务要日日知非，日日改过。一日不知非，即一日安于自是；一日无过可改，即一日无步可进；天下聪明俊秀不少，所以德不加修，业不加广者，只为“因循”二字，耽搁一生。

——袁了凡《了凡四训·立命之学》

【案例分析】

一个人一定要能够时刻反省自己的行为，知道自己的过失所在，每天一定要将自己的过失一一改正。只要一天没有意识到自己的过失，那么自己就会永远安安逸逸，自以为是；如果每天都觉得无过可改，那么也就永远不会有进步的机会了。天底下聪明俊秀的人才实在是不少,但他们不知道去修养自己的德性,努力增加自己的学识,扩大自己的事业。这只是因为他们受了得过且过思想的影响,只知道贪图安逸,不思进取,所以耽搁了他们的一生一世。

我们的先贤在修身养性、练达自身等方面,都十分重视自省的力量。唯有自省,人才会变得克己谨慎,不断反思审视自身的过失,真正去纠正错误、解决问题,避免小过失发展成大错误。

社会主义核心价值观是我们一言一行的基本遵循。修德，不仅要养大德,还得从做好小事、修好小德起步。这就要求我们要学会自省。以自省的力量达成向上向善的良性循环,重品行、讲道德、守规矩。如《论语》所言:"吾日三省吾身:为人谋而不忠乎?与朋友交而不信乎?传不习乎?""见贤思齐焉,见不贤而内自省也。"大学生要积极践行社会主义核心价值观,时刻反思自己的所作所为是否有与社会主义核心价值观的要求不相符的地方，不断端正自己的思想,改正自己的言行,修德向善。

【教材内容链接】《思想道德与法治》第四章第三节"积极践行社会主义核心价值观"之"把社会主义核心价值观落细落小落实"——修德

【案例六】拒金有害　受牛有功

何谓是非?鲁国之法,鲁人有赎人臣妾于诸侯,皆受金于府,子贡赎人而不受金。孔子闻而恶之曰:"赐失之矣。夫圣人举事,可以移风易俗,而教道可施于百姓,非独适己之行也。今鲁国富者寡而贫者众,受金则为不廉,何以相赎乎?自今以后,不复赎人于诸侯矣。"

子路拯人于溺,其人谢之以牛,子路受之。孔子喜曰:"自今鲁国多拯人于溺矣。"自俗眼观之,子贡不受金为优,子路之受牛为劣;孔子则取由而黜赐焉。乃知人之为善,不论现行而论流弊;不论一时而论久远;不论一身而论天下。现行虽善,其流足以害人;则似善而实非也;现行虽不善,而其流足以济人，则非善而实是也。然此就一节论之耳。他如非义之义，非礼之礼，非信之信，非慈之慈，皆当抉择。

——袁了凡《了凡四训·积善之方》

【案例分析】

什么叫作是非呢？从前春秋时代的鲁国定有一种法律，凡是鲁国人被别的国家抓去做奴隶；若有人肯出钱，把这些人赎回来，就可以向官府领取赏金。孔子的学生子贡很有钱，虽然他自己出钱替人把被抓去的人赎了回来，但他不肯接受鲁国的赏金。他不肯接收赏金，纯粹是帮助他人，本意是好的。但孔子听到之后，很不高兴地说："这件事子贡做错了啊。凡是圣贤，无论做什么事情，都是做了以后能把旧的不好的风俗变好，可以教育、引导百姓哪些事可以做，而不是单单是为了自己觉得爽快、称心就去做。现在鲁国富有的人较少，穷苦的人较多；若是收了赏金就算是贪财；那么不肯受贪财之名的人和钱不多的人，又怎么肯再去赎人呢？恐怕从此以后，再也不会有人到别的国家去赎人了。"

子路看见一个人，跌在水里，把他救了上来。那个人就送一头牛来答谢子路，子路接受了。孔子知道后很欣慰地说："从今以后，鲁国就会有很多人愿意去救溺水的人了。"用世俗的眼光来看，子贡赎人，不接受官府的赏金是好的；子路救溺水之人，接受牛是不好的。然而孔子称赞子路而责备子贡。照这样看来，一个人做善事不能只看眼前的效果，而要看是不是会产生流传下去的弊端；不能只论一时的影响，而是要讲究长远的影响；不能只论个人的得失，而是要讲究它对天下大众的影响。现在的所作所为，看起来虽然是善的，但是如果流传下去，其影响却对人有害，那这就是似善而非善了；现在的所作所为，看起来虽然是不善的，但是如果流传下去，对后世的帮助很大，那就虽似不善而实为善！这只不过是拿一件事情来举例罢了。说到其他种种，还有很多。例如，不应该做的事情你做了，看起来好像也很合理，但是做不如没做得好。譬如坏人，可以不必宽容他，有人宽容他，这事情不能说不是义，但是宽容了这个坏人，反而使他的胆子更大，坏事做得更多，结果是他人受害，自己也犯罪。倒不如不要宽容他，给他警诫，使他不再犯罪的好。不宽容他，是非义；使这个人不再犯罪，是义，这就叫作“非义之义”；礼貌是人人应该有的，但是要有分寸。超过尺度的礼数，看起来非常谦卑，但太过分了就成了讨好对方，这样礼也就形同没有礼；或者是因为你过分谦卑有礼，反而使别人骄傲起来，也成为非礼了，这叫“非礼之礼”；不必拘泥的信约，在固执的人看来，必须遵守，但有时为了“小信”而误了大事，变成了“顾此失彼”，这就导致守信还不如不守的好，这就叫“非信之信”；不该滥用的慈悲，用得不当就会变成姑息、纵容，看起来是很慈爱，但是这种慈爱变成了纵容小人，以致惹出大问题，这还不如不慈悲的好，这就叫“非慈之慈”。这些问题都应该细细地加以判断，分别清楚。

可见，要做到善于明辨是非、善于决断选择并非易事。“明辨”是关系到“大方向”的关键，只有善于明辨是非，善于决断选择，人生才能选对路、走正路。培育和践行社会主义核心价值观，要增强自己的价值判断力和道德责任感。大学生要澄清模糊认识，匡正失范行为，自觉做良好道德风尚的建设者、社会文明进步的推动者。

【教材内容链接】《思想道德与法治》第四章第三节“积极践行社会主义核心价值观”之“把社会主义核心价值观落细落小落实”——明辨

【案例七】大义断是非　不明遭祸端

孔子之弟子琴张与宗鲁友。卫齐豹见宗鲁于公子孟絷，孟絷以为参乘焉，及齐豹将杀孟絷，告宗鲁，使行。宗鲁曰：“吾由子而事之，今闻难而逃，是僭子也。行事乎，吾将死以事周子，而归死于公孟可也。”齐氏用戈击公孟，宗以背蔽之，断肱中，公孟、宗鲁皆死。琴张闻宗鲁死，将往吊之。孔子曰：“齐豹之盗，孟縶之贼也，汝何吊焉？君不食奸，不受乱，不为利病于回，不以回事人，不盖非义，盖揜不犯非礼，汝何吊焉？”琴张乃止。

——王肃注《孔子家语·曲礼子夏问》

【案例分析】

孔子的弟子琴张和宗鲁是朋友。卫国的贵族齐豹把宗鲁推荐给公子孟縶，孟縶是卫国国君卫襄公的儿子，非常残暴、好战。孟縶让宗鲁做了骖乘（主要负责主人的警卫工作）。公元前522年，孟縶谋夺了齐豹的司寇官职，因此齐豹忿埋不平，准备暗杀孟縶，并提前警告宗鲁不要与孟縶在一起。宗鲁则表示，自己是因为齐豹的推荐，才侍奉了孟縶。如果听到孟縶有难而逃走，会让人感觉齐豹推荐了一个错误的人，使齐豹显得没有信用。同时自己又是齐豹的朋友，也不能向孟縶告发。而且，自己现在既然是孟縶的骖乘，则必须忠于他。于是，宗鲁一方面让齐豹继续进行刺杀计划，一方面保守齐豹想刺杀孟縶的秘密，决定为保护孟縶而死。经过激烈搏斗，最后，宗鲁连同孟縶一起被齐豹所杀。琴张听到宗鲁死了，打算前去吊唁。孔子说：“齐豹之所以成为坏人，孟縶之所以被杀，都是由于宗鲁，你为什么还去吊唁呢？君子不食坏人的俸禄，不接受动乱，不为利益而容忍邪恶，不用邪恶的方法待人，不掩盖不义的事，不做出非礼的行为。你为什么还要去吊唁呢？”琴张就没去。

在春秋末期，人们的道德观念发生了极大的混乱，对于什么是“义”出现了不同的判断标准。宗鲁将“义”简单理解为对主子的忠诚，而孔子则认为“义”必须首先以是非善恶为标准，孟縶非善者，故而批评宗鲁之举不义，不值得人吊唁。由此可见，要明辨是非善恶并非易事。大学生一定要重视价值观选择，强化判断抉择，澄清模糊认识，激浊扬清、抑恶扬善。

【教材内容链接】《思想道德与法治》第四章第三节“积极践行社会主义核心价值观”之“把社会主义核心价值观落细落小落实”——明辨

【案例八】事成于细　功成于久

博学之，审问之，慎思之，明辨之，笃行之。

——戴圣《礼记·中庸》

天下难事，必作于易；天下大事，必作于细。

——《道德经·第六十三章》

【案例分析】

要广博地学习，详细地求教，慎重地思考，明白地辨别，切实地力行。

天下间的难事一定是由容易的事情演变而成的；天下间的大事一定是从细小处开始累积的。

扎扎实实干事，踏踏实实做人。道不可坐论，德不能空谈，于实处用力，做到知行合一，核心价值观才能内化为人们的精神追求，外化为人们的自觉行动。青年有着大好机遇，关键是要迈稳步子、夯实根基、久久为功。心浮气躁，朝三暮四，学一门丢一门，干一行弃一行，无论学习还是创业，都是最忌讳的。“天下难事，必作于易；天下大事，必作于细。”成功的背后，永远是艰辛努力。青年要把艰苦环境作为磨炼自己的机遇，把小事当作大事干，一步一个脚印往前走。滴水可以穿石，只要坚忍不拔、百折不挠，成功就一定在前方等你。

【教材内容链接】《思想道德与法治》第四章第三节“积极践行社会主义核心价值观”之“把社会主义核心价值观落细落小落实”——笃实

【案例九】勤学修德　增识明辨

胤恭勤不倦，博学多通。家贫不常得油，夏月则练囊盛数十萤火以照书，以夜继日焉。及长，风姿美劭，机悟敏速，甚有乡曲之誉。

——房玄龄等《晋书·车胤列传》

芝兰生于深林，不以无人而不芳；君子修道立德，不为穷困而改解。

——王肃注《孔子家语·在厄》

人之进学在于思，思则能知是与非。

——朱熹《九思》

【案例分析】

车胤这个人为人谦恭，为学勤勉不知疲倦，知识非常渊博。他的家中贫穷，不能经常得到灯油，夏天的时候就用布袋装几十只萤火虫用以照亮书籍，从晚到早地学习。等到他长大以后，模样十分俊美，才思敏捷，经常得到乡里人们的赞誉。

孔子说：芝兰生长在深林之中，不会因为无人欣赏而不芳香；君子修养身心培养品德，不会因为穷困而改变节操。

朱熹在《九思》中指出，人只有在思考的时候才能前进，思考可以使人学会辨别善恶是非。

作为大学生，正处在学习的黄金时期，只有通过勤学才能求得真学问，将所学知识内化于心，形成自己的见解，努力掌握为国家、为人民服务的真才实学，让勤学成为助力自身青春远航的动力；同时，还要不断加强道德修养，注重道德实践，从做好小事、修好小节起步，踏踏实实修好大德、公德和私德；善于明辨是非对错，善于决断选择，自觉做好良好道德风尚的建设者、社会文明的推动者；扎扎实实做事，踏踏实实做人。真正做到勤学、修德、明辨、笃实。

【教材内容链接】《思想道德与法治》第四章第三节“积极践行社会主义核心价值观”之“把社会主义核心价值观落细落小落实”

第五章　遵守道德规范　锤炼道德品格

大学时期是道德观形成和发展的重要阶段，在这个时期形成的道德观念对大学生影响很大。大学生提高自身的道德素质，需要认真学习道德的基本理论，树立马克思主义道德观，弘扬社会主义道德，自觉传承中华传统美德和中国革命道德，积极吸收借鉴人类优秀道德成果，在崇德向善的实践中不断锤炼道德品格、提升道德境界。

本章精选81个中华优秀传统文化案例，用于阐释和印证社会主义道德的核心与原则、吸收借鉴优秀道德成果、投身崇德向善的道德实践三个问题。

第一节　社会主义道德的核心与原则

道德是立身兴国之本，对个人和社会都具有重要意义。社会主义道德是人类道德发展史上一种崭新类型的道德。弘扬社会主义道德，坚持以为人民服务为核心，以集体主义为原则，提高全社会道德水平，是全面建成社会主义现代化强国的战略任务，是适应社会主要矛盾变化、满足人民对美好生活向往的迫切需要，是促进社会全面进步、个人全面发展的必然要求。

本节精选14个中华优秀传统文化案例，用以阐释坚持马克思主义道德观、坚持以为人民服务为核心、坚持以集体主义为原则，对今天弘扬社会主义道德具有借鉴意义。

【案例一】道德的起源与本质

仓廪实而知礼节，衣食足而知荣辱。

——《史记·管晏列传》

【案例分析】

“仓廪实而知礼节，衣食足而知荣辱”，意思是百姓的粮食充足，才会懂得礼仪，穿的吃的都很丰富充足，才会知道荣誉和耻辱。

在春秋时期，军事家管仲创作的一篇散文《牧民》的原文中为“仓廪实则知礼节，衣食足则知荣辱”。西汉史学家司马迁在《史记·管晏列传》的引文中把“则”改成了“而”，就有了“仓廪实而知礼节，衣食足而知荣辱”这一名句。强调“仓廪实”和“衣食足”是“知礼节”和“知荣辱”的前提和继承。据《史记·管晏列传》记载，管仲出任齐相后，重视民心民意，对齐国的经济、政治和军事进行大刀阔斧的改革。正是在“仓廪实则知礼节，衣食足则知荣辱”的思想指导下，齐国货物流通、财富积聚，人民生活富裕，礼仪得到弘扬，政令畅通无阻，很快走上了国富兵强的道路。在管仲的辅佐下，齐桓公“九合诸侯，一匡天下”，成为春秋时期的第一个霸主。

马克思主义道德观认为“物质生活的生产方式制约着整个社会生活、政治生活和精神生活的过程”[①]。道德的产生、发展、变化归根结底源于社会经济关系，道德是反映社会经济关系的特殊意识形态。道德是社会经济关系的反映，归根到底是由经济基础决定的。社会经济关系的性质决定着相应的道

① 《马克思恩格斯选集》(第二卷)，人民出版社，2012年，第2页。

德体系的性质，它所体现的利益关系决定着道德的基本原则和主要规范。社会经济关系的变化必然引起道德的变化。中国古代哲人提出的“仓廪实而知礼节，衣食足而知荣辱”，与马克思主义道德观有相通之处。

【教材内容链接】《思想道德与法治》第五章第一节“社会主义道德的核心与原则”之“坚持马克思主义道德观”——道德的起源与本质

【案例二】崇德向善

名与道不两明。人受名，则道不用；道胜人，则名息矣。道与人竞长，章人者，息道者也。人章道息，则危不远矣。故世有盛名，则衰之日至矣。欲尸名者，必为善；欲为善者，必生事。事生，则释公而就私，背数而任己。欲见誉于为善，而立名于为质，则治不修故，而事不须时。治不修故，则多责；事不须时，则无功。责多功鲜，无以塞之，则妄发而邀当，妄为而要中。功之成也，不足以更责；事之败也，不足以敝身。故重为善若重为非，而几于道矣。

——《淮南子·卷十四·诠言训》

【案例分析】

“名声”与“道”不能同时彰显，人如果爱名声，道就不被重视；道战胜人的欲望，名声就消失。道与名声竞相博弈，人如果显身扬名，道就被止息。所以名声彰显，道就止息，这样离危险也就不远了。因此，世上到处张扬名声的时候，也就是道衰败之日将到来。想要获取名声的人，就一定要去做善事，而一做善事也就必定会生出事端来，事端一旦滋生，就会放弃公道而迁就私情，背理而自私。想通过做善事来获取赞誉，想通过表现贤能来树立名声，这样办事中因渗透了私心就不会遵循事理，急于表现自我而不待时机成熟。因为办事不遵循事理，被人指责就会多起来；急于表现自我而不待时机成熟就会徒劳无功。指责多而功劳少，没有办法解决，于是就任意乱来以求得成功。但以乱来而取得的成功，也不足以改变所遭受的责难和非议；如果乱来而使事情没有成功，那就会使自己身败名裂。所以要谨慎地对待行善和谨慎地对待行恶，如能明白这点，离道就不远了。

《诠言训》中的这段话阐释了道德的含义及其作用。道德具有规范作用。道德的规范作用是指在正确善恶观的指导下，规范社会成员在社会公共领域、职业领域、家庭领域的行为，并规范个人品德的养成，引导并促进人们崇德向善。因此，大学生要继承和弘扬中华民族优良道德传统，全面把握社会主义道德建设的核心和原则，自觉恪守公民基本道德规范，努力养成良好的道德品质，提高道德品质，崇德向善。

【教材内容链接】《思想道德与法治》第五章第一节“社会主义道德的核心与原则”之“坚持马克思主义道德观”——道德的功能与作用

【案例三】礼义廉耻　国之四维

国有四维，一维绝则倾，二维绝则危，三维绝则覆，四维绝则灭。倾可正也，危可安也，覆可起也，灭不可复错也。何谓四维？一曰礼，二曰义，三曰廉，四曰耻。礼，不逾节；义，不自进；廉，不蔽恶；耻，不从枉。故不逾节，则上位安；不自进，则民无巧诈；不蔽恶，则行自全；不从枉，则邪事不生。

——《管子·牧民》

【案例分析】

国有四维，缺了一维，国家就倾斜；缺了两维，国家就危险；缺了三维，国家就颠覆；缺了四维，国家就会灭亡。倾斜可以扶正，危险可以挽救，倾覆可以再起，灭亡了就不可收拾了。什么是四维呢？一是礼，二是义，三是廉，四是耻。有礼，人们就不会超越应守的规范；有义，就不会妄自求进；有廉，就不会掩饰过错；有耻，就不会趋从坏人。人们不越出应守的规范，为君者的地位就安定；不妄自求进，人们就不巧谋欺诈；不掩饰过错，行为就自然端正；不趋从坏人，邪乱的事情也就不会发生了。

礼义廉耻，是古代推崇的基本道德规范，《管子》中把它们比喻为“四维”。“维”的原意是指发挥骨干性作用的大绳索，用在这里是强调礼义廉耻的重要作用。欧阳修后来提出：“礼义廉耻，国之四维；四维不张，国乃灭亡。”

《管子·牧民》提出“礼义廉耻，国之四维”，是先秦时期治国理论的总结和经典表述，在中国治国文化中影响深远，并阐述了礼、义、廉、耻四者的内涵，认为它们分别具有深刻的时代内涵，是那个时代治国文化的结晶。通过分析指出，礼被塑造为社会规则，但同时也是人性需求，是外在规则与内在修养的结合；义的出现有时代性，是对礼的有益补充；廉则强调对于高节的坚守；耻是道德的底线。从中既能看出《管子》对治国理论的维度设计，同时也能对今天的价值观与道德建设提供借鉴。

【教材内容链接】《思想道德与法治》第五章第一节“社会主义道德的核心与原则”之“坚持马克思主义道德观”——道德的功能与作用

【案例四】持之以恒　知行合一

子曰：“素隐行怪，后世有述焉，吾弗为之矣。君子遵道而行，半途而废，吾弗能已矣。君子依乎中庸，遁世不见知而不悔，唯圣者能之。”

——《礼记·中庸》

【案例分析】

孔子说：“寻找隐僻的歪邪道理，做些怪诞的事情来欺世盗名，后世也许会有人来记述他，为他立传，但我是绝不会这样做的。有些品德不错的人按照中庸之道去做，但是半途而废，不能坚持下去，而我是绝不会停止的。真正的君子遵循中庸之道，即使一生默默无闻不被人知道也不后悔，只有圣人才能做到。”表达了孔子坚持不懈的可贵精神，并以此劝勉自己的弟子做事应持之以恒，知行合一。

东汉时，河南郡有一位贤慧的女子，人们都不知她叫什么名字，只知道是乐羊子的妻子。一天，乐羊子在路上拾到一块金子，回家后把它交给妻子。妻子说："我听说有志向的人不喝盗泉的水，因为它的名字令人厌恶；也不吃别人施舍而呼唤过来吃的食物，宁可饿死。更何况拾取别人失去的东西，这样会玷污品行。"乐羊子听了妻子的话，非常惭愧，就把那块金子扔到野外，然后到远方去寻师求学。一年后，乐羊子归来。妻子问他为何回家，乐羊子说："出门时间长了想家，没有其他缘故。"妻子听罢，拿起一把刀走到织布机前说："这机上织的绢帛产自蚕茧，成于织机。一根丝一根丝地积累起来，才有一寸长；一寸寸地积累下去，才有一丈乃至一匹。今天如果我将它割断，就会前功尽弃，从前的时间也就白白浪费掉。"妻子接着又说："读书也是这样，你积累学问，应该每天获得新的知识，从而使自己的品行日益完美。如果半途而归，和割断织丝有什么两样呢？"乐羊子被妻子的话深深感动，于是又去完成学业，一连七年没有回过家。

这两个小故事赞扬了乐羊子妻子的高洁品德和过人才识。她用"志士不饮盗泉之水，廉者不受嗟来之食"的典故说服乐羊子，进一步指出因贪小利而失大节的危害，以此告诫人们：做人必须具备高尚的道德品质。她"引刀趋机"，以自己织布必须日积月累"遂成丈匹"的切身体会，说明求学必须专心致志，持之以恒的道理。

这个故事告诉我们：道德是一种实践精神。作为实践精神，道德是一种旨在通过把握世界的善恶现象而规范人们的行为，并通过人们的实践活动体现出来的社会意识。具体来说，道德是一种以指导人的行为为目的、以形成人的正确行为方式为内容的精神，在本质上是知行合一的。道德把握世界的方式不是被动地反映世界，而是从人的需要出发，从特定的价值出发来改造世界；不是简单地再现世界或描述世界，而是对世界进行价值评价。道德立足现实而追求理想，并以理想来改造和提升现实。

【教材内容链接】《思想道德与法治》第五章第一节"社会主义道德的核

心与原则”之“坚持马克思主义道德观”——道德的功能与作用

【案例五】修身立德

我家洗砚池边树，朵朵花开淡墨痕。

不要人夸颜色好，只留清气满乾坤。

——王冕《墨梅》

【案例分析】

我家洗砚池边有一棵梅树，朵朵开放的梅花都像是用淡淡的墨汁点染而成。它不需要别人夸奖颜色多么好看，只是要将清香之气弥漫在天地之间。

该诗约作于元顺帝至正九年至十年(1349—1350年)期间。王冕在长途漫游以后回到了绍兴，在会稽九里山有一梅花屋，自号梅花屋主，此诗就作于此。赞颂墨梅从来不以鲜艳的颜色去博取别人的赞美，只愿给人间留下清香的美德。这首诗题为“墨梅”，意在述志。诗人将画格、诗格、人格有机地融为一体。字面上在赞誉梅花，实际上是赞赏自己的立身之德。

人无德不立。道德之于个人、之于社会，都具有基础性意义，做人做事第一位的是崇德修身。党的十九大闭幕之后，习近平和新一届中共中央政治局常委同中外记者见面，在讲话中引用了这两句诗。习近平以诗言志，彰显的是一个大党、一个大国自信的气质，传递的是苦干、实干的务实精神，同时也对新时代中国共产党人严以修身提出了一个高的标准。

修身不仅是中国共产党人的必修课，也是新时代青年学生的必修课。新时代青年要通过修身，不断提高自身的思想道德素质，把道德要求内化于心、外化于行，进而才可能担负起实现中华民族伟大复兴的历史使命。

【教材内容链接】《思想道德与法治》第五章第一节“社会主义道德的核心与原则”之“坚持马克思主义道德观”——道德的功能与作用

【案例六】为政以德　德刑相辅

子曰:“道之以政,齐之以刑,民免而无耻;道之以德,齐之以礼,有耻且格。”

——《论语·为政》

【案例分析】

孔子说:“用法制禁令去引导百姓,使用刑法来约束他们,老百姓只是求得免于犯罪受惩,却失去了廉耻之心;用道德教化引导百姓,使用礼制去统一百姓的言行,百姓就会有羞耻之心,并走上正途。”

道德在人类社会中居于特别重要的地位,具有特殊的功能和作用。孔子举出两种截然不同的治国方针。他认为,刑罚只能使人避免犯罪,不能使人懂得犯罪可耻的道理;而道德教化比刑罚要高明得多,既能使百姓守规蹈矩,又能使百姓有知耻之心。这反映了道德在治理国家时的重要性。在日常生活中,人们正是借助道德认识自己对他人、家庭、社会的道德义务和责任的。人们的道德选择、道德行为只有建立在明辨善恶的道德认识基础上,才能正确选择自己的道德行为,积极塑造自身的良好道德品质。

【教材内容链接】《思想道德与法治》第五章第一节“社会主义道德的核心与原则”之“坚持马克思主义道德观”——道德的功能与作用

【案例七】存善于心　施善于行

德,外得于人,内得于己也。

——《说文解字》

【案例分析】

品德,是以善德施于别人,使别人各得其所,以善念存于诸心中,使善念各得其所。外得于人,指以善行施之于人,使人有所获得;内得于己,指将善念存于己心,使己有所提升。

“德,外得于人,内得于己也”,表明了“德”与“得”的同一关系,强调品德对于自己、他人和社会都具有积极意义。道德是一种特殊的社会意识形态，以善恶为评价方式，主要依靠社会舆论、传统习俗和内心信念来发挥作用的行为规范的总和。作为人类社会发展到一定阶段的必然产物，道德对人和社会的发展具有重要的促进作用，并随着社会的发展而不断进步。准确把握道德的起源和本质，正确认识道德的功能和作用，深刻理解社会主义道德是对人类以往道德形态的超越，是大学生建立正确道德认知的前提。马克思主义道德观是科学世界观、人生观、价值观在道德领域的反映和体现。

道德发挥作用的性质与社会发展的不同历史阶段相联系，由道德所反映的经济基础、代表的阶级利益所决定。只有反映先进生产力发展要求和进步阶级利益的道德，才会对社会的发展和个人素质的提高产生积极的推动作用。总之，道德的力量是广泛的、持久的、深入的，既深刻地影响着人们的意志、行为和品格，也深刻地影响着社会的存在和发展。

【教材内容链接】《思想道德与法治》第五章第一节“社会主义道德的核心与原则”之“坚持马克思主义道德观”——道德的功能与作用

【案例八】君舟民水　为民服务

君者，舟也；庶人者，水也。水则载舟，水则覆舟。

——《荀子·王制》

【案例分析】

君主就像船，而老百姓则像是水，水可以把船托起来，也可以把船掀翻。

荀子的这个比喻当中其实包含着民本思想，就是老百姓是最重要的，是一个国家统治的根基。荀子用水和舟来比喻老百姓和君主之间的关系，这个比喻非常形象。在朝代更替的历史当中，我们一次又一次地看到了水是怎样载舟，又是怎样覆舟的。

1969 年 1 月，不满 16 岁的习近平来到陕北梁家河村插队。在梁家河的七年岁月里，他“看到了人民群众的根本，真正理解了老百姓”，也树立了为老百姓办实事、为人民奉献自己的理想信念。习近平在梁家河村插队时，中间有八个月的时间，在另外一个村——赵家河村驻点。在赵家河村的这八个月时间里，习近平主要负责村里的一些日常的行政工作，同时还和村里的老百姓一起打土坝、修梯田、植树造林。习近平在当地老百姓心中，留下了非常深刻的印象。

几十年后，已是党的总书记的习近平在做十九大报告时说：“中国共产党人的初心和使命，就是为中国人民谋幸福，为中华民族谋复兴。”[①]回想他在梁家河插队时，懂得感恩和回报，想为老百姓做点事，那就是习近平的初心。

人民利益高于一切，人民所向往的就是共产党的奋斗目标。政府所要做的就是让老百姓过上好日子。要始终把人民立场作为根本立场，把为人民谋幸福作为根本使命，把全心全意为人民服务作为根本宗旨，让人民过上幸福、美好的生活，实现中华民族的伟大复兴。

【教材内容链接】《思想道德与法治》第五章第一节“社会主义道德的核心与原则”之“坚持以为人民服务为核心”——社会主义道德的本质要求

【案例九】政之所兴 在顺民心

政之所兴，在顺民心；政之所废，在逆民心。民恶忧劳，我佚乐之；民恶贫贱，我富贵之；民恶危坠，我存安之；民恶灭绝，我生育之。能佚乐之，则民为之忧劳；能富贵之，则民为之贫贱；能存安之，则民为之危坠；能生育之，则民为之灭绝。故刑罚不足以畏其意，杀戮不足以服其心。故刑罚繁而意不恐，则令不行矣；杀戮众而心不服，则上位危矣。故从其四欲，则远者自亲；行其四

① 习近平：《中国共产党人的初心和使命就是为中国人民谋幸福为中华民族谋复兴》，《人民日报》，2017 年 11 月 8 日。

恶，则近者叛之。故知“予之为取者”，政之宝也。

——《管子·牧民》

【案例分析】

政令所以能推行，在于顺应民心；政令所以废弛，在于违背民心。人民怕忧劳，我便使他安乐；人民怕贫贱，我便使他富贵；人民怕危难，我便使他安定；人民怕灭绝，我便使他生育繁息。我能使人民安乐，他们就可以为我承受忧劳；我能使人民富贵，他们就可以为我忍受贫贱；我能使人民安定，他们就可以为我承担危难；我能使人民生育繁息，他们也就不惜为我而牺牲了。单靠刑罚不足以使人民真正害怕，仅凭杀戮不足以使人民心悦诚服。刑法繁重而人心不惧，法令就无法推行了；杀戮多而人心不服，为君者的地位就危险了。因此，满足人民的以上四种愿望，疏远的自会亲近；强行人民厌恶的上述四种事情，亲近的也会叛离。由此可知，“予之于民就是取之于民”这个原则，是治国的法宝。

《管子》是齐国政治家、思想家管仲及管仲学派的言行事迹，是一部光照千秋的先秦政治经济学大典，涉及政治、经济、军事、哲学等内容，在发展生产、养民生息方面也有精辟见解。在《管子·牧民》中指出：“政之所兴，在顺民心；政之所废，在逆民心。”也就是说政令之褒贬需以民心向背来衡量，这是一种典型的民本思想。只有坚持以人民为中心，政权才能更好地稳固长久。

综观人类社会道德的发展历史，迄今为止，我们先后经历了五种基本社会形态，与此相适应，出现了五种类型的社会道德，社会主义道德是崭新类型的道德，它反映的是社会主义经济基础，坚持以为人民服务为核心。为人民服务是中国共产党人把马克思主义基本原理与中国革命、建设、改革的具体实践相结合的伟大创造。为人民服务是中国共产党践行的根本宗旨，也是社会主义道德的集中体现，是全体中国人民共同遵循的道德要求。所以，为人民服务体现了社会主义道德的核心和本质要求，是社会主义道德区别于其他社会形态的显著标志，这也是对管子民本思想的一种传承和发展。

【教材内容链接】《思想道德与法治》第五章第一节“社会主义道德的核心与原则”之“坚持以为人民服务为核心”——社会主义道德的本质要求

【案例十】尊重理解人民　关心爱护人民

老吾老，以及人之老；幼吾幼，以及人之幼。

——《孟子·梁惠王上》

【案例分析】

这句话主要讲述了在赡养孝敬自己的长辈时不应忘记其他与自己没有亲缘关系的老人。在抚养教育自己的小孩时不应忘记其他与自己没有血缘关系的小孩。

在春秋战国的纷乱争斗中，齐宣王虽然不像齐桓公、晋文公那样赫赫有名，但也称得上是一位有故事的君主。齐宣王不是那种雄才大略的君主，但一直有称霸诸侯的野心。孟子与他见面时，正逢他趁燕国的内乱，发兵打败燕国的时候。正因为如此，齐宣王一见到孟子，劈头第一句话就是：“齐桓晋文之事，可得闻与？”其踌躇满志，可以说是跃然纸上。作为儒家知识分子，孟子当然不可能给齐宣王讲什么“齐桓晋文之事”，而是讲了一通“保民而王”的道理。这里涉及儒家一对重要的概念，即“王道”和“霸道”。同样是征服天下，霸道靠的是武力，谁的拳头硬、胳膊粗，谁就是老大；“王道”虽然也离不开实力，但更重要的还是依靠德行，施行仁政。作为一个君王，怎样才能施行德政，推行王道呢？关键一点，就是一个“推”字，推己及人，“老吾老以及人之老，幼吾幼以及人之幼”，将敬爱自己老人的心推行到天下的老人，将喜爱自己子女的心推行到天下的子女，爱惜民力，轻徭薄赋，使百姓能够安居乐业，衣食无忧。做到这一点，天下也就在自己的掌握之中了。

这就是“老吾老以及人之老，幼吾幼以及人之幼”的出处和本意。从最初的语境来看,这番话是讲给君主听的,但其意义和影响,却绝不仅仅是给齐宣王上了一堂“仁政”课那么简单。无论对于个人,还是整个社会,这句话都具有重大而深远的意义。

任何一个国家和民族,如果人人都自私自利,缺乏基本的道德伦理,那么这个国家和民族是延续不下去的。“老吾老以及人之老,幼吾幼以及人之幼”,体现了一种关爱老幼弱势群体的思想,一种社会道德观念,也体现了兼爱的思想。这个千百年传承下来的美德需要我们每一个人去发扬光大。

为人民服务作为社会主义道德的核心,是社会主义道德区别和优越于其他社会形态道德的显著标志,是先进性要求和广泛性要求的统一。在今天,毫不利己、专门利人、无私奉献是为人民服务,同志间、师生间、同学间互相关心、互相爱护、互相帮助也是为人民服务。大学生践行为人民服务,就是要弘扬为人民服务的精神,尊重人、理解人、关心人,为人民、为社会、为国家多做好事、多做贡献。

【教材内容链接】《思想道德与法治》第五章第一节“社会主义道德的核心与原则”之“坚持以为人民服务为核心”——先进性与广泛性的统一

【案例十一】先公后私　顾国爱民

浩荡离愁白日斜,吟鞭东指即天涯。

落红不是无情物,化作春泥更护花。

——龚自珍《己亥杂诗·其五》

【案例分析】

浩浩荡荡的离别愁绪向着日落西斜的远处延伸,马鞭向东举起,这一起身从此就是天涯海角了。我辞官归乡,有如从枝头上掉下来的落花,但它却不是无情之物,化成了泥土,还能起着培育下一代的作用。诗人辞官南归故里,后又北上接取眷属,就在往返途中创作了这一部堪称绝唱的大型七绝组诗。时值鸦片战争爆发的前夕，诗中颇有感时忧国的心情。这首诗表现了诗人辞官的决心，报效国家的信念与使命，以及献身改革理想的崇高精神，语气乐观，形象生动，极富艺术魅力。“落红不是无情物，化作春泥更护花”表现出诗人虽然脱离官场，但依然关心着国家的命运，不忘报国之志，以此来表达他至死仍牵挂国家的一腔热情，充分表达了诗人的壮怀。

落花绝不是无情的废物，诗人辞去礼部主事之职，正是为了到家乡主掌书院，聚徒讲学，把自己的学业和思想传给生徒，以变革的热情和对未来的憧憬启迪他们，为国为民尽自己的最后一点力量。花落归根，化为春泥，正可以孕育新的春天，色彩、芬芳，正可以献给后之来者。

为人民服务，既伟大又平凡，既高尚又普通。它并非高不可攀、遥不可及，而是可以通过不同层次、不同形式表现出来。诗人与腐败的官场决裂，向黑暗的势力抗争。为了国家和黎民百姓，为了似锦繁花，不惜献身化为春泥。事实上，一个人只要时时处处想到他人、想到社会、想到国家，从而能够推己及人、与人为善，服务他人、奉献社会，使他人能够因自己的所作所为而得到益处，使社会可以因自己的努力而发生积极改变，就是在践行为人民服务。

【教材内容链接】《思想道德与法治》第五章第一节“社会主义道德的核心与原则”之“坚持以为人民服务为核心”——先进性与广泛性的统一

【案例十二】服务他人　成人之美

君子成人之美，不成人之恶。

——《论语·颜渊》

【案例分析】

君子成全别人的好事，不促成别人的坏事。

孔子在这里提出了一个非常重要的概念“成人之美”。成人之美并不难理解，其重点在“美”上。这个“美”字，指的就是别人好的或善的、最起码也是对社会或他人无害的愿望或计划。成人之美不是单纯帮助别人达成愿望,而是帮别人达成美好善良的愿望。如果帮别人干坏事,目的实现了,那就不叫成人之美,而是“助纣为虐”。因此,所谓“君子成人之美”,就是指有德行的人,总是想着让别人好,尽力为别人创造条件,成全别人的好事。这种助人达成美好愿望的思想,体现了儒家“推己及人”的思想。君子成人之美,是出于对他人的关怀和尊重,是一种博大的情怀。这种助人达成美好愿望的情怀,不但给人带来情感上的慰藉,还能给人以生活或事业上的帮助,是在积德行善。

这个典故体现出的是关于道德的价值观,“德”产生在生活的方方面面,人们可以借助“德”来了解更多的人和采取不同的方式对待不同的人。要坚持推己及人、成人之美,尊重他人、理解他人,为人民为社会、为国家多做好事,多做贡献。

【教材内容链接】《思想道德与法治》第五章第一节“社会主义道德的核心与原则”之“坚持以为人民服务为核心”——先进性与广泛性的统一

【案例十三】整体利益高于个人利益

安得广厦千万间,大庇天下寒士俱欢颜!风雨不动安如山。呜呼!何时眼前突兀见此屋,吾庐独破受冻死亦足!

——杜甫《茅屋为秋风所破歌》

秦时明月汉时关,万里长征人未还。

但使龙城飞将在,不教胡马度阴山。

——王昌龄《出塞》

【案例分析】

杜甫说:如何能得到千万间宽敞高大的房子,普遍地庇护天下贫寒的读书人,让他们开颜欢笑!无论处于多大的暴风骤雨中房子都安稳得像是山一样。唉!什么时候眼前能出现这样高耸的房屋,到那时即使我的茅屋被秋风吹破,我自己受冻而死也心甘情愿!

王昌龄说:依旧是秦汉时期的明月和边关,守边御敌鏖战万里的将士们还未反回家乡。抗敌将领就像龙城的飞将李广等将领那样,绝不让敌人的军队南下越过阴山。

中华中国优秀传统文化中的儒家文化提倡的是集体主义精神,提倡“先天下之忧而忧,后天下之乐而乐”。把天下忧乐放在个人悲喜之前,是因为儒家知识分子知道,个人是集体里的一分子,大家都获得幸福,家庭成员便可享幸福。杜甫在草庐陋室里蜗居时,许下的愿望并不是自己得广厦阔宅,他殷殷期盼的是“安得广厦千万间,大庇天下寒士俱欢颜”,天下俱欢颜,则有你有我。这就是中国知识分子的心志,忧心的绝不仅仅是自我贫富,放眼的是天下百姓的穷达。所以中国出塞诗的描写,永远都是一边在戍客思归于边关,苦寒中思念家园,又是一边在保家卫国于孤城万仞下,拼性命守卫家园,“但使龙城飞将在,不教胡马度阴山”。大漠风寒、英雄不老的边塞诗,就是为确保“大家”安定而终得“小家”平安的典型代表。

在社会主义社会中,国家利益、社会整体利益和个人利益也是不能分割的。国家利益、社会整体利益体现着个人根本的、长远的利益,是所有社会成员共同利益的统一。同时,每个人的正当利益,又都是国家利益、社会整体利益不可分割的组成部分。国家社会的兴衰与个人利益的得失息息相关。集体主义强调国家利益、社会整体利益高于个人利益。

【教材内容链接】《思想道德与法治》第五章第一节“社会主义道德的核心与原则”之“坚持以集体主义为原则”——调节社会利益关系的基本原则

【案例十四】集体主义的层次性

子产曰:“苟利社稷,死生以之。且吾闻为善者不改其度,故能有济也。民不可逞,度不可改。”

——《左传·昭公四年》

公家之利，知无不为，忠也。

——《左传·僖公九年》

【案例分析】

子产说："如果有利于国家，我将置生死而不顾。而且我听说，要把事做好，只有不改变他的法制，才能够有所成功。所以，百姓不能放纵，法制不可更改。"无欲则刚。子产的气魄和胆量正是来源于他的公正与无私。正因为子产时时处处以社稷为重，他才敢为天下先，大胆改革，从而给郑国带来了崭新气象，也成就了他著名政治家的千古英名。

"公家之利，知无不为，忠也。"意思是对公家有利的事情，只要知道了就没有不去做的，这就是忠。这是春秋时晋国君臣的一段对话中的一句。原来这里的"公家"，是指晋献公的王室。后来人们引用这句话时，泛指国家整体利益的"大公"。意思是任何对国家、社会有利的事，只要知道了就应该立刻去做好，这才是对国对民最大的忠心。这里包含着三层意思：首先，是否心中有国家、有群众，时刻想到国家和人民的事、自己对国家的一份责任；其次，知道国家的任务，想不想去完成；最后，是不是努力去做好，做得完满。

根据我国现阶段经济社会生活和人们思想道德的实际，集体主义可以分为三个层次：一是无私奉献、一心为公。即时时处处为集体利益着想，并甘愿为集体牺牲一切，这是集体主义的最高层次。二是先公后私、先人后己。即自觉把集体利益放在个人利益之上，在维护集体利益的前提下，实现个人的正当利益。三是顾全大局、遵纪守法、热爱祖国、诚实劳动、以正当合法的手段保障个人利益，这是对公民最基本的道德要求。

中华优秀传统文化中有关家国天下的整体主义取向和马克思主义主张的集体主义道德原则很相似，两者都强调不计较个人得失，而要把整体利益放在更高的位置上。在传统社会中，个人的最高追求就是修身、齐家、治国、平天下，开万世太平，只有将个人追求融入家国天下的理想中才能真正实现自我的价值。因此,和集体主义相似,中华优秀传统文化一直强调整体的重要性,如果只注重私利而不顾公义就是小人,就会受到唾弃。君子舍生取义,小人则见利忘义。可见,在中华优秀传统文化中有着根深蒂固的整体主义取向,提倡一种超越个人私利、为大众奉献、为国家分忧、为天下担责的大道公义精神。这种精神和集体主义原则是共通的,当个人利益和集体利益发生冲突时,集体主义原则主张集体至上,中华优秀传统文化则主张整体至上。[①]当然,传统社会强调整体主义也有其历史局限性,主要表现为对个性的压抑或禁锢,使得传统封建社会中人民的合法权益难以得到保障,而且在强调个体服从整体或君主统治的过程中,愚忠的色彩浓厚。这些缺陷都是我们应当正视的。不过,我们也要看到整体主义的历史合理性,那种为了家国天下、百姓苍生而舍生取义的精神时至今日仍旧值得继承发扬。

整体主义是与个体主义或个人主义相对立的价值原则,在人与社会的关系网当中,中华优秀传统文化的价值理念倾向于从整体利益考虑,显示出一种明显的整体利益特征,也就是我们今天所弘扬的集体主义原则。

当代大学生应正确认识和处理国家利益、社会整体利益和个人利益的关系,自觉坚持个人利益服从整体利益、局部利益服从整体利益、当前利益服从长远利益,反对小团体主义、本位主义和极端个人主义。

【教材内容链接】《思想道德与法治》第五章第一节“社会主义道德的核心与原则”之“坚持以集体主义为原则”——集体主义的层次性

① 徐瑾等:《马克思主义和中华优秀传统文化的伦理契合性》,《决策与信息》,2021年第12期。

第二节　吸收借鉴优秀道德成果

弘扬社会主义道德，推进新时代公民道德建设，必须坚持马克思主义道德观，充分吸收借鉴各种优秀道德成果。社会主义道德不是凭空产生的，中华传统美德是中华文化的精髓，蕴含着丰富的思想道德资源；中国革命道德是对中华传统美德的继承和发展，是社会主义道德的红色基因。大学生应当自觉继承并弘扬中华传统美德和中国革命道德，同时以开放的胸怀和视野吸收借鉴人类文明的优秀道德成果，不断深化对社会主义道德的认识。

本节精选33个中华优秀传统文化案例，深入挖掘中华优秀传统文化中丰富的思想道德资源，为新时代弘扬社会主义道德提供优秀道德成果。

【案例一】先义后利　公而忘私

以公灭私，民其允怀。

——《尚书·周官》

被之僮僮，夙夜在公。

——《诗经·召南·采蘩》

国而忘家，公而忘私。

——班固《汉书·贾谊传》

【案例分析】

“以公灭私，民其允怀。”是指用公心消灭私欲，人民就会信任归向执政者。《周官》是诰令，这句话就是《周官》中的一句，号召大小官员认真工作，谨慎发令，言出即行，不可行使诈伪，周公除去私欲，位尊不当骄傲，禄厚不当奢侈，修养恭敬勤俭美德，以此赢得人民的信任。做到这些，人民才会心悦诚服。此句勉励官员需要重视国家利益、民族利益等整体性利益，强调责任意识和奉献精神。

“被之僮僮，夙夜在公。”意思是差来专为采白蘩，没日没夜为公侯。“夙夜在公”，指从早到晚，勤于公务。

2000 多年前的《诗经》已经提出“夙夜在公”的道德要求，认为日夜为公家办事是一种高尚的道德品质。西汉贾谊提出“国而忘家，公而忘私”，是指为了公事而忘记私事，为了国事而忘记家事，形容一心为公为国。以上都体现了强烈的为国家、为民族献身的精神。“公义胜私欲”是中华传统美德的根本要求，正是从国家利益和整体利益的原则出发，中国古代思想家强调在“义”和“利”发生矛盾时，应当以义为上、先义后利、见利思义、见义勇为。

【教材内容链接】《思想道德与法治》第五章第二节“吸收借鉴优秀道德成果”之“传承中华传统美德”——中华传统美德的基本精神（重视整体利益，强调奉献责任）

【案例二】为国为民 公而忘私

兵者凶器，将者危任，是以器刚则缺，任重则危。故善将者，不恃强，不怙势，宠之而不喜，辱之而不惧，见利不贪，见美不淫，以身殉国，壹意而已。

——诸葛亮《将苑·卷一·将志》

【案例分析】

兵器是一种凶器，为将统兵是一种重大的责任。兵器刚硬，容易缺损，将领任务重大所以有风险。因此，真正的将帅不以自己的部队强大有威势做靠山，当他受到君主的宠爱时不得意忘形，当他受到别人的诽谤污辱时，也不惧怕、退缩，看到利益时不起贪念，见到美女时更不心生邪念，只知全心全意保家卫国，以身殉职。

这篇文章论述了将领的修养。文章开门见山，以兵器作比喻，提出“器刚则缺”的论点，指出担负重任的将领，必须戒骄戒躁的道理。为免于“缺”，即免招“损”，为将之人必须加强自身修养。为此，诸葛亮提出了六个方面的禁戒，即不恃强、不怙势、不恃宠、不惧辱、不贪利、不贪淫，要求将领“以身殉国，壹意而已”。

诸葛亮的这个标准相当高，按照现代的话说就是要做到毫无自私自利之心，以公心灭除自己的私欲，把自己的一切都奉献给国家、民族和人民。那些身居高位、肩负重任的人，必须有这样的品德修养，才能不负重托。

诸葛亮自身足为典范，他一生谨慎，忠心耿耿，做到了“鞠躬尽瘁，死而后已”，所以受到后人钦敬效法，流芳千古。

【教材内容链接】《思想道德与法治》第五章第二节“吸收借鉴优秀道德成果”之“传承中华传统美德”——中华传统美德的基本精神（重视整体利益，强调责任奉献）

【案例三】居仁心　行仁义

孟子曰：“自暴者，不可与有言也；自弃者，不可与有为也。言非礼义，谓之自暴也；吾身不能居仁由义，谓之自弃也。仁，人之安宅也；义，人之正路也。旷安宅而弗居，舍正路而不由，哀哉！”

——《孟子·离娄章句上》

【案例分析】

孟子说：“自己摧残自己的人，不能和他讲什么大道理；自己抛弃自己的人，不能和他做什么大事情。开口便非议礼义，这便叫作自己摧残自己；认为自己不能以仁居心，不能践行道义，这便叫作自己抛弃自己。仁，是人类最安稳的宅子；义，是人类最正确的道路。空着最安稳的宅子不去住，放弃最正确的道路不去走，可悲呀！”

在孟子这里，“自暴自弃”指自己不愿意居仁心、行正义，而且还出言说毁礼义的行为。稍加引申，也就是自己不愿意学好人、做好事而自卑自贱，自甘落后，甚至自甘堕落。这就是成语“自暴自弃”的意思，只不过今天使用这个成语时，多半指那些遍受挫折后不愿重新振作的人罢了。从孟子宣传推广仁义道德的本意来看，他的这一段文字是非常优美而具有吸引力的。我们今天动辄就说寻找“精神家园”，而孟子早已明明白白地告诉我们：“仁，人之安宅也。”仁，是人类最安适的精神住宅、精神家园，你还到哪里去寻找呢？我们今天动辄就劝人走光明大道，而孟子早已明明白白地告诉你：“义，人之正路也。”义，是人类最正确的光明大道，你为什么还不去走呢？所以，孟子动感情地说：“旷安宅而弗居，舍正路而不由，哀哉！”

中国传统文化中包含着丰富的义利观思想，其“以义为上、先义后利、见利思义、见义勇为”的思想在今天仍具有现实的启发和指导意义。

【教材内容链接】《思想道德与法治》第五章第二节“吸收借鉴优秀道德成果”之“传承中华传统美德”——中华传统美德的基本精神（重视整体利益，强调责任奉献）

【案例四】坚持正确的义利观

子曰：“君子喻于义，小人喻于利。”

——《论语·里仁》

【案例分析】

孔子说：“君子懂得的是道义，小人懂得的是利益。”

我们在日常的生活里经常会遇到义，比如说某某人讲义气，某某人仗义执言，等等。但是我们很少仔细地想这中间的义到底是什么意思，什么叫义气，什么叫仗义。有时候我们会遇到诸如“义卖”“义演”“义赛”等活动，似乎不要钱而举办的活动，或者说的正规一点就是不以营利为目的的活动就可以被称为义，好像有利益存在的就是不义的。这种将义与利对立起来的概念似乎也是起源于《论语》里的"子曰:君子喻于义,小人喻于利。"但孔子只是说君子和小人在做事情时的出发点不同,而并没有说非义即利。

那么什么才是义呢?《新华词典》上的解释是准确的:正确合宜的道理或举动。简单地说,义就是正确的。首先要有个标准,与标准相比较是正确的,就称为义,所以我们经常会说……是正义的。《论语》第五章中,孔子评论子产说:"他有四个方面符合君子的标准:待人处世很谦恭,侍奉国君很负责认真,养护百姓有恩惠,役使百姓合乎情理。"在这里,"义"是正确的这个含义表现得很充分。

义不是人的外部环境,义也不是测量值,义是一个判断结果。它就像逻辑学中的肯定判断,它是在与标准的、基本的真理相比较后得出的肯定判断。义是一个衍生概念,它依赖于标准而存在。没有标准就无从谈正确与否,就无从谈义。

【教材内容链接】《思想道德与法治》第五章第二节"吸收借鉴优秀道德成果"之"传承中华传统美德"——中华传统美德的基本精神(重视整体利益,强调责任奉献)

【案例五】先义后利　公而忘私

文王寝疾,召太公望,太子发在侧。曰:"呜呼!天将弃予,周之社稷将以属汝。今予欲师至道之言,以明传之子孙。"太公曰:"王何所问?"文王曰:"先圣之道,其所止,其所起,可得闻乎?"太公曰:"见善而怠,时至而疑,知非而处,此三者道之所止也。柔而静,恭而敬,强而弱,忍而刚,此四者道之所起也。故义胜欲则昌,欲胜义则亡;敬胜怠则吉,怠胜敬则灭。"

——《六韬·文韬·明传第五》

【案例分析】

《六韬》是我国古代一部著名的兵书,成书于战国晚期,在宋代被列为

《武经七书》之一。《六韬》为《文韬》《武韬》《龙韬》《虎韬》《豹韬》《犬韬》。

文王卧病在床，召见太公，当时太子姬发也在床边。文王说："唉！上天将要结束我的寿命了，周国的社稷大事就要托付给您了。现在我想听您讲讲至理名言，以便明确地传给子孙后代。"太公问："您要知道些什么呢？"文王说："古代圣贤的治国之道，应该废弃的是什么，应该推行的又是哪些，您能够把其中的道理讲给我听听吗？"太公回答道："见到善事却懈怠不做，时机来临却迟疑不决，知道错误却泰然处之，这三种情况就是先圣治国之道所应废止的。柔和而清静，谦恭而敬谨，强大而自居弱小，隐忍而实力刚强，这四种情况是先圣治国之道所应推行的。所以，正义胜过私欲，国家就能昌盛；私欲胜过正义，国家就会衰亡；敬谨胜过懈怠，国家就能吉祥；懈怠胜过敬谨，国家就会灭亡。"

"义胜欲则昌，欲胜义则亡；敬胜怠则吉，怠胜敬则灭"，这是本篇提出的一个重要论点。正义和勤奋是为人处世的准则，也是立国兴邦之本。中国自古以来就有对义利观的讨论，传统道德中的义利之辨、理欲之辨，其核心和本质是公私之辨。"公义胜私欲"是中华传统美德的根本要求，它要求我们要始终坚持国家利益至上，重视整体利益。

【教材内容链接】《思想道德与法治》第五章第二节"吸收借鉴优秀道德成果"之"传承中华传统美德"——中华传统美德的基本精神（重视整体利益，强调责任奉献）

【案例六】推崇仁爱精神

夫仁者，己欲立而立人，己欲达而达人。

——《论语·雍也》

亲亲而仁民，仁民而爱物。

——《孟子·尽心章句上》

知者自知，仁者自爱。

——《荀子·子道》

【案例分析】

一个怀有仁心的人，一定是首先自己站得稳，然后看到别人摔倒也愿意扶的人。“己欲立而立人，己欲达而达人”是儒家思想“仁”的具体体现。一个仁爱的人，是一个以“博施济众”为己任的人，是一个乐善好施的人，但前提是自己要先有实力。如果自己都站不稳，又怎么能帮扶他人呢！

亲爱亲人而仁爱百姓，仁爱百姓而爱惜万物。对于物，主要是爱惜。爱惜的具体表现，就是要“取之有时，用之有节”，这种思想，与我们今天保护环境，珍惜自然资源的意识很接近。对于民，也就是老百姓，仁爱的具体表现就是孟子在《梁惠王上》里面所说的“老吾老以及人之老，幼吾幼以及人之幼”，而这种推己及人的仁爱，对禽兽草木等物是谈不上的。对于亲，也就是自己的亲人，则是一种以血缘关系为纽带的亲情，是人类感情中最自然最亲密的一个层次了。

明智的人有自知之明，仁德的人能自尊自爱。《荀子》中提到的“仁”是自尊自爱，不仅仅是爱自己，更多的是指通过让自己得到不断的完善的同时，也能够让别人耳濡目染到自己的“仁爱”的品德，从而督促每个人在自觉的“自尊自爱”过程中都能得到互相提升。

推崇仁爱、崇尚和谐是中华民族的优良传统和高尚品德。从仁爱精神出发，古人强调社会和谐，讲求和睦友善、推己及人，建立和谐友爱的人际关系；在民族关系上，主张各民族互相交融、和衷共济，建设团结和睦的大家庭；在对外关系上，倡导亲仁善邻、协和万邦，与世界其他民族在平等相待、互相尊重的基础上发展友好合作关系。

【教材内容链接】《思想道德与法治》第五章第二节“吸收借鉴优秀道德成果”之“传承中华传统美德”——中华传统美德的基本精神（推崇仁爱原

则,注重以和为贵）

【案例七】兼相爱　交相利

若使天下兼相爱,爱人若爱其身,犹有不孝者乎？视父兄与君若其身,恶施不孝？犹有不慈者乎？视弟子与臣若其身,恶施不慈？故不孝不慈亡有。犹有盗贼乎？故视人之室若其室,谁窃？视人身若其身,谁贼？故盗贼亡有。犹有大夫之相乱家,诸侯之相攻国者乎？视人家若其家,谁乱？视人国若其国,谁攻？故大夫之相乱家,诸侯之相攻国者亡有。若使天下兼相爱,国与国不相攻,家与家不相乱,盗贼无有,君臣父子皆能孝慈此,则天下治。

——《墨子·兼爱上》

【案例分析】

假若天下都能相亲相爱,爱别人就像爱自己,还能有不孝的吗？看待父亲、兄弟和君上像自己一样,怎么会做出不孝的事呢？还会有不慈爱的吗？看待弟弟、儿子与臣下像自己一样,怎么会做出不慈的事呢？所以不孝不慈都没有了。还有盗贼吗？看待别人的家像自己的家一样,谁会盗窃？看待别人就像自己一样,谁会害人？所以盗贼没有了。还有大夫相互侵扰家族,诸侯相互攻伐封国吗？看待别人的家族就像自己的家族,谁会侵犯？看待别人的封国就像自己的封国,谁会攻伐？所以大夫相互侵扰家族,诸侯相互攻伐封国,都没有了。假若天下的人都相亲相爱,国家与国家不相互攻伐,家族与家族不相互侵扰,盗贼没有了,君臣父子间都能孝敬慈爱,像这样,天下也就能治理了。

这就是墨子提出的“兼相爱,交相利”的思想,这一思想从仁爱精神出发,强调社会和谐,讲求和睦友善,倡导团结互助,主张与人为善等,体现了中华传统美德基本精神中推崇的仁爱原则,注重以和为贵的思想。

【教材内容链接】《思想道德与法治》第五章第二节“吸收借鉴优秀道德成果”之“传承中华传统美德”——中华传统美德的基本精神（推崇仁爱原

则，注重以和为贵）

【案例八】以和为贵

梁大夫宋就者，尝为边县令，与楚邻界。梁之边亭与楚之边亭皆种瓜，各有数。梁之边亭人劬力而数灌其瓜，瓜美；楚窳而希灌其瓜，瓜恶。楚令因以梁瓜之美怒其亭瓜之恶也。楚亭人心恶梁瓜之贤己，因夜往窃搔梁亭之瓜，皆有死焦者矣。梁亭觉之，因请其尉，亦欲窃往报搔楚亭之瓜。尉以请宋就，就曰："恶！是何可？构怨，祸之道也。人恶亦恶，何褊之甚也。若我教子，必每暮令人往，窃为楚亭夜善灌其瓜，勿令知也！"于是梁亭乃每幕夜往窃灌楚亭之瓜。楚亭旦而行瓜，则此已灌矣，瓜日以美。楚亭怪而察之，则乃梁亭之为也。楚令闻之大悦，因具以闻楚王，楚王闻之，赧然愧，以意自闵也。告吏曰："征搔瓜者，得无他罪乎？"此梁之阴让也，乃谢以重币，而请交于梁王。楚王时则称说，梁王以为信。故梁楚之欢，由宋就始。语曰："转败而为功，因祸而为福。"老子曰："报怨以德。"此之谓也！夫人既不善，胡足效哉？

——贾谊《新书·退让篇》

【案例分析】

梁国有一位叫宋就的大夫，曾经做过一个边境县的县令，这个县和楚国相邻界。梁国的边境兵营和楚国的边境兵营都种瓜，各有各的方法。梁国戍边的人勤劳努力，经常浇灌他们的瓜田，所以瓜长得很好；楚国士兵因为懒惰，很少去浇灌他们的瓜，所以瓜长得不好。楚国县令因为梁国的瓜长得好，而对楚国的瓜长得不好感到很生气。楚国士兵心里嫉恨梁国士兵瓜种得比自己好，于是夜晚偷偷去破坏他们的瓜，所以梁国的瓜总有枯死的。梁国士兵发现了这件事，于是请示县尉，也想偷偷去报复破坏楚营的瓜田。县尉拿这件事向宋就请示，宋就说："这怎么行呢？这是结下了仇怨，是惹祸的根苗呀。人家使坏你也跟着使坏，怎么心胸狭小得这样厉害！如果让我教给你办法，一定在每晚都派人过去，偷偷地为楚国兵营在夜里好好地浇灌他们的瓜田，不要让他们知道。”于是，梁国士兵就在每天夜间偷偷地去浇灌楚兵的瓜田。楚国士兵早晨去瓜园巡视，就发现瓜都已经浇过水了，瓜也一天比一天长得好了。楚国士兵感到奇怪，就仔细查看，才知道原来是梁国士兵干的。楚国县令听说这件事很高兴，于是把这件事详细地报告给楚王。楚王听了之后，又忧愁又惭愧，把这事当成自己的心病，于是告诉主管官吏说：“调查一下那些到人家瓜田里破坏的人，他们还有其他罪过吗？这是梁国人在暗中责备我们呀。”随后，楚王拿出丰厚的礼物，向宋就表示歉意，并请求与梁王结交。楚王时常称赞梁王，认为他能守信用。所以梁楚两国的友好关系，是从宋就开始的。古语说：把失败的情况转向成功，把灾祸转变成好事。老子说：用恩惠来回报别人的仇怨。就是说这类事情。别人已经做错了事，哪里值得效仿呢？

仁爱是中华民族道德传统的精髓。“仁者爱人”“己所不欲，勿施于人”“老吾老以及人之老，幼吾幼以及人之幼”皆体现这一精髓。中华传统美德推崇仁爱原则，注重以和为贵。仁爱之心是做人的基本要求，乃立人之本。然而在今天这个物欲横流的现实社会，人们的价值观念趋向多元，人与人之间情感淡漠、诚信缺失、人际关系不和谐等问题频繁出现。这迫切需要我们重拾传统美德，践行仁爱思想，理解做人的学问，用“仁爱”来加强自己的思想道德修养和科学文化素养，达到“内圣外王”。

【教材内容链接】《思想道德与法治》第五章第二节“吸收借鉴优秀道德成果”之“传承中华传统美德”——中华传统美德的基本精神（推崇仁爱原则，注重以和为贵）

【案例九】和平共处　团结和睦

小国寡民；使有什伯之器而不用；使民重死而不远徙。虽有舟舆，无所乘之；虽有甲兵，无所陈之。使民复结绳而用之。甘其食，美其服，安其居，乐其俗。邻国相望,鸡犬之声相闻,民至老死不相往来。

——《道德经·小国寡民》

【案例分析】

一个疆域不大,人口较少的国家(应当这样治理)。即使有各种各样的器具,却并不使用;使老百姓重视自己的生命,不会背井离乡,迁徙远方。即使有船和车子,也没有地方要乘坐它,即使有铠甲和兵器,也没有地方要陈放它。让百姓回到结绳记事的时代。使百姓吃得香甜,穿的漂亮,住的舒适,过得快乐。国与国之间互相望得见,鸡犬的叫声都互相听得见,但是百姓自给自足、安居乐业,到老至死也不相往来。

老子提出了自己的理想社会——小国寡民,没有战争,人民安居乐业,生活简单,民风淳朴。老子并不是要求人们倒退到原始社会,而是要求人们"知其文明,守其朴素"(冯友兰语)。老子的小国寡民,针对的是当时已经开始危害人民的大国兼并行为——通过战争兼并土地、掠夺人民,体现了一种反对战争,渴望和平的理想。"以和为贵"是中国传统的道德实践原则,深刻影响着中国的治国之道和对外关系思想。

和平、和睦、和谐是中华民族5000多年来一直追求和传承的理念。2015年为纪念联合国成立70周年,中国政府向联合国赠送了一座"和平尊"。"和平尊"展示了中华民族自古以来推崇仁爱、以和为贵的优良道德传统,传递了中国历来崇尚和平、谋发展、促合作、图共赢的愿望和信念。

【教材内容链接】《思想道德与法治》第五章第二节"吸收借鉴优秀道德成果"之"传承中华传统美德"——中华传统美德的基本精神(推崇仁爱原则,注重以和为贵)

【案例十】居仁心　行仁义

有子曰:"其为人也孝弟,而好犯上者,鲜矣。不好犯上,而好作乱者,未之有也。君子务本,本立而道生。孝弟也者,其为仁之本与!”

——《论语·学而》

颜渊问仁。子曰:“克己复礼为仁。一日克己复礼,天下归仁焉。为仁由己,而由人乎哉?”颜渊曰:“请问其目。”子曰:“非礼勿视,非礼勿听,非礼勿言,非礼勿动。”颜渊曰:“回虽不敏,请事斯语矣。”

——《论语·颜渊》

樊迟问仁。子曰:“爱人。”

——《论语·颜渊》

子张问仁于孔子。孔子曰:“能行五者于天下,为仁矣。”请问之。曰:“恭、宽、信、敏、惠。恭则不侮,宽则得众,信则人任焉,敏则有功,惠则足以使人。”

——《论语·阳货》

【案例分析】

有子说:“为人孝悌而又喜好犯上的人是很少见的。不喜好犯上而喜好作乱的人是没有的。君子追寻事物的根本,根本建立后道会自然产生。孝悌就是仁的根本。”

颜渊问孔子什么是仁。孔子说:“将自己克制在礼的范围内就是仁。一旦大家都将自己克制在礼的范围内,天下就达到仁的状态了。追求仁要由自己做起,不能归咎于他人。”颜渊问:“那具体怎样做呢?”孔子说:“非礼勿视,非礼勿听,非礼勿言,非礼勿动。”颜渊说:“我虽然不算聪明,但可以照着这几句话去做。”

樊迟问孔子什么是仁。孔子说:“爱人就是仁。”

子张问孔子什么是仁。孔子说:“能将五种美德推行于天下的就算是仁了。”子张问这五种美德都是什么。孔子说:“恭敬、宽容、守信、机敏、恩惠。恭敬可以不受轻侮,宽容可以赢得人心,守信可以得到人的信任,机敏可以建功,恩惠可以领导众人。”

通过上面四段话,我们可以看出“仁”似乎和很多概念有关。第一段中有子的话告诉我们,孝悌是仁的根本。第二段中孔子将认识礼而自觉地受礼的制约称为仁。第三段和第四段中,仁又与爱、恭、宽、信、敏、惠等这些美德联系在一起。

要做到仁是一个相对复杂的过程。因为,它不仅要求一个人有勇气,而且还要求一个人能对事物作正确的判断。而做判断是与一些正确的标准做比较的过程,但是谁又能保证标准是完全正确的呢?因此,很难将仁通过文字非常肯定地写出来。在众多的概念或是美德中,大部分都具有相对性,都会因时间、环境的不同而有所不同。虽然孔子用文字写出了一些如“爱人”“推行恭、宽、信、敏、惠于天下”这样的标准,在这些美德中,也只有“信”具有恒定性,而其他的概念都或多或少的具有相对性。比如,我们可以在今天推行宽容,而我们很难在抗日战争时期推行宽容。标准的完全相对就会思辨;绝对标准太多又会陷入信仰。因此,孔子思想在描述仁的过程中采用了动态的、灵活的方式。

【教材内容链接】《思想道德与法治》第五章第二节“吸收借鉴优秀道德成果”之“传承中华传统美德”——中华传统美德的基本精神(推崇仁爱原则,注重以和为贵)

【案例十一】注重人伦关系　重视道德义务

孔传:“天与民五常,使父义、母慈、兄友、弟恭、子孝。”

——《尚书·康诰》

父子有亲、君臣有义、夫妇有别、长幼有序、朋友有信。

——《孟子·滕文公章句上》

夫仁、义、礼、智、信五常之道。

——董仲舒《三人之策》

吾今为忠孝节义判官，所主人间忠臣、孝子、义夫、节妇事也。

——洪迈《夷坚丙志·忠孝节义判官》

【案例分析】

孔子传："上天给百姓五常，使父亲仁义、母亲慈爱、兄长友好、弟弟恭敬、子女孝顺。"

父亲与儿子之间有亲情、君王与臣子之间有节义、夫妻间有区别、年长与年幼者有主次、朋友之间有信任。

仁、义、礼、智、信是五种恒久不变的道。

"忠孝节义"，表面含义是古代提倡的道德准则，亦即对国家尽忠，对父母尽孝，夫妻间尽节，对朋友尽义，实是践行"五纲常"或"五达道"而体现出的德行和准则。在生活中，虽然价值内涵随着时代发展而有不同的创新但"忠孝节义"仍具有现实意义。

中华传统美德的一个重要的特点，就是非常重视每个人在人伦关系中的地位及价值，强调每个人都必须根据规范的要求来尽自己应尽的义务。早在《尚书》中就有"五教"的思想，到战国时期孟子又提出"五伦"说。汉代以后，思想家们为了更好地调整不断变化着的人际关系，相继提出了一些新的原则，如董仲舒提出了"仁、义、礼、智、信"，宋代的思想家们提出了"忠、孝、节、义"四大德目等，不断强化在人伦关系中每个人的责任和义务，强调人伦价值的重要意义。

【教材内容链接】《思想道德与法治》第五章第二节"吸收借鉴优秀道德成果"之"传承中华传统美德"——中华传统美德的基本精神（注重人伦关系，重视道德义务）

【案例十二】注重人伦关系　重视道德义务

夫道、德、仁、义、礼，五者一体也。道者，人之所蹈，使万物不知其所由。

德者，人之所得，使万物各得其所欲。仁者，人之所亲，有慈惠恻隐之心，以遂其生成。义者，人之所宜，赏善罚恶，以立功立事。礼者，人之所履，夙兴夜寐，以成人伦之序。夫欲为人之本，不可无一焉。

——黄石公《素书·原始章第一》

【案例分析】

道、德、仁、义、礼，本是五位一体，不可分离。道，是一种自然规律，人人都遵循着自然规律，自己却意识不到这一点，自然界万事万物亦是如此。德，即获得，依德而行，可使一己的欲求得到满足，自然界万事万物也是如此。仁，是人所独具的仁慈爱人的心理，人能关心、同情人，各种善良的愿望和行动就会产生。义，是人所认为符合某种道德观念的行为，人们根据义的原则，奖善惩恶，以建立功业。礼，是规定社会行为的法则、规范和仪式的总称，人人必须遵循礼的规范，兢兢业业，夙兴夜寐，按照君臣、父子、夫妻、兄弟等人伦关系所排列的顺序行事。这五个条目是做人的根本，缺一不可。

单就人伦规范方面讲，道、德是人的内在本质，而仁、义、礼是外在的表现形式。如人有实质的道德承载于内心，而形体的言谈举止自然有仁、义、礼的表现形式。儒家有云："诚于中而形于外。"意即内心的真实一定会表现到外表上来，正是此义。

中华传统美德是人类文明发展的重要精神财富，是社会主义道德建设的源头活水。正如习近平总书记强调："今天，中华民族要继续前进，就必须根据时代条件，继承和弘扬我们的民族精神、我们民族的优秀文化，特别是包含其中的传统美德。"①

【教材内容链接】《思想道德与法治》第五章第二节"吸收借鉴优秀道德成果"之"传承中华传统美德"——中华传统美德的基本精神（注重人伦关系，重视道德义务）

① 《习近平谈治国理政》，外文出版社，2014年，第181页。

【案例十三】追求精神境界　向往理想人格

孟子曰："人之所以异于禽兽者几希；庶民去之，君子存之。舜明于庶物，察于人伦，由仁义行，非行仁义也。"

——《孟子·离娄下·第十九章》

人无礼则不生，事无礼则不成，国家无礼则不宁。

——《荀子·修身》

子曰："饭疏食饮水，曲肱而枕之，乐亦在其中矣。不义而富且贵，于我如浮云。"

——《论语·述而》

富贵不能淫，贫贱不能移，威武不能屈，此之谓大丈夫。

——《孟子·滕文公下》

【案例分析】

中华传统美德主张在物质生活基本满足的情况下应追求崇高的精神境界，把道德理想的实现看作人生诸种需要中最高层次的需要。孟子说："人区别于禽兽的地方只有很少一点点，一般的人丢弃了它，君子保留了它。舜明白万事万物的道理，明察人伦关系，因此能遵照仁义行事，而不是勉强地施行仁义。"荀子说："做人不讲礼，就不能生存；做事不讲礼，就没有成就；国家不讲礼，就不得安宁。"从先秦儒家所强调的孔颜之乐（孔子说："吃粗粮、喝白水、弯着胳膊当枕头，这样的生活当中也有快乐！缺少仁义的富贵，对我来说，就像天上的浮云一样。"）到"大丈夫"人格（富贵不能使他的思想迷惑，贫贱不能使他的操守动摇，威武不能使他的意志屈服。）这种精神已经凝聚成为中华民族一种特有的价值追求。

中华文化追求人自身的崇高的精神境界，注重自身的良知、良心的修养与陶冶，向往理想人格的实现。无论外界的环境如何改变，都不能动摇自己的信念和意志，这样才是大丈夫。在孟子看来，真正的"大丈夫"不应以权势高低而论，而是能在内心中稳住"道义之锚"，面对富贵、贫贱、威武（有权威的）等不同人生境遇时，都能以道进退。孟子把居于仁、立于礼、行于义作为大丈夫应具备的高尚品德；把富贵不淫、贫贱不移、威武不屈作为大丈夫俊迈的节操。

先秦儒家思想家这些话，今天依然可以指导我们去探索人生的价值。2013 年 3 月 1 日，习近平总书记在中央党校建校 80 周年庆祝大会暨 2013 年春季学期开学典礼上的讲话中引用了《孟子·滕文公下》中的"富贵不能淫，贫贱不能移，威武不能屈"等古语，指出中国传统文化博大精深，学习和掌握其中的各种思想精华，对树立正确的世界观、人生观、价值观很有益处。在新时代，我们面临的急难险重任务多，诱惑也多，如何能处顺境不骄，处逆境不怨，首先要问问自己心中的"道义之锚"在哪里。

【教材内容链接】《思想道德与法治》第五章第二节"吸收借鉴优秀道德成果"之"传承中华传统美德"——中华传统美德的基本精神（追求精神境界，向往理想人格）

【案例十四】跳出小我　心怀大局

楚王出游，亡弓，左右请求之。王曰："止，楚王失弓，楚人得之，又何求之！"孔子闻之，惜乎其不大也，不曰人遗弓，人得之而已，何必楚也。

——《孔子家语·好生》

【案例分析】

据说楚王打猎时丢失了一张弓，但他阻止下属去寻找弓，他说："我失弓，得弓的也是楚国人，何必去寻找弓呢？"楚王能有"王民合一"的境界，值得称赞。但孔子却认为楚王的境界尚不够大，他说："失弓的是人，得弓的也是人，何必计较是不是楚国人呢？"在孔子的心中，楚人与天下人一样，都是平等的"人"，也道出了儒家"仁者爱人"的境界。

境界之高下，在于能否摒弃“物”的限制。境界体现一个人的人格胸襟、政治眼光和战略视阈，需要摒弃身份地位、物质条件、个人喜好等外界因素的制约。楚王的境界在于摒弃了楚王与楚人的限制，孔子的境界在于摒弃了楚人与天下人的限制，也让我们看到了不同境界带来的思想格局。漫画家丰子恺曾说：“人生应该有三层楼，底楼住物质，二楼住精神，三楼住灵魂。”一个人要提升自己的境界，就需要放大自己的格局，放下名、利、权、色等身外之“物”的困扰，尽力往“楼”上走：在精神信仰上登高，在道德修养上超越，在利益诉求上等闲，在大爱情怀上跨界，境界就会豁然为之一扩。

中华传统美德主张在物质生活基本满足的情况下追求崇高的精神境界，把道德理想的实现看作人生诸种需要中最高层次的需要。说到底，境界是一个人的心态问题，更是立场问题，有着鲜明的价值观属性。如果凡事淡公利己、私心居上，斤斤计较、毫厘必争，难免跌入俗境，思想也会自我矮化，停留在冯友兰所说的“功利境界”；而心系百姓、克己奉公，胸怀大爱、造福人类，则境界堪称高矣。工作生活中也是如此，心中有国家，眼里有大局，胸怀有他人，跳出“小我”看问题，仰望星空干事业，思想和精神境界将为人钦佩。

【教材内容链接】《思想道德与法治》第五章第二节“吸收借鉴优秀道德成果”之“传承中华传统美德”——中华传统美德的基本精神（追求精神境界，向往理想人格）

【案例十五】虚心谦逊　勤勉好学

水能性淡为吾友，竹解心虚即我师。

——白居易《池上竹下作》

【案例分析】

水能使人的性格淡泊，因而我以水为友；竹懂得虚心谦逊，因而可以做我的老师。

此二句是借咏物抒怀明志。在诗人看来，水光清澈潋滟，是淡泊、静谧的象征，以水为友，抒发了诗人闲适恬静的心境；竹心空虚，是谦逊、好学的象征，以竹为师，表达了诗人勤勉、谦虚的品格。

南宋末年政治家、文学家、抗元名臣文天祥的成长也深受竹子的影响。文天祥小的时候，父亲教他读书，而且总是喜欢在功课之外给他讲一些做人的道理，这些道理让文天祥受益匪浅。一天，父亲和他在书房读书，一阵凉风吹来，窗外的竹叶发出一阵细微的声响。父亲喜欢竹子，所以家里种了好多。文天祥看着窗外几百棵翠竹，不禁问道："您为什么这样喜欢竹子？"父亲拉着他走到窗前指着窗外亭亭玉立、硬朗有节的绿竹对他说："你想想看，竹子还在没出土的竹笋时就已经有节了，就像人从小就要有节操；而竹子长到了凌云的高度竹竿里还是空心的，就像很多人在取得了非凡的成就后依然很虚心一样；竹叶也不像别的树叶天气寒冷就会凋落，现在即使是冬天依然是翠绿的，它有一种坚强不屈的性格。竹子本身也是，你可以将它折断，但却不能让它一直弯曲地存在着，就像人一样宁折不屈。所以说，竹子本身的构造很有寓意，象征着人的一些美好品质，做人也要这样才行啊！"文天祥听得入了神，也从心底萌发了对竹子的喜爱之情。还将"像竹子一样做人"的话写成条幅，并当成座右铭贴在床头，挂在书桌前，以警示自己。

文天祥从小就受到这样的教育，所以他暗下决心："将来，我不但要为国家做事，成就一番事业，还要做一个顶天立地的大丈夫，不屈不挠。"文天祥长大后果然实现了自己的誓言，在元朝军队入侵宋朝时，他自己招募军队，奋起反抗。在不幸被俘后，面对高官厚禄的引诱不为所动，最后被杀，成为著名的民族英雄。他在《过零丁洋》中所作的"人生自古谁无死，留取丹心照汗青"，气势磅礴，情调高亢，他的壮节高义也鼓励着一代代为理想而奋斗的中华仁人志士。

【教材内容链接】《思想道德与法治》第五章第二节"吸收借鉴优秀道德

成果”之“传承中华传统美德”——中华传统美德的基本精神(追求精神境界向往理想人格)

【案例十六】以人为鉴　察色修身

以铜为鉴,可正衣冠;以古为鉴,可知兴替;以人为鉴,可明得失。

——欧阳修、宋祁等《新唐书·卷一一零·列传第二十二魏徵》

【案例分析】

用铜做镜子,可以整理好一个人的穿戴;用历史作为镜子,可以知道历史上的兴盛衰亡;用别人作自己的镜子,可以知道自己每一天的得失。要善于从与他人的比较中明己之长、知己之短,纠正自己的错误,从而更好的进步和发展。

“以铜为鉴,可以正衣冠;以人为鉴,可以明得失;以史为鉴,可以知兴替”这句话来自唐太宗李世民和魏征的故事。魏征能够直接向唐太宗表达自己的意见,并经常直接在朝堂上发表自己的意见。

由于唐太宗能够听取正确的意见,他统治的时期政治纯洁、社会稳定,见证了唐代的经济繁荣和国家实力。魏征死后,唐太宗悲痛欲绝。他命令为魏征立碑,自己写碑文。

在长期的历史发展中,中国传统美德已深入全民族的思维方式、价值观念和行为方式中,具有重要的当代价值。这些传统美德蕴藏的中国智慧,不仅为我们今天的道德建设提供有益启发,也为治国理政提供有益启示。

【教材内容链接】《思想道德与法治》第五章第二节“吸收借鉴优秀道德成果”之“传承中华传统美德”——中华传统美德的基本精神(强调道德修养,注重道德践履)

【案例十七】立身敦厚　不居浅薄

大丈夫处其厚，不处其薄；居其实，不居其华。

——《道德经·第三十八章》

【案例分析】

大丈夫立身敦厚，不居于浅薄；存心朴实，不居于虚华。厚德的一个很重要的内涵就是“居其实，不居其华”。老子看到，所谓的华丽、繁华，或者我们现在说的“名利”，本质上是浅薄的、不实在的，更非永恒的。什么才是实的呢？老子给出的答案是“厚”，也就是厚德。真正贵气的人，不会过度追求繁华、虚名，他们往往见素抱朴，返璞归真。我们可以发现，越是学识修养极高的人越和蔼，他无视一切权贵，面对弱小内心悲悯自生，在他眼里人没有实质上的等级。这不是故作姿态，这就是一种真正的贵气。没有厚德，仅靠功名、机遇或者是非法手段求得的福，就会像插在花瓶中的花，因为缺乏生长的土壤，马上就会枯萎。正如《周易·系辞下》中所说：“德不配位，必有灾殃。”如果自身的德行与自己所处的社会地位不相匹配，那么就必然会招致灾祸。

一个人住多贵的房子，开多贵的车，其实都没什么了不起。对一个素昧平生的陌生人能展现出多大的善意，才是衡量高贵的真正标尺。可惜的是，很多人并不能懂得这个道理。有的暴发户去餐厅吃饭，稍有不满意就冲着服务员大呼小叫；有的领导揪住下属的一点小错误就不放，不依不饶，这样的事情在生活中屡屡可以看到。如何迅速看清一个人，不要看他怎么对你，而要看他怎么对待那些比自己弱势的群体，或者没有任何利益关系的陌生人。这就是为什么有些所谓“土豪”家财万贯，浑身上下大牌加身，却不能让人产生丝毫的敬意。

不是所有人都能做到随时随地的善良，那些冲着服务员大发脾气的人，工作场上也许对谁都能保持八颗牙的笑；那些在网上一言不合就用最难听的话辱骂他人的人，生活中也许是个唯唯诺诺的老好人。真正渗入骨子里的善良，是一个人的天性，也是他的教养。“桃李不言，下自成蹊”，我们都应多存善心，多兴善举。通过切磋践履不断养成良好的道德习惯，形成完善的道德人格。

【教材内容链接】《思想道德与法治》第五章第二节“吸收借鉴优秀道德成果”之“传承中华传统美德”——中华传统美德的基本精神（强调道德修养，注重道德践履）

【案例十八】道德践履

诚实以启人之信我，乐易以使人之亲我，虚己以听人之教我，恭己以取人之敬我，奋发以破人之量我，洞彻以备人之疑我，尽心以报人之托我，坚持以杜人之鄙我。

——陈继儒《小窗幽记·卷十二·倩》

【案例分析】

对待身边的人一定要诚实，这样做所有的人才会相信自己；一定要做到平易近人，只有这样别人才愿意和自己亲近；一定要做到谦虚谨慎，这样做，别人才愿意教诲自己；待人一定要做到恭敬，这样，别人才会尊重自己；一定要奋发有为，从而让别人重新评估自己；一定要学会洞察世事，只有这样才能防备别人对自己猜疑；做什么事情一定要尽心尽力去做，从而把别人所托付的事情完成，实现别人的嘱托；一定要坚持正义，只有这样做别人才不会鄙视自己。

《小窗幽记》是明代陈继儒（一说陆绍珩）创作的小品文集，刊行于天启四年（1624 年）。全书分为醒、情、峭、灵、素、景、韵、奇、绮、豪、法、倩十二卷，共一千五百余则，内容涉及修身、养性、立言、立德、为学、致仕、立业、治家等各方面。

文中提到的诚实守信、平易近人、谦虚谨慎、恭敬礼让、奋发有为等传统美德，是当代大学生成长的宝贵精神营养，对我们今天的道德建设、治国理政以及解决当代人类面临的道德难题都有着重要启迪。

【教材内容链接】《思想道德与法治》第五章第二节“吸收借鉴优秀道德成果”之“传承中华传统美德”——中华传统美德的基本精神（强调道德修养，注重道德践履）

【案例十九】注重道德修养

见贤思齐焉，见不贤而内自省也。

——《论语·里仁》

孟子曰：“我善养吾浩然之气。”

—— 苏轼《潮州韩文公庙碑》

【案例分析】

看见有德行或才干的人就要想着向他学习，看见没有德行的人，自己内心就要反省是否有和他一样的错误。

孟子说：“我善于培养我所拥有的浩然之气。”孟子认为这种气浩大有力量，所以就应该用坦荡的胸怀去培养它滋养它而不能加以伤害。

中国古代的思想家大都认为，在修身养性的过程中，最重要的就是要使社会的道德原则和规范转换为自身的思想品德和行为实践，通过切磋践履不断养成良好的道德习惯，形成完善的道德人格。儒家经典《礼记》中明确提出，“修身”是“齐家、治国、平天下”的前提和基础，孔子提倡“修己”“克己”和“慎独”，提倡“见贤思齐焉，见不贤而内自省也”，孟子更主张“善养吾浩然之气”。墨家也非常重视修身，强调“察色修身”和“以身戴行”。

大学生要注重基本理论和基本观点的学习，同时也要做到知行统一，重视道德践履。这就要求大学生要坚持从自己做起，从现在做起，边获知边践履，在践履中进一步加深理解和认识，真正做到知行统一，从而不断提高思想道德境界，达到完善自身的目的。

【教材内容链接】《思想道德与法治》第五章第二节“吸收借鉴优秀道德成果”之“传承中华传统美德”——中华传统美德的基本精神（强调道德修养，重视道德践履）

【案例二十】察色修身　以身戴行

夏四月，取郜大鼎于宋。戊申，纳于大庙。非礼也。臧哀伯谏曰：“君人者，将昭德塞违，以临照百官；犹惧或失之，故昭令德以示子孙。是以清庙茅屋，大路越，通括席，大羹不致，粢食不凿，昭其俭也；衮冕黻珽，带裳幅舄，衡紞纮綖，昭其度也；藻率鞞鞛，鞶厉游缨，昭其数也；火龙黼黻，昭其文也；五色比象，昭其物也；钖鸾和铃，昭其声也；三辰旂旗，昭其明也。夫德，俭而有度，登降有数。文物以纪之，声明以发之，以临照百官，百官于是乎戒惧，而不敢易纪律。今灭德立违，而置其赂器于大庙，以明示百官。百官象之，其又何诛焉？国家之败，由官邪也；官之失德，宠赂章也。郜鼎在庙，章孰甚焉？武王克商，迁九鼎于雒邑，义士犹或非之，而况将昭违乱之赂器于大庙。其若之何？”公不听。

——左丘明《左传·桓公二年·臧哀伯谏纳郜鼎》

【案例分析】

夏季四月，（桓公）从宋国取得郜国大鼎，安放在太庙里，这样做不合礼制。臧哀伯劝谏（桓公）说：“做国君的，应当发扬道德，阻塞邪恶，以（更好地）管理和监察百官；还怕有缺失的地方，所以发扬美德给子孙后代做示范。因此，太庙用茅草盖顶，大车上用蒲席做垫子，（祭祀用的）肉汁不加调料，饼食不用精粮，这是为了昭示节俭；礼服、礼帽、蔽膝、玉笏，腰带、裙衣、绑腿、鞋子以及冠冕上用的衡、紞、纮、綖（等各式各样的带子和饰物），这是为了昭示等级制度；玉器垫、刀剑套、佩刀刀鞘上的饰物、束衣革带、飘带、旌旗饰品、马鞅，这是为了昭示（尊、卑）礼数；（在礼服上绣的）火、龙、黼、黻花纹，这是为了昭示文采；用青、赤、黄、白、黑五种颜色按天地万物的形貌绘出各种不同的形象，这是为了昭示物各有其用，而并非虚设；钖、鸾、和、铃，这是为了昭示动辄有声；在旗帜上绘上三辰，这是为了昭示光明。德，是俭约并有制度的，或增或减都要有节制。都要形成典章制度，把它记录下来，并公开发布出去，以此来管理监察百官，百官才有所警惕和畏惧，而不敢违规犯纪。现在泯灭道德而树立邪恶，把人家用作贿赂的器物安放在太庙，公开地展示给百官。百官也以此为榜样，还能惩罚谁呢？国家的衰败，来自官员的邪恶；而官员丧失道德，是由于受宠而贿赂公行。郜鼎放在太庙，还有什么比这更明显的受贿呢？周武王攻灭殷商，把九鼎迁到雒邑，仁人义士中还有人非议他，更何况把代表违德乱礼的受贿器物放在太庙，这可该对它怎么办呢？”桓公不听。

臧哀伯这篇谏辞，并不先说鲁桓公“取郜大鼎于宋，纳于大庙”这件事如何不对，而是以高屋建瓴之势，首先提出“君人者”最根本的社会职责是“昭德塞违，以临照百官”；其次从“昭其俭”“昭其度”“昭其数”“昭其文”“昭其物”“昭其声”“昭其明”七个方面阐明君主应如何体现和落实“昭德塞违，以临照百官”这一根本社会责任；最后指出桓公“纳郜鼎”事件必将导致的恶劣后果，还用周武王克商后“迁九鼎于雒邑”招来“义士”非议的历史教训，警醒鲁桓公必须清醒地认识“灭德立违”这一错误举措的危害性。

发扬美德，堵塞邪恶，所谓“昭德塞违”，是本篇之纲。本篇用了大量篇幅谈礼仪，保存了关于礼仪的资料。礼仪是道德的一种外在体现。在阶级社会里，道德礼仪是有阶级内容的，臧哀伯提出国君、大臣不能接受贿赂，应厉行俭约，以免导致国家衰败，是可取的。

还需要特别指出的是，任何一种文化在它的发展过程中，都会形成许多或厚或薄的积淀层，而每个积淀层都会或深或浅地打上它的时代烙印。因此，在阅读和欣赏此文的时候，也必须站在历史唯物主义的立场去审视，以辩证唯物主义的认识论去分析，去感悟。“君人者，将昭德塞违，以临照百官”,“国家之败,由官邪也;官之失德,宠赂章也”,其“合理内核”直到今天还有很好的垂诫和警示作用。

【教材内容链接】《思想道德与法治》第五章第二节“吸收借鉴优秀道德成果”之“传承中华传统美德”——中华传统美德的基本精神(强调道德修养,重视道德践履)

【案例二十一】中华优秀传统文化博大精深

孔子曰:“入其国,其教可知也。其为人也,温柔敦厚,《诗》教也;疏通知远,《书》教也;广博易良,《乐》教也;洁静精微,《易》教也;恭俭庄敬,《礼》教也;属辞比事,《春秋》教也。故《诗》之失愚,《书》之失诬,《乐》之失奢,《易》之失贼,《礼》之失烦,《春秋》之失乱。其为人也,温柔敦厚而不愚,则深于《诗》者矣;疏通知远而不诬,则深于《书》者矣;广博易良而不奢,则深于《乐》者矣;洁静精微而不贼,则深于《易》者矣;恭俭庄敬而不烦,则深于《礼》者矣;属辞比事而不乱,则深于《春秋》者矣。”

——王肃注《孔子家语·问玉》

【案例分析】

在这里,孔子阐述了《诗》《书》《乐》《易》《礼》《春秋》等中国传统文化典籍在道德教化中的重要意义。孔子说:“进入一个国家,就可以知道一个国家的教化程度了。那里人民的为人,如果辞气温柔,性情敦厚,那是《诗》教化的结果;如果通达政事,远知古事,那是《书》教化的结果;如果心胸宽广,和易善良,那是《乐》教化的结果;如果安详沉静,推测精微,那是《易》教化的结果;如果谦恭节俭,庄重诚敬,那是《礼》教化的结果;如果善于连属文辞,排比史事,那是《春秋》教化的结果。所以《诗》教的不足在于愚暗不明,《书》教的不足在于夸张不实,《乐》教的不足在于奢侈铺张,《易》教的不足在于过于精微细密,《礼》教的不足在于烦琐苛细,《春秋》教的不足在于乱加褒贬。

如果为人能做到温柔敦厚又不愚暗不明，那就是深于《诗》教的人了；如果能做到通达知远又不言过其实，那就是深于《书》教的人了；如果能做到宽广博大平易善良又不奢侈铺张，那就是深于《乐》教的人了；如果能做到沉静精微又不过于精微细密，那就是深于《易》教的人了；如果能做到恭俭庄敬又不烦琐苛细，那就是深于《礼》教的人了；如果能做到善于属辞比事又不乱加褒贬，那就是深于《春秋》教的人了。”

在长期的历史发展中，中华传统美德已经深入到全民族的思维方式、价值观念、行为方式和风俗习惯之中，具有重要的当代价值。中华优秀传统文化蕴藏着中国智慧，既为我们今天的道德建设提供有益启发，为治国理政提供有益启示，也为解决当代人类面临的道德难题提供了重要启迪，更为当代大学生提供了宝贵的精神财富。

【教材内容链接】《思想道德与法治》第五章第二节“吸收借鉴优秀道德成果”之“传承中华传统美德”——中华传统美德的基本精神（当代价值）

【案例二十二】道法自然　天人合一

人法地，地法天，天法道，道法自然。

——《道德经·第二十五章》

天地与我并生，而万物与我为一。

——《庄子·齐物论》

儒者因明致诚，因诚致明，故天人合一，致学而可以成圣，得天而未始遗人。

——张载《正蒙·乾称篇》

【案例分析】

“道法自然”，是出自《道德经》的哲学思想，意思是“道”所反映出来的规律是“自然而然”的。“人法地、地法天、天法道、道法自然”，老子用了一气贯通的手法，将天、地、人乃至整个宇宙的生命规律精辟地提炼、阐述出来。“道法自然”揭示了整个宇宙的特性，囊括了天地间所有事物的属性，宇宙天地间万事万物均效法或遵循“道”的“自然而然”规律。

“天人合一”的思想，是我们中华民族自古至今的哲学本质与精神核心。最早提出“天人合一”思想的是战国时期的庄子，而明确连用这四个字的是北宋的思想家张载。

“天人合一”是视天地万物为一体的思想。在中国古代文化中，人与自然的关系被表述为“天人关系”。董仲舒说：“天人之际，合而为一。”季羡林先生对此解释道：天，就是大自然；人，就是人类；合，就是互相理解，结成友谊。在儒家看来，“人在天地之间，与万物同流”，“天人无间断”。也就是说，人与万物一起生灭不已，协同进化。人不是游离于自然之外的，更不是凌驾于自然之上的，人就生活在自然之中。程颐说：“人之在天地，如鱼在水，不知有水，只待出水，方知动不得。”即根本不能设想人游离于自然之外，或超越于自然之上。“天人合一”追求的是人与人之间、人与自然之间共同生存，和谐统一。

“天人合一，道法自然”思想是我国古人看待人与自然关系的基本态度。宇宙自然是大天地，人则是一个小天地。人和自然在本质上是相通的，故一切人事均应顺乎自然规律，达到人与自然和谐。这对于现在的人与自然和谐相处具有重要的引导作用。

党的十八大以来，习近平特别强调天人合一、道法自然的宇宙观，他多次在国内外不同场合阐述天人合一、道法自然的哲学理念。比如，2015 年在气候变化巴黎大会开幕式上引用《荀子》中的“万物各得其和以生，各得其养以成”，说明中华文明历来强调天人合一、尊重自然；2017 年在联合国日内瓦总部指出，“我们应该遵循天人合一、道法自然的理念，寻求永续发展之路”[①]；2018 年在全国生态环境保护大会上引用《易经》中的“观乎天文，以察时变；

① 习近平：《共同构建人类命运共同体》，《求是》，2021 年第 1 期。

观乎人文,以化成天下”“财成天地之道,辅相天地之宜”,《老子》中的“人法地,地法天,天法道,道法自然”,《庄子》中的“天地与我并生,而万物与我为一”,李白的“天不言而四时行,地不语而百物生”[①]等,讲述传统文化中的自然观;2019年在亚洲文明对话大会开幕式上强调,“道法自然、天人合一是中华文明内在的生存理念”[②];等等。这些观念都强调要把天地人统一起来、把自然生态同人类文明联系起来,其中蕴藏着解决人与自然矛盾的重要启示。

在充分认识天人合一、道法自然等理念的基础上,习近平还学习和吸收了马克思主义关于人与自然关系的思想,提出了“坚持人与自然和谐共生”的理念。马克思认为,“人靠自然界生活”[③],但“如果说人靠科学和创造性天才征服了自然力,那么自然力也对人进行报复”[④]。基于此,习近平创造性地从生命共同体的角度对人与自然的关系作了精辟论述,指出,“人因自然而生,人与自然是一种共生关系,对自然的伤害最终会伤及人类自身”[⑤],“自然是生命之母,人与自然是生命共同体”[⑥]。一方面,大自然是包括人在内的一切生物的摇篮,是人类社会产生、存在和发展的基础和前提,人类可以通过社会实践活动有目的地利用自然、改造自然。另一方面,由于人类归根到底是自然的一部分,在开发自然、利用自然时,不能凌驾于自然之上,必须敬畏自然、尊重自然、顺应自然、保护自然,推动形成人与自然和谐共生的新格局。否则自然遭到系统性破坏,人类生存发展就成了无源之水、无本之木。这种人与自然和谐共生、人与自然生命共同体理念,赋予传统“天人合一”“道

① 中共中央党史和文献研究院:《十九大以来重要文献选编》(上),中央文献出版社,2019年,第443、450页。

② 习近平:《论党的宣传思想工作》,中央文献出版社,2020年,第403~404页。

③ 《马克思恩格斯选集》(第一卷),人民出版社,2012年,第55页。

④ 《马克思恩格斯选集》(第三卷),人民出版社,2012年,第275~276页。

⑤ 中共中央文献研究室:《习近平关于社会主义生态文明建设论述摘编》,中央文献出版社,2017年,第11页。

⑥ 习近平:《论党的宣传思想工作》,中央文献出版社,2020年,第331页。

法自然”理念以时代价值,是运用辩证唯物主义世界观和方法论对人与自然关系认识的创新性发展。

习近平生态文明思想根植和升华于生生不息的中华文明，充分吸纳中华优秀传统文化的时代价值，对中华优秀传统文化进行创造性转化和创新性发展,让新时代生态文明理念充满了中华文化韵味,也使中华优秀传统生态文化在新时代得以传承和升华。[①]

【教材内容链接】《思想道德与法治》第五章第二节“吸收借鉴优秀道德成果”之“传承中华传统美德”——中华传统美德的创造性转化和创新性发展(加强对中华传统美德的挖掘和阐发)

【案例二十三】亲仁善邻　协和万邦

亲仁善邻,国之宝也。

——《左传·隐公六年》

克明俊德,以亲九族。

九族既睦,平章百姓。

百姓昭明,协和万邦。

——《尚书·虞书·尧典》

【案例分析】

亲近仁义、和邻国友好,这是国家宝贵的财富。俗话说,远亲不如近邻,“邻里”作为一种以地缘关系为基础的人际关系,对于有着深厚农耕文化的中国来说,具有十分重要的意义。中华民族是重信义、讲情义的智慧民族,与邻里、邻邦之间和睦相处、守望相助,与不同文明多交流、多对话,不仅是中国人的处世之道,也是中华民族所追求的道德目标之一。

---

① 王艺霖:《习近平生态文明思想对中华优秀传统文化的创造性转化和创新性发展》,《环境与可持续发展》,2021 年第 6 期。

尧是一个伟大的人，他能够弘扬“大德”，让家族和睦；家族和睦之后又协调百姓，协调各个家族之间的关系，实现社会和睦；社会和睦之后再协调万邦诸侯，也就是各个邦国的利益，让各个邦国都能够和谐合作，这是一个由小及大、由近及远的思想体系。其中的“协和万邦”引申到今天，就是协调不同国家之间的关系，让各个国家都能够相互尊重、相互合作、共同发展。

2019 年 5 月 15 日，亚洲文明对话大会在北京开幕，为亚洲不同文明交流互通提供了展示的舞台，也开启了跨越千年的相遇与邀约。习近平主席出席开幕式并发表主旨演讲，提出要深化文明交流互鉴，共建亚洲命运共同体。在说到中华文明是在同其他文明不断交流互鉴中形成的开放体系，始终在兼收并蓄中历久弥新时，习近平主席一连使用了“亲仁善邻”“协和万邦”等多个典故。

中国自古以来就是礼仪之邦，历来追求和睦、爱好和平。习近平主席所说的“亲仁善邻，协和万邦”，不仅包含了中华传统文化中“仁”“和”的优秀基因，也体现了“海纳百川，有容乃大”的广阔胸怀。这些优秀的传统文化既是中华文明得以延续的精神支柱，也是构建人类命运共同体的思想渊源，更是中华优秀传统文化进行创造性转化和创新性发展的具体体现。

如今各国相互依存度持续增加，只有尊重、包容不同文明的存在，坚持互利合作，纳百家优长，集八方精义，才能与世界各国一道，实现共同发展和共同繁荣。

如习近平所说：“未来之中国，必将以更加开放的姿态拥抱世界、以更有活力的文明成就贡献世界。”[①]这也正是“亲仁善邻”“协和万邦”表达的寓意。

【教材内容链接】《思想道德与法治》第五章第二节“吸收借鉴优秀道德成果”之“传承中华传统美德”——中华传统美德的创造性转化和创新性发

① 习近平：《深化文明交流互鉴 共建亚洲命运共同体——在亚洲文明对话大会开幕式上的主旨演讲》，2019 年 5 月 15 日，新华网，http://www.xinhuanet.com/politics/leaders/2019-05/15/c_1124497022.htm。

展（加强对中华传统美德的挖掘和阐发）

【案例二十四】中华文明历久弥新

天行健，君子以自强不息；地势坤，君子以厚德载物。

——《易经·象传》

上善若水。水善利万物而不争，处众人之所恶，故几于道。居善地；心善渊；与善仁；言善信；政善治；事善能；动善时。夫唯不争，故无尤。

——《道德经·第八章》

［先君］益自奋励，自理学及经世致用书，靡不究览。

——崔述《考信录·卷四·先府君行述》

【案例分析】

“天行健，君子以自强不息；地势坤，君子以厚德载物。”是指天的运动刚强劲健，相应于此，君子处事，应像天一样，自我力求进步，刚毅坚卓，发奋图强，永不停息。大地的气势厚实和顺，君子应增厚美德，容载万物。

“上善若水”，身居高位的人最好的行为是像自然界的水一样呵护大家。水善于滋润万物而不与万物相争，停留在众人都不喜欢的地方，所以最接近于“道”。最善的人，居处最善于选择地方，心胸善于保持沉静而深不可测，待人善于真诚、友爱和无私，说话善于恪守信用，为政善于精简处理，能把国家治理好，处事能够善于发挥所长，行动善于把握时机。最善的人所作所为正因为有不争的美德，所以没有过失，也就不会埋怨他人。

“［先君］益自奋励，自理学及经世致用书，靡不究览。”原意是指先父发更加发奋努力，从理学到经世致用的书籍，全都详细研读。经世致用是说学术要对国家和社会的治理发挥实际效用。“经世”即治理国家和社会事务，“致用”即发挥实际效用。17世纪初，思想家顾炎武、王夫之、黄宗羲、李颙等人倡导学术研究要关注现实，通过解释古代典籍，阐发自己的社会政治见解，解决社会实际问题，以增进国家治理、民生安定、社会改良。这一思想强调知识的政治价值和知识分子的现实担当，体现了中国传统知识分子讲求功效、务实的思想特点和“以天下为己任”的情怀。

中华文明拥有辉煌的历史，积淀了深沉厚重的文明财富，为世界文明宝库增添了中国成分，做出了中国贡献。

中华文明蕴含的哲学智慧、人文精神、教化思想、道德理念历久弥新，今天依旧可以为人们改造客观世界和主观世界提供启迪，为道德建设提供资源，为治国理政提供启示，为全球治理提供启发，为解决人类面临的共同难题提供智慧。比如，“天下兴亡，匹夫有责”的爱国情怀，“刚健有为，自强不息”的奋斗精神，“民胞物与，民贵君轻”的民本思想，“民惟邦本，本固邦宁”的治国理念，“亲仁善邻，协和万邦”的处世之道，“上善若水，厚德载物”的道德境界，“天下为公，世界大同”的人类意识，“正心诚意，修齐治平”的心性修养，“天人合一，道法自然”的生存理念，“知行合一，躬行实践”的实践精神，“革故鼎新，与时俱进”的精神气质，“过犹不及，执两用中”的辩证智慧，“尊祖宗重人伦，崇道德尚礼仪”的礼治精神等，这些思想理念和文化精神闪耀着恒久的思想光芒。今天，中国传统文化中的这些优质基因并没有失传，而是在不断的创造性转化和创新性发展中与社会主义先进文化相适应，与改革开放的新时代相契合，为调适人与社会、人与人、人与自然，以及人的身心关系提供智慧启迪，焕发出强大的文化生命力。①

【教材内容链接】《思想道德与法治》第五章第二节“吸收借鉴优秀道德成果”之“传承中华传统美德”——中华传统美德的创造性转化和创新性发展（用中华传统美德滋养社会主义道德建设）

---

① 陈曙光：《以更有活力的文明成就贡献世界——学习领会习近平主席在亚洲文明对话大会开幕式上的主旨演讲》，《光明日报》，2019 年 5 月 22 日。

【案例二十五】树立革命理想　担当革命大任

尽其心者，知其性也。知其性，则知天矣。存其心，养其性，所以事天也。夭寿不二，修身以俟之，所以立命也。

——《孟子·尽心上》

为天地立心，为生民立命，为往圣继绝学，为万世开太平。

——张载《横渠语录》

【案例分析】

第一则案例出自《孟子·尽心上》，孟子说："尽自己的善心，就是觉悟到了自己的本性。觉悟到了自己的本性，就是懂得了天命。保存自己的善心，养护自己的本性，以此来对待天命。不论寿命是长是短都不改变态度，只是修身养性等待天命，这就是确立正常命运的方法。"

第二则案例选自北宋大儒张载所著的《横渠语录》，意思为："为天地确立起教化万物的真理，为百姓确立护持生命的规则，继承先哲优秀的传统文化，为千秋万世开拓政通人和的局面。"这四句话后被冯友兰称为"横渠四句"。

上述两则案例，都体现了古代大儒对于立心、立命的深刻见解，提出了修贤、修圣的路径。同时也是古代知识分子对国家和社会责任的担当，成为醒世箴言和无数知识分子的理想信念，为后世所广泛传颂，"后来经过历代传扬和不断诠释，便成为中国知识分子历史使命、社会担当的经典表达"[①]。

中国革命道德是指中国共产党人、人民军队、一切先进分子和人民群众在新民主主义革命和社会主义革命与建设中所形成的优良道德。从发生学角度出发，革命道德应发端于革命年代，与革命者息息相关，可理解为革命与道德二者结合，是革命者所倡导的、革命者所具有的行为准则和规范。中国革命道德的基本内涵是以实现社会主义和共产主义的崇高理想为目标，以

① 韩星、李雅雯：《中国士人使命担当的经典表达——张载"为万世开太平"新解》，《西北大学学报》（哲学社会科学版），2019 年第 3 期。

全心全意为人民服务为核心，以集体主义为原则，高举爱国主义与国际主义相结合的旗帜，形成无私奉献、顽强拼搏、艰苦奋斗、勤俭节约等革命精神。

【教材内容链接】《思想道德与法治》第五章第二节"吸收借鉴优秀道德成果"之发扬中国革命道德——中国革命道德的形成与发展

【案例二十六】为大众谋福　为人民献身

当此之时，一馈而十起，一沐而三捉发，以劳天下之民。

——刘安《淮南子·泛论训》

【案例分析】

在那时，夏禹吃一顿饭有可能被打断十次，洗一次澡有可能三次拧干头发起来处理事务，他就是这样劳累、忧虑为百姓服务。

夏禹的时代，依据五音来处理政务，悬挂钟鼓磬铎、设置鞀鼓来接待四方之士，并发布命令说："拿道来指教我的请击鼓，用义来教诲我的请敲钟，有事情要告诉我的请摇铎，有忧愁事想告诉我的请击磬，有官司诉讼的请摇鞀鼓。""当此之时，一馈而十起，一沐而三捉发，以劳天下之民。"表达了夏禹为民操劳和勤于政务的优良品质。

全心全意为人民服务是中国革命道德从一开始就特别强调的内容。一切革命者都要服务于大多数人民的利益，彻底地为人民的利益工作。为群众服务、为大众谋幸福、为人民利益而献身，不为"一沐而三捉发"生怨，做到"以劳天下之民"。全心全意为人民服务作为贯穿中国革命道德始终的一根红线，是中国共产党在中国革命实践中的一个伟大创造，对中国的革命、建设、改革事业都产生极其重大的推动作用。

【教材内容链接】《思想道德与法治》第五章第二节"吸收借鉴优秀道德成果"之"发扬中国革命道德"——中国革命道德的形成与发展

【案例二十七】弘扬革命道德 一切为了人民

古者以天下为主，君为客，凡君之所毕世而经营者，为天下也。

——黄宗羲《明夷待访录·原君》

【案例分析】

古时将天下看成是主，将君主看作是客。凡是君主一世所经营的，都是为了天下人。

中国传统文化中历来就有民本思想，从孟子的“民贵君轻”到后来黄宗羲的“天下为主君为客”，无疑都表现了对人民的尊敬和重视，形成了民主思想发展的源泉。于是，在传统民本思想的基础上，中国共产党在革命实践中，制定了一切为了群众、一切依靠群众、从群众中来、到群众中去的群众路线，肯定了人民群众在革命中的主体地位和作用。

中国革命道德从一开始就特别强调要为群众服务，为大众谋幸福，为人民利益献身，并认为这是对一切革命人士和先进分子的要求。在革命战争时期，中国共产党之所以能够在非常困难的情况下战胜千难万险取得革命的胜利，能够保证革命事业的发展和壮大，就是因为有革命的理想和信念，有革命的精神和道德情操。

【教材内容链接】《思想道德与法治》第五章第二节“吸收借鉴优秀道德成果”之“发扬中国革命道德”——中国革命道德的主要内容（全心全意为人民服务）

【案例二十八】坚定理想信念 传承革命情操

苟利国家生死以，岂因祸福避趋之。

——林则徐《赴戍登程口示家人二首》

【案例分析】

只要对国家有利，即使牺牲自己的生命也心甘情愿，绝不会因为自己可能受到祸害而躲开。

1841年鸦片战争期间，道光皇帝将坚决禁烟、抗击英军的林则徐贬戍新疆伊犁。次年农历八月，林则徐自西安启程赴伊犁。临行前吟诗两首，留别家人。案例出自其第二首。这句诗表现出了林则徐以国事为重、不顾个人安危的刚正不阿的高尚品德和忠诚无私的爱国情操。

在中华民族源远流长的文化传承中，尽管有不同的历史兴衰和诸多朝代的更替，但并没有阻断中华文化的传承和中华民族的世代赓续，文化作为民族的精神血脉，在中国历史变迁的长河中历经磨砺却更加坚韧。“鸦片战争后，为探索救亡图存的道路，无数仁人志士以‘苟利国家生死以，岂因祸福避趋之’的抱负，满怀‘以爱国相砥砺，以救亡为己任’的热忱和为振兴中华而一往无前，愈挫愈奋的激情与勇气，虽然未能从根本上改变旧中国半殖民地半封建社会的境遇，但也写下了近代历史浓重的一笔。”[①]

中国革命道德的主要内容之一就是要始终把革命利益放在首位。共产党人和革命者从事革命活动的目的就是要为革命利益而奋斗，在个人利益与革命利益发生矛盾时，要“以革命利益为第一生命，以个人利益服从革命利益。”[②]正如林则徐所抒发的豪情壮言那般，“苟利国家生死以，岂因祸福避趋之”。中国革命得以取得胜利，正是因为革命者们用生命诠释了“革命理想高于天”。

【教材内容链接】《思想道德与法治》第五章第二节“吸收借鉴优秀道德成果”之“发扬中国革命道德”——中国革命道德的主要内容（始终把革命利益放在首位）

① 孙占元：《中国共产党对中华优秀传统文化的传承和创新发展》，《山东社会科学》，2022年第1期。

② 《毛泽东选集》（第二卷），人民出版社，1991年，第361页。

【案例二十九】发扬革命道德　开启奋斗新征程

将军前在南阳，建此大策，常以为落落难合，有志者事竟成也。

——范晔《后汉书·耿弇传》

【案例分析】

东汉时，耿弇是东汉光武帝刘秀手下的一员名将。有一回，刘秀派他去攻打地方豪强张步，战斗非常激烈。后来，耿弇的大腿被一支飞箭射中，他抽出佩剑把箭砍断，又继续战斗，终于大败敌人。光武帝感慨地对他说："将军以前在南阳时就提出攻打张步、平定山东一带的计划，当时我还觉得计划太大了，难于实现。现在我才知道，有志气的人，事情终归是能成功的。"后人由此典故剪裁出"有志者事竟成"作为一则成语，指有志向的人做事终究会成功，形容只要有决心有毅力，任何难题最终都会迎刃而解。

历史告诉我们，一个革命者唯有牢固树立并自觉坚持革命道德观，始终把革命利益放在首位，才能在革命事业的艰难困苦中经受住严峻考验；才能在身处顺境时保持清醒的头脑，身处逆境时仍然坚韧不拔，保持应有的革命节操；才能视国家和民族的利益为最大价值而为之不懈努力、奋斗终生。中国革命道德在要求一切革命者和先进分子自觉地服从革命利益的同时，也要求革命的集体和领导始终不渝地从各个方面照顾每个革命成员的个人利益，关心他们的事业成就和个人的全面发展。

在今天，发扬光大革命道德，能够引导人们正确对待个人利益和社会整体利益、国家利益的关系，能够帮助人们在深刻把握历史、认识社会、审视人生的基础上，以昂扬姿态开启全面建设社会主义现代化国家的新征程。

【教材内容链接】《思想道德与法治》第五章第二节"吸收借鉴优秀道德成果"之"发扬中国革命道德"——中国革命道德的主要内容（始终把革命利益放在首位）

【案例三十】淡泊名利　清正廉洁

丹青不知老将至，富贵于我如浮云。

——杜甫《丹青引赠曹将军霸》

【案例分析】

你毕生专攻绘画不知老之将至，荣华富贵对于你却如空中浮云。

曹霸最初学东晋卫夫人的书法，写得一手好字，只恨不能超过王羲之。他一生沉浸在绘画艺术之中而不知老之将至，情操高尚，不慕荣利，把功名富贵看得如天上浮云一般淡薄。因此，“富贵于我如浮云”常被那些清贫且清高的读书人当作座右铭，以表明自己淡泊名利，超然物外。

修身自律、保持节操体现了中国共产党人对自身道德修养的重视。淡泊名利作为中华民族的传统美德，对中国革命者的思想和行为都产生深刻影响，并经过改造、创新，成为中国革命道德的主要内容。深藏功名、淡泊名利、一生为民、忠诚于党，这是一名共产党员的高贵品格，也是一名共产党员的革命本色。加强个人道德修养是影响革命成败的大事。因此，中国共产党人要以中国革命事业为重，严于律己，谦虚谨慎；淡泊名利，清正廉洁；襟怀坦荡，光明磊落；始终保持高风亮节，展现出高尚的人格魅力和不屈不挠的革命精神。以平和之心对名利，以淡泊之心对得失，以敬畏之心对权力，“为民、务实、清廉”，保持党的先进性和纯洁性，永葆共产党人的本色。

【教材内容链接】《思想道德与法治》第五章第二节“吸收借鉴优秀道德成果”之“发扬中国革命道德”——中国革命道德的主要内容（修身自律、保持节操）

【案例三十一】兼收并蓄　博采众长

成王封伯禽为鲁公，召而告之曰：“尔知为人上之道乎？凡处尊位者，必以敬下顺德规谏，必开不讳之门，蹲节安静以籍之，谏者勿振以威，勿格其言，博采其辞，乃择可观。”

——刘向《说苑·君道》

【案例分析】

周成王册封周公旦的儿子伯禽为鲁公，召见伯禽并告诫他说：“你知道做君主的道理吗？凡是处在尊贵地位的人，必须敬重下属，顺应民意来规劝纳谏；必须广开无所避讳的大门，守法谦让安静地依靠子臣。对于进谏的人，不要用君主的威严吓唬他们，不要阻拦他们说话，要广泛地采纳他们的意见，才能够选择到合理的内容。”此为成语博采众长的出处。

博采众长，意思为广泛采纳众人的长处及各方面的优点，或从多方面吸取各家的长处。人类文化和文明发展进步的过程表明，一种文化能够通过与其他文化交流碰撞、冲突融合而保持其生命力，是实现自我更新和自我发展的重要条件。中华民族是一个开放包容的民族，善于博采众长，吸收世界民族之林里的璀璨之处。一个国家或民族的道德进步，既要注意在文明交流中坚守自身优秀道德传统，也要在文明互鉴中积极吸收其他有益的道德成果。

借鉴和吸收人类文明优秀道德成果，必须秉承正确的态度和科学的方法。要做到不忘本来，吸收外来，面向未来。不忘本来，即坚持以我为主。中华传统美德内容丰富、博大精深，是人类文明发展的重要精神财富，是社会主义道德建设的源头活水。吸收外来，必须秉承取其精华，去其糟粕的方法，大胆吸收和借鉴人类道德文明的积极成果。面向未来，中国作为国际大国，拥有丰富优秀的道德成果，但也需要与其他国家共同建设人类道德文明，形成你中有我、我中有你的命运共同体，同世界各国人民创造丰富多彩的文明，一起为人类社会共同进步做出新贡献。

【教材内容链接】《思想道德与法治》第五章第二节“吸收借鉴优秀道德成果”之“借鉴人类文明优秀道德成果”——文明因交流而多彩，文明因互鉴而丰富

【案例三十二】吸收外来　海纳百川

海纳百川，有容乃大；壁立千仞，无欲则刚。

——林则徐《两广总督府衙堂联》

【案例分析】

以上是清末政治家林则徐任两广总督时在总督府衙题书的堂联。意为：大海因为有宽广的度量才容纳了成百上千条河流；高山因为没有钩心斗角的凡世杂欲才如此的挺拔。“有容乃大”，语出《尚书·君陈》：“有容，德乃大。”人的德行要广大，要有像海一样的广阔胸怀。做人如此，治国也同样可以借鉴，一个国家要想各个领域都兴旺发达，必须要能接纳不同的思想，政治、经济、文化、艺术等，才能高度文明，而不是某一方面畸形发展，造成社会大众心智的缺失，这样的国家是不会长久富强的。

文明交流互鉴是文明发展的本质要求，只有同其他文明相互交流借鉴，才能保持旺盛生命力。中华民族的优良道德传统和其他各国的优良道德传统都是其重要组成部分。中华民族的优秀道德成果从与其他文明的交流中获得了丰富营养，也为人类文明进步做出了重要贡献。

【教材内容链接】《思想道德与法治》第五章第二节“吸收借鉴优秀道德成果”之“借鉴人类文明优秀道德成果”——文明因交流而多彩，文明因互鉴而丰富

【案例三十三】以文化人　以文育人

观乎天文，以察时变；关乎人文，以化成天下。

——《周易·贲卦》

【案例分析】

观察天地运行的规律，以认知时节的变化；注重伦理道德，使人们的行为合乎文明礼仪。

中华优秀传统文化强调以文化人、以文育人，这一优秀的道德理念具有重要的借鉴意义。

文明因交流而多彩，因互鉴而丰富。每一种文明都是美德的结晶，都彰显着创造之美，都对促进道德发展做出过不同程度的贡献。人类文化和文明发展进步的过程表明，一种文化能够通过与其他文化交流碰撞和冲突融合而保持其生命力，是实现自我更新和自我发展的重要条件。因此，一个国家或民族的道德进步，既要注意在文明交流中坚守自身优秀道德传统，也要在文明互鉴中积极吸收其他有益道德成果。不忘本来，吸收外来，面向未来，以正确的态度、科学的方法借鉴和吸收人类文明优秀道德成果。

【教材内容链接】《思想道德与法治》第五章第二节“吸收借鉴优秀道德成果”之“借鉴人类文明优秀道德成果”——文明因交流而多彩，文明因互鉴而丰富

第三节　投身崇德向善的道德实践

公民道德建设，对于提高人民思想觉悟、道德水准、文明素养，提高全社会文明程度，具有至关重要的作用。弘扬社会主义道德，必须坚持以为人民服务为核心，以集体主义为原则，推进社会公德、职业道德、家庭美德、个人品德建设。大学生要自觉讲道德、尊道德、守道德，做社会主义道德的践行者、示范者和引领者。

本节精选 34 个中华优秀传统文化案例，从中华优秀传统文化中寻找自古至今人们所弘扬的社会公德、职业道德、家庭美德和个人品德。为大学生做社会主义道德的践行者、示范者和引领者提供有益借鉴。

【案例一】以身作则行大道

大道之行也，天下为公，选贤与能，讲信修睦。故人不独亲其亲，不独子其子，使老有所终，壮有所用，幼有所长，鳏、寡、孤、独、废疾者皆有所养，男有分，女有归。货恶其弃于地也，不必藏于己；力恶其不出于身也，不必为己。是故谋闭而不兴，盗窃乱贼而不作，故外户而不闭。是谓大同。

——《礼记·礼运》

【案例分析】

在大道施行的时候，天下是人们所共有的，把品德高尚的人、能干的人选拔出来，讲求诚信，培养和睦气氛。所以人不只是敬爱自己的父母，不只是疼爱自己的子女，要使老年人能终其天年，中年人能为社会效力，幼童能顺利地成长，使老而无妻的人、老而无夫的人、幼而无父的人、老而无子的人、残疾人都能得到供养。男子有职务，女子有归宿。反对把财物弃置于地的浪费行为，不是为了占为己有；人们都愿意为公众之事竭尽全力，而不一定为自己谋私利。因此奸邪之谋不会发生，盗窃、造反和害人的事情不会发生。所以门从外面带上，而不从里面闩上，这叫作理想社会。

此文在阐明大同社会基本特征的基础上，指出了大同社会的美好前景。这里人人都能受到社会关爱，安居乐业，且各尽所能，寄托着儒家崇高的社会理想。

文中拿现实社会跟理想的大同社会做对比，从而顺理成章地指出，现实社会中诸多现象，如搞阴谋、盗窃财物、作乱等在大同社会中将不复存在，代之而兴的将是一个“外户而不闭”的和平、安定的局面。这其中已经折射出现实社会的真实情形：社会变乱纷乘，动荡不安尔虞我诈，人人自危，盗贼横行，混乱不堪。

总之，此文中所描述的理想社会，反映了中国古代人民对美好社会的幸福憧憬。虽然主观目的只是论说礼仪、阐释古制、宣传儒家思想，但其中“天下为公”的大同社会理想，却是两千多年前的古代圣贤留给全人类的思想财富。读来启人深思，鼓舞人心。

“大同社会”理想与马克思主义所揭示的人类最高理想社会——共产主义社会相契合。二者都指向人类社会无限美好的未来前景。加强社会公德建设，有助于构建社会主义和谐社会，有利于新时代社会主义精神文明建设，能够促进社会整体文明进步，为实现中华民族伟大复兴的中国梦和实现共产主义社会理想提供强大的精神力量。

【教材内容链接】《思想道德与法治》第五章第三节“投身崇德向善的道德实践”之“遵守社会公德”——公共生活中的道德规范

【案例二】贵耳贱目　重遥轻近

世人多蔽，贵耳贱目，重遥轻近。少长周旋，如有贤哲，每相狎侮，不加礼敬；他乡异县，微借风声，延颈企踵，甚于饥渴。校其长短，核其精麤，或彼不能如此矣。所以鲁人谓孔子为东家丘，昔虞国宫之奇，少长于君，君狎之，不纳其谏，以至亡国，不可不留心也。

——颜之推《颜氏家训·慕贤篇》

【案例分析】

颜之推认为，世上的人大多有一种盲目性，也就是对传闻的事物很注重，对亲眼所见的事物却很轻视，对远方的人很重视，对近处的、身边的人则不当回事。从小到大常往来的人中，如果有谁是贤士哲人，往往人们也会对他轻慢，缺少礼貌尊敬。而异地他乡的人只凭借些许名声，就会有许多人伸长脖子，踮起脚跟，朝思暮盼，如饥似渴地想见一见。其实，比较二者的短长，审察二者，很可能远处的人还不如身边的人，所以鲁人会把孔子叫作“东家丘”，而不认为他是圣人。从前虞国的宫之奇从小生长在虞君身边，虞君轻视他，不听他的劝谏，最终落了个亡国的结局。颜之推叮嘱后人，以后对于这个教训一定要加以注意。

“贵耳贱目,重遥轻近”这种现象在当今网络社会也比较突出。网络拉近了我们与陌生人的距离,有些人认为“远来的和尚会念经”,盲目追星、迷恋网恋,却疏远家人、同学、朋友等身边的人,忽视了从现实交往中向身边的人学习。其实,道德模范是群众身边看得见、摸得着的榜样,是可以学、能够学的标杆。大学生应注意进行健康网络交往,还要注意向我们这个时代涌现出的先进人物学习。

网络生活也是人的真实生活,大学生作为使用网络的主要群体,应当维护正常的网络公共秩序,遵守网络生活中的道德要求。一方面要正确使用网络工具,加强网络道德自律。自觉抵制网络欺诈、造谣、诽谤、谩骂、歧视、色情、低俗等内容,反对网络暴力行为,维护网络道德秩序;另一方面应当带头引导网络舆论,营造良好网络道德环境。对模糊认识要及时廓清,对怨气怨言要及时化解,对错误看法要及时纠正,促进网络空间日益清朗。

【教材内容链接】《思想道德与法治》第五章第三节“投身崇德向善的道德实践”之“遵守社会公德”——网络生活中的道德要求

【案例三】恪守职业道德规范

桓公曰:“成民之事若何?”

管子对曰:“四民者,勿使杂处,杂处则其言哤(máng),其事易。”

公曰:“处士、农、工、商若何?”

管子对曰:“昔圣王之处士也,使就闲燕;处工,就官府;处商,就市井;处农,就田野。

令夫士,群萃而州处,闲燕则父与父言义,子与子言孝,其事君者言敬,其幼者言弟。少而习焉,其心安焉,不见异物而迁焉。是故其父兄之教不肃而成,其子弟之学不劳而能。夫是,故士之子恒为士。

令夫工，群萃而州处，审其四时，辨其功苦，权节其用，论比协材，旦暮从事，施于四方，以饬其子弟，相语以事，相示以巧，相陈以功。少而习焉，其心安焉，不见异物而迁焉。是故其父兄之教不肃而成，其子弟之学不劳而能。夫是，故工之子恒为工。

令夫商，群萃而州处，察其四时，而监其乡之资，以知其市之贾，负、任、担、荷，服牛、轺马，以周四方，以其所有，易其所无，市贱鬻贵，旦暮从事于此，以饬其子弟，相语以利，相示以赖，相陈以知贾。少而习焉，其心安焉，不见异物而迁焉。是故其父兄之教不肃而成，其子弟之学不劳而能。夫是，故商之子恒为商。

令夫农，群萃而州处，察其四时，权节其用，耒、耜、枷芟，及 寒，击除田，以待时耕；及耕，深耕而疾耰之，以待时雨；时雨既至，挟其枪、刈、耨、镈，以旦暮从事于田野。脱衣就功，首戴茅蒲，身衣袯襫，沾体涂足，暴其发肤，尽其四支之敏，以从事于田野。少而习焉，其心安焉，不见异物而迁焉。是故其父兄之教不肃而成，其子弟之学不劳而能。夫是，故农之子恒为农。野处而不回匿，其秀民之能为士者，必足赖也。有司见而不以告，其罪五。有司已于事而竣。”

——《管子·小匡》

【案例分析】

齐桓公问：“怎样使百姓各就其业呢？”

管仲回答说：“士、农、工、商四类百姓，不要让他们混杂居住。混杂居住会使他们相互之间语言嘈杂，不能安心做事。”

齐桓公问：“怎样安置士、农、工、商的居住区域呢？”

管子回答说：“从前圣王这样安置：从事讲学的，要住在幽静的地方；从事手工制作的，要住在离官府不远的地方；从事商业的，要住在设集市的街市；从事农业的，要住在乡间。

让士人聚集在一起居住。如果住在一个地方的都是士人，闲居无事的时候,父老之间谈论对人要讲信义,子弟之间谈论对父母要孝顺,臣子之间谈论对国君要恭敬,年少的谈论对兄长要尊敬,学习礼义。那么大人、孩子言谈话语就全不离本行,这样他们从小就学习本行,熟悉本行,习惯了,心也就安定,乐于本业,不会因见到其他职业而产生改变职业的念头(见异思迁)。所以父兄对子弟的教诲不必经过严肃督促便能完成,子弟的学习不费力气就能学好。这样一来,士人的子弟就总还是保持士的身份。

让手工业者聚集在一起居住。如果住在一个地方的都是手工制作者,他们观察四季不同的需要,辨别器用质量的精粗美丑,估量它们的用途,选用材料时比较其中的好坏并使它恰到好处。他们从早到晚做这些事,把产品销往各地,用这些教诲他们的子弟,互相讨论工作,互相交流技术,互相展示成果,比赛技巧,提高智慧和技能。他们整天从事于此,大人、孩子言谈话语就全不离本行,这样他们从小就学习本行技术,熟悉本行,习惯了,心也就安定,乐于本业,不会因见到其他职业而产生改变职业的念头。所以工匠父兄对子弟的教诲不必经过严肃督促也能教好,工匠子弟的学习不必费很多力气、吃很多苦头就能学好。这样一来,手工业者的弟子就总还是保持手工业者的身份。

让商人聚集在一起居住。如果住在一个地方的都是商人,他们观察四季的需要、年景的吉凶,调查当地物资的贵贱、多寡有无等情况,了解上货物品的价格,预知市场价格,估计明天商品的贵贱,然后把货物背在背上,抱在怀里,用肩挑着,用肩扛着,用笨重的牛车、轻便的马车拉货,把货物运往各地,用自己有的东西,换取自己没有的东西,以其所有,易其所无,贱价买进高价卖出。奇怪罕见的商品经常到来,珍异的东西也有聚集。他们从早到晚整天从事这些事情,用这些教诲他们的子弟,互相谈论生财之道,互相显示自己的赢利,互相告知物品买卖时机。年少时就学习经商,那么大人、孩子言谈话语互相陈说商品知识全不离本行,这样他们从小就学习经商,熟悉商业行情,心也就安定,乐于本业,不会因见到其他职业而产生改变职业的念头。所以商人的父兄对子弟的教诲不必经过严格的督促便能学得很好，商人子弟的学习不费力气就能学会。这样一来,商人的子弟就总还是保持商人的身份。

让那些农民聚集在一起生活。如果住在一个地方的都是农民,他们观察四季气候,安排置备生产所需的农具,检查修理耒、耜、连枷、镰刀等各种农具。在天气尚冷的时候,就铲杂草,除掉田里枯草,清理田地,待时而耕;耕种时,耕得深,种得均,翻地之后盖土要快,深耕后立即把土耙平。在降雨之前就除草松土,以待时雨。带上镰、大小锄头各种农具,从早到晚在田里从事农活,脱下常服,头戴斗笠,身穿蓑衣,一身泥水,双脚泥泞,毛发和皮肤暴露在烈日风雨之中,竭尽四肢之力,而积极地在田里干活劳动。年少时就学习务农,那么大人、孩子言谈话语就全不离耕种稼穑,这样他们从小就学习本行,熟悉本行,习惯了,心也就安定,乐于本业,不会因见到其他职业而产生改变职业的念头。所以农村父兄对子弟的教诲不必经过严格督促便能完成,他们的子弟对农事活动的学习不用吃苦费力就能学会,这样一来,农民的子弟就总还是保持农民的身份。他们居住在郊野而没沾染不良习气,其中能入仕做官的优秀者,一定足以信赖。如果有关官员见到这样的人才不予推荐,就要受到五刑的处罚。所以他们必须推荐贤才,才算完成职责。”

春秋战国时期,辅佐齐桓公“九合诸侯,一匡天下”的齐国宰相管仲,在中国历史上第一次将人们按职业划分为士、农、工、商“四民”,并就“四民”提出了职业道德规范。管仲提出的“四民分业论”有明显的保守性,但也反映了当时社会的客观存在和人们关于分工、分业的观念。管仲的“四民分业定居论”要求同业者聚集,一定程度上培养了一种良好的专业氛围,使人能够在自己的本职工作上专心致志,从而维持了社会的相对稳定,对当时社会发展具有一定的历史意义。但是时代的进步与技术的发展,使得四民分业定居变得不切实际与效率低下。当今社会强调合作共赢,各行业各部门之间都是相互联系的,都可以进行合作,技艺的传承也并非是需要在家庭中进行,由长辈进行传授,向所有愿意学习的人进行传授会更有助于技艺的进步与继承。

孔子则倡导从事各种职业的人以天下为己任,自觉以道德完善人格。他将“仁”的实现作为人们的最高人生追求和理想。“仁”的人格最高境界就是“志士仁人,无求生以害人,有杀身以成仁”,“三军可夺帅也,匹夫不可夺志也”。孟子提出“充实之谓美”。当人的道德充实于内心而又表现得光辉灿烂时,他就是一个具有人格美的人。人格美的实现是一个不断充实、修养的过程。孟子提出“养浩然之气”。浩然之气,“配义与道”,使人“富贵不能淫,贫贱不能移,威武不能屈”。这种崇高的人格不能局限于小我之范围,而要给予他人和社会更多的关心, 担负更多的社会责任。孔子说:“仁者爱人”“仁者为公”“仁者先难而后获”“己欲立而立人,己欲达而达人”。己立己达是对自己尽责,立人达人则是对他人尽责。董仲舒说“仁之法在爱人,不在爱我”,并“以天下为己任”。深受儒家思想熏陶的宋代名臣范仲淹的 “先天下之忧而忧,后天下之乐而乐”则体现了一种高尚的职业道德和完善人格。陆象山说:“宇宙内事,即己分内事,己分内事,即宇宙内事”表达了一种开阔的胸怀和强烈的社会责任感。

中国传统道德文化关于自觉以道德完善人格的思想有积极意义:首先,它在中国漫长的历史进程中,熏陶、培养出范仲淹式的一批仁人志士和个人道德修养极佳的官吏和学者,成为后人效法的榜样。其次,对我们今天的职业道德提供自我修养,完善人格;不畏困苦,积极进取;大公无私,助人为乐有深刻的启迪作用。[①]

随着现代社会分工的发展和专业化程度的提高,市场竞争日趋激烈,整个社会对从业人员职业观念、职业态度、职业纪律和职业作风的要求越来越

---

① 唐永进:《职业道德建设与继承发扬中华民族优秀传统道德文化》,《齐鲁学刊》,1998 年第 3 期。

高。因此，各行各业的从业者应自觉恪守职业道德，引导和约束从业行为，推动社会持续、健康和有序发展。

【教材内容链接】《思想道德与法治》第五章第三节“投身崇德向善的道德实践”之“恪守职业道德”——职业生活中的道德规范

【案例四】君子应有的职业道德

子路问君子。子曰：“修己以敬。”曰：“如斯而已乎？”曰：“修己以安人。”曰：“如斯而已乎？”曰：“修己以安百姓。修己以安百姓，尧舜其犹病诸？”

——《论语·宪问》

【案例分析】

子路问怎样做才是君子。孔子说：“修养自己以做到恭敬认真。”子路说：“像这样就可以了吗？”孔子说：“修养自己并且使别人安乐。”子路又问：“像这样就可以了吗？”孔子说：“修养自己并且使百姓安乐。修养自己，使百姓都安乐，尧、舜大概都担心很难完全做到吧！”

孔子倡导“修己以敬”，然后“修己以安人”“修己以安百姓”。把“修己以敬”作为“安人”“安百姓”的基础，认为统治者只有认真严肃地提高自己的修养（不仅指道德，还包括文化、技能等），才能使其他人过上安逸的生活，才能使老百姓安居乐业。这实际上提出了统治者应有的职业道德。孔子在这里回答了作为“君子”的两大目标，也可以说是两大标准，即修养自己与治国安民。他认为，君子的首要目标是修养自己，成就高尚人格，具有崇高道德是君子立身处世的关键所在，只有这样做，才能安定周围的人，进而使所有人都得到平安快乐。在孔子看来，“修身立德”与“治国安民”的关系是确立根本之道与在政治实践中应用、践行根本之道的关系。这就是儒家一贯倡导的“内圣外王”“修己治人”之道。2018 年 11 月 26 日，习近平总书记主持十九届中央政治局第十次集体学习，他指出：“《论语》中，说要‘修己以敬’‘修己以安人’‘修己以安百姓’,对我们共产党人来说,修己最重要的是修政治道德。我们党对干部的要求,首先是政治上的要求。选拔任用干部,首先要看干部政治上清醒不清醒、坚定不坚定。”①

从业先立德,立德先修身。无论从事什么职业,都应以立德修身涵养职业道德,强化职业精神,塑造良好品性。以爱岗敬业、诚实守信、办事公道、热情服务的道德操守奉献社会。

【教材内容链接】《思想道德与法治》第五章第三节“投身崇德向善的道德实践”之“恪守职业道德”——职业生活中的道德规范

【案例五】重视敬业精神

子曰:“君子食无求饱,居无求安,敏于事而慎于言,就有道而正焉,可谓好学也已。”

——《论语·学而》

比年入学,中年考校。一年视离经辨志,三年视敬业乐群,五年视博习亲师,七年视论学取友,谓之小成。九年知类通达,强立而不反,谓之大成。

——《礼记·学记》

敬业者,专心致志,以事其业也;乐群者,乐于取益,以辅其仁也。

——朱熹《朱子文集·仪礼经传通解》

业精于勤,荒于嬉;行成于思,毁于随。方今圣贤相逢,治具毕张。拔去凶邪,登崇畯良。占小善者率以录,名一艺者无不庸。爬罗剔抉,刮垢磨光。盖有幸而获选,孰云多而不扬?诸生业患不能精,无患有司之不明;行患不能成,无患有司之不公。

——韩愈《进学解》

① 习近平:《努力造就一支忠诚干净担当的高素质干部队伍》,《思想政治工作研究》,2019年第2期。

【案例分析】

孔子说:“君子,饮食不求饱足,居住不要求舒适,对工作勤劳敏捷,说话却小心谨慎,到有道的人那里去匡正自己,这样可以说是好学了。”

每年招收学生入学,每隔一年对学生考查一次。第一年考查学生断句分章、弄清经文旨意的能力,第三年考查学生是否专心学习和亲近同学,第五年考查学生是否广泛学习和亲近老师,第七年考查学生讨论学业是非和识别朋友的能力,(这一阶段学习合格)叫“小成”。第九年学生能举一反三,触类旁通,思想观点坚定不移,不违背老师的教诲,(达到这一阶段的学习标准)叫“大成”。

敬业的人,能够专心致志、严肃认真、勤奋努力地对待自己的事业;乐群的人,以吸取别人的有益言行为乐,来辅助自己的仁义之心。

学业由于勤奋而专精,由于玩乐而荒废;德行由于独立思考而有所成就,由于因循随俗而败坏。当今圣君与贤臣相遇合,各种法律全部实施。除去凶恶奸邪之人,提拔优秀人才。具备一点优点的人全部被录取,拥有一种才艺的人没有不被任用的。选拔优秀人才,培养造就人才。只有才行不高的侥幸被选拔,绝无才行优秀者不蒙提举。诸位学生只担心学业不能精进,不要担心主管部门官吏不够英明;只担心德行不能有所成就,不要担心主管部门官吏不公正。

中国传统道德文化对敬业精神非常重视,朱熹说:“敬业者,专心致志,以事其业也。”《礼记》则明确要求人们“敬业乐群”,即对自己的事业严肃认真,兢兢业业,毫不懈怠。敬业的主要内蕴是“敬事”,即认真严肃对待自己的工作,忠实于自己的事业,“敏于事而慎于言”。对待工作要认真严肃,踏踏实实,勤劳敏捷,不夸夸其谈、好大喜功、说得多做得少,或只说不做。职业道德要求人们对自己从事的职业精益求精。韩愈告诫人们:“业精于勤,荒于嬉;行成于思,毁于随。”只有敬事、勤奋、深思、慎行,才能把事情做好,为社会做出贡献。中国传统道德文化还有“先劳后禄”“苟利国家,不求富贵”的主张,即通过诚实劳动获取报酬(禄)。在职业生涯中把所从事的工作是否对国家有利放在首位,而不是一味追求功名富贵。除了“敬业”外,中国传统道德文化还主张“乐群”,乐于在同事、师友之间切磋技艺、学问,相互启发,取长补短;乐于在群体中服务社会,乐于在职业岗位上履行对集体、对国家的义务。正所谓“天下兴亡,匹夫有责”。中国传统道德文化关于敬业的思想无疑是我们今天建设社会主义职业道德的直接思想来源。恪尽职守、勤奋工作(敬业)既是中华民族传统道德文化的基本内容,又是社会主义职业道德的基本规范。在大力发展社会主义市场经济的今天,具有很强的现实针对性。在改革开放和现代化建设过程中,我们仍要大力提倡敬业精神,力争为社会主义事业创造出更多的物质财富和精神财富。[①]

【教材内容链接】《思想道德与法治》第五章第三节“投身崇德向善的道德实践”之“恪守职业道德”——职业生活中的道德规范

【案例六】提倡诚信的职业道德

开心见诚,无所隐伏。

——范晔《后汉书·马援传》

君子之言,信而有征,故怨远于其身;小人之言,僭而无征,故怨咎及之。

——《左传·昭公八年》

以贯民禁伪而除诈。

——《周礼·地官·司市》

【案例分析】

披露真心,显示诚意,没有什么隐藏的。

① 唐永进:《职业道德建设与继承发扬中华民族优秀传统道德文化》,《齐鲁学刊》,1998年第3期。

君子的话，诚实而有证明，所以怨恨远离他的身体；小人的话，虚伪而没有证明，所以怨恨和灾祸来到他身上。

用贾民（古代由商人担任的物价管理人员）禁绝伪劣商品，打击欺诈从商行为。

中华民族传统道德文化把“诚信”视为重要的道德信条。“诚”者，开心见诚，无所隐伏也；“信”者，言出必践，信而有征也。在古代的许多典籍中，都记载有诚信的规范。《周礼》中规定：“以贾民禁伪而除诈。”早期儒学的集大成者荀况对具有“敦悫（老实）而无诈”品德的人大加赞赏。“以诚待人”“人无信不立”“朋友言而有信”“言而无信，不可为人”被中华民族视为待人接物、处事立言、安身立命的美德。“诚信”的道德精神在我国历史上带有一定的封建忠义色彩，我们今天应该且必须加以科学的“扬弃”，抛弃其封建忠义内容，发扬其诚实无欺、讲求信用的合理内涵，倡导在本职工作、待人接物上的“诚信”美德，弘扬在处理个人与集体和社会关系时的忠诚老实、重承诺、讲信用的“诚信”精神，使其成为个人乃至行业安身立命、建功立业的精神力量，保证社会主义市场经济沿着正确的轨道发展。[①]

【教材内容链接】《思想道德与法治》第五章第三节“投身崇德向善的道德实践”之“恪守职业道德”——职业生活中的道德规范

【案例七】教师的职业道德

师也者，教之以事，而喻诸德者也。保也者，慎其省以辅翼之，而归诸道者也。

——《礼记·文王世子》

① 唐永进：《职业道德建设与继承发扬中华民族优秀传统道德文化》，《齐鲁学刊》，1998年第3期。

古之学者必有师。师者，所以传道受业解惑也。

——韩愈《师说》

【案例分析】

中华优秀传统文化历来强调道德教育并重视道德培养，看重气节与操守，追求崇高的精神境界，倡导发奋立志与舍生取义的精神，强调道德责任感与历史使命感。这与现在对教师的要求十分契合。“师也者，教之以事，而喻诸德者也。保也者，慎其省以辅翼之，而归诸道者也。”作为一名教师，要注重德才兼备，不仅要授学生“谋事之才”，更要传学生“立世之德”，而传德尤为重要。“师”就是用具体事例教导并用它说明各种德行的人。“保”就是以自己谨慎的言行来辅佐世子使之归于正道的人。教师只有具备高尚的道德情操才能使学生“亲其师而信其道”，达到立德树人的目的。因此，从事教师职业，要坚持亲身示范，将高尚的道德情操贯穿于教育教学过程的始终。

《师说》指出：“古之学者必有师。师者，所以传道、授业、解惑也。”传道指的是儒家“修已安人”之道，儒家的道统、价值观、宇宙观、人生观，安身立命之道，现如今教师所传道还包括社会主义核心价值观等；授业指的是当时读的古籍和文献，掌握一定的解读古籍、文献的能力，当前即掌握科研学术的能力与技巧；解惑指的是教师在教学过程中解答学生们的疑惑。韩愈认为，教师的职责重在传道，授业是为传道服务的。古籍只不过是载道的工具，而传道是通过授业的过程实现的，在整个教学过程中，教师的最终目标是为了传道，即思想道德教育的目标。①

【教材内容链接】《思想道德与法治》第五章第三节“投身崇德向善的道德实践”之“恪守职业道德”——职业生活中的道德规范

① 王勋、马琳慧：《中华优秀传统文化融入研究生导师立德树人职责研究》，《四川轻化工大学学报》（社会科学版），2020年第3期。

【案例八】锤炼品格　恪尽职守

齐景公问政于孔子，孔子对曰："君君，臣臣，父父，子子。"公曰："善哉！信如君不君、臣不臣、父不父、子不子，虽有粟，吾得而食诸？"

——《论语·颜渊》

【案例分析】

齐景公问孔子如何治理国家。孔子说："做君主的要像君的样子，做臣子的要像臣的样子，做父亲的要像父亲的样子，做儿子的要像儿子的样子。"齐景公说："讲得好呀！如果君不像君，臣不像臣，父不像父，子不像子，虽然有粮食，我能吃得上吗？"

这段话中孔子提出恢复封建等级秩序，国家就可以得到治理。今天看来尽管有一定的局限性，但是它强调每个人尽管社会角色不同，从事的职业不同，但都有约束自己的准则，应各司其职，恪尽职守，因而有一定的现实意义。如：教师应教书育人，医生应救死扶伤，军人应保家卫国……不论从事什么职业，从业者都应恪守职业道德。

加强职业道德建设，对个人而言，意味着砥砺职业操守、恪守职业本分、干好本职工作；对社会而言，就是要营造爱岗敬业氛围，形成学有榜样、行有示范的良好风气。当崇高的职业道德落实为掷地有声的职业行动，实现中国梦就有了强大的精神力量和道德支撑。

【教材内容链接】《思想道德与法治》第五章第三节"投身崇德向善的道德实践"之"恪守职业道德"——职业生活中的道德规范

【案例九】尽职尽责　恪尽职守

子贡问于孔子曰："赐倦于学，困于道矣。愿息而事君，可乎？"孔子曰："《诗》云：'温恭朝夕，执事有恪。'事君之难也。焉可息哉？"曰："然则赐愿息而事亲。"孔子曰："《诗》云：'孝子不匮，永锡尔类。'事亲之难也。焉可以息哉？”曰：“然则赐请愿息于妻子。”孔子曰：“《诗》云：‘刑于寡妻，至于兄弟，以御于家邦。’妻子之难也。焉可以息哉？”曰：“然则赐愿息于朋友。”孔子曰：“《诗》云：‘朋友攸摄，摄以威仪。’朋友之难也。焉可以息哉？”曰：“然则赐愿息于耕矣。”孔子曰：“《诗》云：‘昼尔于茅，宵尔索綯，亟其乘屋，其始播百谷。’耕之难也。焉可以息哉？”曰：“然则赐将无所息者也？”孔子曰：“有焉。自望其广，则睪如也；视其高，则填如也；察其从，则隔如也。此其所以息也矣。”子贡曰：“大哉乎死也！君子息焉！小人休焉！大哉乎死也！”

——王肃《孔子家语·困誓》

【案例分析】

子贡对学道感到厌倦，想换个地方休息一下。孔子运用《诗经》，对子贡的想法一一给予否定。子贡向孔子问道：“我对学习已经厌倦了，对于道又感到困惑不解，想去侍奉君主以得到休息，可以吗？”孔子说：“《诗经》里说：‘侍奉君王从早到晚都要温文恭敬，做事要恭谨小心。’侍奉君主是很难的事情，怎么可以休息呢？”子贡说：“那么我希望侍奉父母以得到休息。”孔子说：“《诗经》里讲：‘孝子的孝心永不竭，孝的法则要永远传递。’侍奉父母也是很难的事，怎么可以休息呢？”子贡说：“我希望在妻子儿女那里得到休息。”孔子说：“《诗经》里说：‘要给妻子做出典范，进而至于兄弟，推而治理宗族国家。’与妻子儿女相处也是很难的事，哪能够得到休息呢？”子贡说：“我希望在朋友那里得到休息。”孔子说：“《诗经》里说：‘朋友之间互相帮助，使彼此举止符合威仪。’和朋友相处也是很难的，哪能够得到休息呢？”子贡说：“我想去种庄稼得到休息。”孔子说：“《诗经》里说：‘白天割茅草，晚上把绳搓，赶快修屋子，又要开始去播谷。’种庄稼也是很难的事，哪能够得到休息呢？”最后，子贡问：“那我就没有可休息的地方了吗？”孔子说：“有的。你从这里看那个坟墓，样子高高的；看它高高的样子，又填得实实的；从侧面看，又是一个个隔开的。这就是休息的地方了。”子贡说：“死的事是这样重大啊，君子在这里休息,小人也在这里休息。死的事是这样重大啊!”

这段对话警示我们,天下没有容易干的工作,对于任何工作都要敬重,都要精益求精、尽职尽责、恪尽职守,而不能抱着一种敷衍塞责、应付了事的态度。无论从事什么劳动,都要弘扬劳模精神和工匠精神,干一行、爱一行、钻一行,练就一身真本领,掌握一手好技术,立足岗位成长成才,在劳动中发现广阔的天地,在劳动中体现价值、展现风采、感受快乐。

【教材内容链接】《思想道德与法治》第五章第三节“投身崇德向善的道德实践”之“恪守职业道德”——职业生活中的道德规范。

【案例十】爱岗敬业　尽职尽力

汉王遇我甚厚,载我以其车,衣我以其衣,食我以其食。吾闻之,乘人之车者载人之患,衣人之衣者怀人之忧,食人之食者死人之事,吾岂可以乡利倍义乎!

——司马迁《史记·淮阴侯列传》

【案例分析】

蒯通劝韩信背叛刘邦,自立为王,与楚汉形成三足鼎立之势。韩信断然拒绝:“汉王待我不薄,用他的座驾让我乘,用他的锦衣让我穿,用他的饭菜招待我。我听说,坐别人的车就要和他共患难,穿别人的衣服就要分担他的忧虑,别人帮你填饱肚子就要为他的事效死命,我又怎么可以见利忘义呢!”这跟“食人之禄,忠人之事”这句谚语的意思很相似,与现代社会的契约精神、爱岗敬业的要求也有点接近。在其位就要谋其政。忠于职守,敬其事业,这是基本的职业道德,古今中外都是如此。

大学生要树立崇高的职业理想。职业活动不仅是人们谋生的手段,也是人们奉献社会、完善自身的必要条件。正如青年马克思在谈到职业理想时曾经写道:“如果我们选择了最能为人类而工作的职业,那么,重担就不能把我们压倒，因为这是为大家作出的牺牲；那时我们所享受的就不是可怜的、有限的、自私的乐趣，我们的幸福将属于千百万人，我们的事业将悄然无声地存在下去，但是它会永远发挥作用，而面对我们的骨灰，高尚的人们将洒下热泪。"①

一切劳动，无论是体力劳动还是脑力劳动，一切创造，无论是个人创造还是集体创造，都值得尊重和鼓励。只要有志向就会有事业，只要有本事就会有舞台。三百六十行，行行出状元。任何职业都不会埋没人才，也不会束缚人的创造力，关键在于对待职业的态度。对高校毕业生而言，只有树立正确的择业观、就业观，找到自己的职业定位和奋斗方向，投入踏踏实实的工作中，才能更好发挥个人价值、实现人生理想。

【教材内容链接】《思想道德与法治》第五章第三节"投身崇德向善的道德实践"之"恪守职业道德"——树立正确的择业观和创业观

【案例十一】奋力拼搏　自强不息

《彖》曰：大畜，刚健笃实辉光，日新其德。刚上而尚贤，能止健，大正也。"不家食，吉"，养贤也。"利涉大川"，应乎天也。

——《彖辞》

【案例分析】

《彖辞》说，大畜卦，刚健和笃实交相辉映，每天能够增进道德水准。阳刚向上，崇尚贤人，能够自强不息，才符合最大的正道。日新，即一天比一天新。所谓的"不家食，吉"，是说这样才能造就贤人。所谓的"利涉大川"，是说要适应天道运行的规律。这句话的意思是，天（即自然）的运动刚劲强健，相应于此，君子应刚毅坚卓、奋发图强。展现了中华传统文化中刚健有为、自强不息

① 《马克思恩格斯全集》（第一卷），人民出版社，1995 年，第 459~460 页。

的奋斗精神。

吃苦耐劳是中华民族的传统美德，历代圣贤名家都推崇自强不息、奋力拼搏、勤俭节约的精神，在中华民族的历史中，无数仁人志士为民族自强、国家昌盛、社会进步而奋斗不止。2019 年习近平总书记在纪念五四运动 100 周年大会上讲道："今天，我们的生活条件好了，但奋斗精神一点都不能少，中国青年永久奋斗的好传统一点都不能丢。在实现中华民族伟大复兴的新征程上，必然会有艰巨繁重的任务，必然会有艰难险阻甚至惊涛骇浪，特别需要我们发扬艰苦奋斗精神。奋斗不只是响亮的口号，而是要在做好每一件小事、完成每一项任务、履行每一项职责中见精神。奋斗的道路不会一帆风顺，往往荆棘丛生、充满坎坷。强者，总是从挫折中不断奋起、永不气馁。"①

就业之路并非都是一帆风顺的。首先，要树立正确的择业观和就业观，积极响应国家号召，适应社会发展需求，面向基层、面向国家建设第一线去选择自己未来的职业。其次，要做好充分的择业准备。大学生有了真才实学，才能在未来适应多种岗位。真才实学是靠勤奋努力获得的。最后，要培养创业的勇气和能力。充分发挥自己的主动性和创造性，开辟新的岗位、拓展职业活动范围。面对就业压力，大学生要发扬艰苦奋斗精神，无论选择哪行哪业，都要在劳动中创造自己的人生价值。

【教材内容链接】《思想道德与法治》第五章第三节"投身崇德向善的道德实践"之"恪守职业道德"——树立正确的择业观和创业观

【案例十二】孝敬长辈　尊敬他人

子游问孝。子曰："今之孝者，是谓能养。至于犬马皆能有养；不敬，何以别乎？"

——《论语·为政》

① 习近平：《在纪念五四运动 100 周年大会上的讲话》，《人民日报》，2019 年 5 月 1 日。

【案例分析】

子游问什么是孝。孔子说:“当今所谓的孝之人,都标榜自己能赡养,可是养个宠物、马匹,也算是能养,如果不敬,和养宠物有何区别呢?”

孔子认为能不能孝顺父母,与养无关,关键在于“敬”。怎么才算是敬呢?话语上的谦恭,在行为上的和顺并不是敬的全部内容,敬更多地包含一种发自心底的佩服与信赖。

敬是发自内心的感情,不仅仅是表面上演给别人看的。所以,敬在这里是双方面的:如果一个长辈、老师不值得人尊敬,一个晚辈、学生不懂得尊敬他人,那何以谈孝呢?可见,“敬”才是关键所在,只有在长幼双方之间存在这种发自内心的佩服与信赖,才能保证传递的通畅,维持人与人之间道的传递才是孝的本质。而当一个家族传承顺畅,长幼有序,人与人之间存在这种发自内心的佩服与信赖,那么养不养还会成为问题吗?

【教材内容链接】《思想道德与法治》第五章第三节“投身崇德向善的道德实践”之“弘扬家庭美德”——注重家庭、家教、家风

【案例十三】扬家风　促和谐

每见待子弟严厉者易至成德;姑息者多有败行,则父兄之教育所系也。又见有子弟聪颖者忽入下流;庸愚者转为上达,则父兄之培植所关也。人品之不高,总为一“利”字看不破;学业之不进,总为一“懒”字丢不开。德足以感人,而以有德当大权,其感尤速;财足以累己,而以有财处乱世,其累尤深。

——王永彬《围炉夜话·第十六则》

【案例分析】

王永彬说,常常见到那些对待后辈子孙要求严格的家庭,其后辈往往容易成为有才德的人;对于后辈太过宽容、溺爱放纵的人家,后辈的德行大多败坏,这完全是因为父兄教育的关系。又见到有些后辈原本十分聪明伶俐,

却突然做出品性低下的事,而有些原本资质平平的子弟,倒成为品德很好的人,这就是在于父兄的栽培教养了。如果一个人品行不高,那是因为看不破一个“利”字;如果学业没有长进,就是因为丢不开一个“懒”字。崇高的品德足以感化他人,而品德高尚的人如果能执掌高位而行使权威,那么要感化他人就会特别容易,收效更快。富足的钱财只会牵累自己,而如果拥有巨额财富又身处乱世,那么这种牵累便会尤其深重可怕。

家庭是人生的第一个课堂,父母是孩子的第一任老师。家庭教育涉及很多方面,但最重要的是品德教育,往往可以影响孩子的一生。注重家教,应该把美好的道德观念从小就传递给孩子,帮助他们形成美好心灵。良好的家风,对家庭成员的个人修养有着重要的作用,也对整个社会道德风尚的形成产生着重要的影响。家风好,就能家道兴盛、和顺美满;家风差,难免殃及子孙、贻害社会。大学生要继承和弘扬优良家风,促进家庭和谐。

【教材内容链接】《思想道德与法治》第五章第三节“投身崇德向善的道德实践”之“弘扬家庭美德”——注重家庭、家教、家风

【案例十四】积善之家　必有余庆

积善之家,必有余庆;积不善之家,必有余殃。

——《周易·坤·文言》

【案例分析】

常常做好事的人家一定会福泽深厚,常常做坏事的人家一定会遭到祸殃。

“积善之家,必有余庆”,那这“余庆”究竟是什么呢?这是我们要思考的。余庆就是,往上说、往大说,家庭要为国家培育栋梁。那么往一般的普通人家说,那这个“余庆”首先是家庭里涵养出来的和睦之气。而这个和睦之气能够让孩子健康成长,让老人安心地颐养天年。这是“积善之家,必有余庆”。

那么“积不善之家,必有余殃”,这个“余殃”又指的是什么呢?往大处说,

历史上的悲剧不少。杀父弑君,家庭不睦的;父子成仇,兄弟阋墙,妻离子散的。那么再往小处说,那种小的矛盾积累在一个家庭里,它会让生活在这个家里的每一个人都不愉快,让生活在这个家庭的每一个人很可能会愁眉苦脸地度过这一生。而我们知道,其实生命来得多么宝贵,家庭教育是潜移默化的,但它也是最基础和最坚固的,它奠定了我们每一个人人生的底色。正直、善良、有崇高追求的父母会培养出积极上进的好孩子;而那些好吃懒做,惯于偷奸取巧的父母就没有理由责怪孩子没有上进心。家风之可贵是我们怎样强调都不过分的。

习近平总书记说:“家风好,就能家道兴盛、和顺美满;家风差,难免殃及子孙、贻害社会,正所谓‘积善之家,必有余庆;积不善之家,必有余殃’。诸葛亮诫子格言、颜氏家训、朱子家训等,都是在倡导一种家风。”[①]从历史上看,那些传承久远的世家大族,往往是因为他们的家风、家训,清白做人、诗书传家、纯真质朴、拼搏进取等方面,具有了超越地域和时空的永恒的价值。这些家风、家训,让他们的儿孙像接力棒一样,一代一代地传了下去。

在中华优秀传统文化里,非常重视家风建设。“积善之家,必有余庆”就是优良家风的重要内容。它传承的是社会向善的精神之钙,是新时代每一个中国人不可或缺的精神血脉。重视家风,营造爱国的情怀,严于教子,廉洁齐家。这对于我们营造良好的社会风气,建设和谐社会,有非常重大的意义。

【教材内容链接】《思想道德与法治》第五章第三节“投身崇德向善的道德实践”之“弘扬家庭美德”——注重家庭、家教、家风

【案例十五】治国必先齐其家

所谓治国必先齐其家者,其家不可教而能教人者,无之。故君子不出家

① 《习近平谈治国理政》(第二卷),外文出版社,2017年,第355页。

而成教于国。孝者,所以事君也;悌者,所以事长也;慈者,所以使众也。

——《礼记·大学》

【案例分析】

要想治理好一个国家，首先一定要能够管理引导好自己的家人,自己的家人尚且不能够教育好而能去教导好别人的,没有这样的事啊。所以君子不用离开家就能够为国家成就教义;孝顺的人,是应该让他来侍奉国君(指出来做官)的;努力学习的人,是应该让他来服侍长者的;慈爱的人,是应该让我们来追随的。

《礼记·大学》是儒家阐述个人道德修养与治国安邦关系的政治哲学论著。儒家以家庭为政治的基石,指出:“所谓治国必先齐其家者,其家不可教而能教人者,无之。”意思是,治理国家必须先管理好自己的家庭和家族,教导不好家人却能教导好别人的人,是没有的。“齐家”是“治国”必不可少的内容、前提和基础性环节。

关于个人与社会关系问题的讨论早在春秋时代就已展开。《礼记·大学》提出的“格物、致知、诚意、正心、修身、齐家、治国、平天下”,正是这一思想的精辟概括。在儒家看来,“治国”必须从“齐家”开始,同时“治国”和“齐家”也是同一的,只不过范围大小有别而已。《礼记·大学》称:“故治国在齐其家”“宜其家人,而后可以教国人”“宜兄宜弟,而后可以教国人”。这种家国同构式的治理方式,直接把关于个人家庭伦理准则引入政治生活中来。

在中国,家风家训也具有“治国、平天下”的社会功能,这主要通过“修身、齐家”来间接体现。

习近平总书记多次强调领导干部要把家风建设摆在重要位置。要抓好家风,“要继承和弘扬中华优秀传统文化,继承和弘扬革命先辈的红色家风,向焦裕禄、谷文昌、杨善洲等同志学习,做家风建设的表率,把修身、齐家落到实处”[①]。特别是要坚持从自己做起，以身作则，率先垂范，坚持从细节抓起，“廉洁修身、廉洁齐家，在管好自己的同时，严格要求配偶、子女和身边工作人员”[②]。家庭是社会的基本细胞，是人生的第一所学校，无论时代发生多大变化，生活格局发生多大变化都要重视家庭建设，注重家庭、家教和家风。

【教材内容链接】《思想道德与法治》第五章第三节“投身崇德向善的道德实践”之“弘扬家庭美德”——注重家庭、家教、家风

【案例十六】家国一体

孟子曰：“人有恒言，皆曰，‘天下、国、家’。天下之本在国，国之本在家，家之本在身。”

——《孟子·离娄上》

【案例分析】

孟子说：“人们有句口头语，都说‘天下国家。’天下的基础是国，国的基础是家，家的基础是个人。”

天下、国、家的根本在于我们每个人自身。每个人都应当以敬畏的态度努力做一个好人，做好自己，然后才能够建设和谐美满的家庭，而家庭和谐美满了，国家才能够做到秩序井然，天下才能够太平。这其实是一整套的、具有实践性的、美好社会的建设纲领。在这个中间最核心的东西其实是家庭，而不是个人。因为个人也是家庭教育、家庭涵养的结果。

良好的家风培育人，它培育美好的种子，人把这颗种子带到了更广阔的领域，影响到更多的人，从而营造出来一个更和谐、更美好的社会风气。这就是“天下之本在国，国之本在家，家之本在身”。在重视家庭建设问题上，2016年12月12日，习近平总书记会见第一届全国文明家庭代表时指出，“家庭

① 《习近平谈治国理政》(第二卷)，外文出版社，2017年，第356页。

② 《习近平谈治国理政》(第二卷)，外文出版社，2017年，第165页。

的前途命运同国家和民族的前途命运紧密相连”[①]。也就是说，“我们做任何事情不能够仅仅是盯着自己这个小家，还要关注国家这个大家”[②]。把实现家庭梦融入民族梦之中。中国梦不是遥不可及的，不是与我们没有关系的，不是高高在上的，不是镜中花、水中月，中国梦就在我们身边，就在我们每一个人的心中。

【教材内容链接】《思想道德与法治》第五章第三节“投身崇德向善的道德实践”之“弘扬家庭美德”——注重家庭、家教、家风

【案例十七】玉不琢　不成器

爱子，教之以义方。

——《左传·隐公三年》

爱之不以道，适所以害之也。

——《资治通鉴·晋纪十八》

【案例分析】

如果一个人真的爱自己的孩子的话，那就应当用道义来引导他。

如果你不用道义来引导孩子，不用道义来爱孩子，那就不是爱孩子，反而是害了他。

“家庭是人生的第一个课堂，父母是孩子的第一任老师”[③]，有什么样的家庭教育就有什么样的儿女。所以父母要把好的品德、习惯传递给孩子，给孩子以正确的引导，帮助孩子树立正确的世界观、人生观和价值观。家庭教育最重要的是品德教育，是如何做人的教育，正如古人所说“爱子，教之以义方”“爱之不以道，适所以害之也”。每一个孩子从牙牙学语开始，就不断地接

---

①③　《习近平谈治国理政》（第二卷），外文出版社，2017 年，第 354 页。

②　中共中央宣传部 中央广播电视总台：《平“语”近人：习近平总书记用典》，人民出版社，2019 年，第 76 页。

受来自家庭的教育和熏陶，不断地潜移默化、耳濡目染地受着父母的影响。《三字经》上说："玉不琢，不成器。人不学，不知义。"在一个家庭中，父母应该成为孩子的榜样和楷模，要言传身教、身体力行，教育好孩子，让孩子扣好人生的第一颗纽扣，迈好人生的第一步台阶，走好人生的第一步。家长应该担负起教育后代的责任。"养不教，父之过"，在中国的传统文化中，有许许多多的严格家教的案例。我们今天熟知的孟母三迁、岳母刺字，都是古人严格家教的典型。古人说的严父出孝子，也是这个意思。

【教材内容链接】《思想道德与法治》第五章第三节"投身崇德向善的道德实践"之"弘扬家庭美德"——注重家庭、家教、家风

【案例十八】注重家风、家教

勤俭，治家之本。和顺，齐家之本。谨慎，保家之本。诗书，起家之本。忠孝，传家之本。

——金缨《格言联璧·齐家类》

【案例分析】

勤劳俭朴，是管理家务的根本；和谐安顺，是整治家庭的根本；谨慎持重，是守护家业的根本；诗书文章，是振兴家业的根本；忠孝道德，是承袭家业的根本。

家庭和睦、幸福，社会才会安定、祥和。晚清重臣曾国藩每顿饭只配一道菜，生活十分简朴，从不铺张浪费。他教育家人勤俭，规定家中女眷都要纺布，即使自己的夫人也不例外。为了培养子女勤劳的习惯，他要求孩子们每天都要早起、扫屋、擦桌、收粪、锄草等。因为他深知：单纯交付子女整个家业，不如教给他们勤俭的品质。唯有勤俭，才能安稳一生。

《围炉夜话》有言："守身不敢妄为，恐贻羞于父母；创业还须深虑，恐贻害于子孙。""本分人，即是快活人。"意思是，谨守自己的行为而不胡作非为，

是怕因自己行为不当而使父母和家族蒙羞；在选择创立一番事业时，要深谋远虑，切不可贸然行事，以免因决策失误连累子孙和家人。本本分分、安分守己的人就是最快乐的人，所有家庭成员都应遵守道德规范，不以身试法，不拿家人的幸福当赌注。

范仲淹专门撰写了《训子弟语》，语重心长地强调刻苦读书、好学上进的重要性："耕读莫懒，起家之本；字纸莫弃，世间之宝。"而忠孝（热爱祖国、孝老爱亲）、积善（行善积德）等也都是应当大力提倡并努力践行的。

家庭、家教、家风，都是需要注重的，意义重大、影响深远。正如"全国优秀教师"称号获得者王木春，在《人生第一课》里讲到的："家风，不是教科书，不是课堂，不是父母的耳提面命，不是挥舞的棍棒。但它却像空气一样，具有持久的渗透力，影响力往往胜过其他有形的教育手段。"

【教材内容链接】《思想道德与法治》第五章第三节"投身崇德向善的道德实践"之"弘扬家庭美德"——注重家庭、家教、家风

【案例十九】家是最小国　国是千万家

家门和顺，虽饔飧（yōng sūn）不继，亦有馀欢；国课早完，即囊橐无馀，自得至乐。读书志在圣贤，非徒科第；为官心存君国，岂计身家？

——朱柏庐《朱子家训》

【案例分析】

明末清初著名理学家、教育家朱柏庐在家训中告诫自己的后代：家里和气平安，虽缺衣少食，也觉得快乐；尽快缴完赋税，即使口袋所剩无余也自得其乐。读圣贤书，目的在学圣贤的行为，不只为了科举及第；做一个官吏，要有忠君爱国的思想，怎么可以考虑自己和家人的享受呢？可见，他不只是满足于自己的家庭和睦，还心系着国家的安危。

"家国一体"的观念，一直洋溢在我们这个古老的国度中。流行的《国家》

一歌中，有“家是最小国，国是千万家”之吟咏；在民族关系上，有“五十六个兄弟姐妹是一家”的说法。其他如“祖国大家庭”“兄弟邻邦”等概念无不洋溢着浓郁的家的气息，给人以温暖和友善。这是中国人独特的、浓郁的家国情怀、家庭情结，从家庭出发看社会、国家和世界。

“家是最小国，国是千万家”中的“家”，是指家的精神或家的伦理，而非家的血亲。传统中国以家庭关系比拟社会关系和政治关系，把家中的伦理推广至社会伦理、国家伦理之中。这是一个同心圆结构，家庭伦理正是中心圆。“亲亲而仁民，仁民而爱物”，由亲及疏，由近及远，由己及人，把家庭成员之间的认同和信任，扩展至家庭范围之外而达到广大社会，形成休戚与共的整体。2016 年 12 月 12 日，习近平总书记在会见第一届全国文明家庭代表时的讲话中指出：“我们要认识到，千家万户都好，国家才能好，民族才能好。国家富强，民族复兴，人民幸福，不是抽象的，最终要体现在千千万万个家庭都幸福美满上，体现在亿万人民生活不断改善上。同时，我们还要认识到，国家好，民族好，家庭才能好。”[①]

【教材内容链接】《思想道德与法治》第五章第三节“投身崇德向善的道德实践”之“弘扬家庭美德”——注重家庭、家教、家风

【案例二十】相互爱慕　夫妻和睦

尔侬我侬，忒煞情多，情多处，热似火。把一块泥，捻一个尔，塑一个我，将咱两个，一齐打破，用水调和。再捻一个尔，再塑一个我。我泥中有尔，尔泥中有我。我与尔生同一个衾，死同一个椁！

——管道升《我侬词》

① 《习近平谈治国理政》（第二卷），外文出版社，2017 年，第 354 页。

【案例分析】

你心中有我，我心中有你，如此多情，情到深处，像火焰一样热烈。拿一块泥，捏一个你，捏一个我，将咱俩再一起打破，用水调和。再捏一个你，再捏一个我。我的泥人中有你，你的泥人中有我。我只要活着就跟你睡在一起，死了也要进同一口棺材。

这是元代书画家赵孟頫的妻子、著名才女管道升创作的一首诗。二人是一对相濡以沫三十年的恩爱夫妻，也是众人眼里的神仙眷侣。赵孟頫从不吝赞美妻子，称她是最贤的妻、最良的母、最有才的女人。管道升不仅家里的事情打理得井井有条，外面的事务也处理得稳重妥当。

乐趣相投的夫妻俩都喜爱书法与绘画，他们经常在一起赏析作品，日子过得怡然自得。有一次，赵孟頫看到身边的人都纳了妾，自己也想纳妾，便作了首小词给妻子示意。情深义重的管道升并没有作答，而是转身来到桌前，提笔写下了这首动人的《我侬词》，以表爱意。赵孟頫看到后颇为感动，更为自己有这样的念头而愧疚不已。此后，两人愈发珍惜彼此，幸福安然地度过了一生。

管道升在婚姻危机的关键时刻，一不声色俱厉，二不逆来顺受，而是以一种积极又严肃的态度和情感，创作了这首《我侬词》来表达自己的感受。她把他们夫妻巧妙地比喻成泥人，向丈夫表达了白头偕老的愿望，而这些都是小妾所不能给予的，夫妻双方都要对彼此忠贞负责。此诗用词婉转，而字里行间却暗藏机锋，透出铿锵英气，特别是末句“与尔生同一个衾，死同一个椁”，更是表达了诗人对爱情排他性的誓死坚持。

好的婚姻，不是为了排遣寂寞，或者寻找一张长期饭票，而是为了让我们变成更好的人。再姣好的容貌也会老去，再优渥的物质条件也无法解决婚姻里的难题。只有两个人有相同的价值观，才能相互宽容和理解，才能掌舵好婚姻的方向。

【教材内容链接】《思想道德与法治》第五章第三节“投身崇德向善的道

德实践”之“弘扬家庭美德”——恋爱、婚姻家庭中的道德规范

【案例二十一】信守承诺　勇于担当

朝士刘廷式本田家。邻舍翁甚贫，有一女，约与廷式为婚。后契阔数年，廷式读书登科，归乡闾访邻翁，而翁已死，女因病双瞽，家极困饿。廷式使人申前好，而女子之家辞以疾，仍以佣耕，不敢姻士大夫。廷式坚不可：“与翁有约，岂可以翁死子疾而背之？”卒与成婚。闺门极雍睦，其妻相携而后能行，凡生数子。廷式尝坐小谴，监司欲逐之，嘉其有美行，遂为之阔略。其后廷式管干江州太平宫而妻死，哭之极哀。苏子瞻爱其义，为文以美之。

——沈括《梦溪笔谈·人事一》

【案例分析】

朝廷命官刘廷式本为农家子。邻居家老翁很贫穷，有一个女儿，与廷式有婚约。后离别多年，廷式读书考中进士后，回乡里寻访邻家老人，而老人已去世，其女儿也因病而双目失明，家中极为困苦饥荒。廷式托人到邻家重申以前的婚约，而女子的家人以女子的疾病推辞，且认为靠佣耕为生的人家，也不敢与士大夫通婚姻。廷式坚持不退婚：“先前与老人有约定，怎么能因为老人去世、女儿有疾病就违背婚约呢？”最后还是与她成了婚。婚后夫妻关系极为和睦，他妻子要搀扶着才能行走，为他生了几个孩子。廷式曾因过错而小有贬谪，监司本欲罢其官，因赞赏他的美德行事，遂宽免了他。后来廷式管理江州太平宫，而妻子在此期间去世，他哭得很哀伤。苏轼欣赏他的义行，曾专门撰文赞美他。

夫妻关系是家庭关系的核心，夫妻和睦是在男女平等的基础上互敬互爱、互助互让。刘廷式不因自己获得功名且妻子患病、家庭困苦就背弃婚约，而是信守承诺，坚持与妻子结婚并尽心照料，体现了婚姻家庭关系中的责任担当，正是因为他的美德才使他有过错而不被追究，并得到苏轼的表彰。

【教材内容链接】《思想道德与法治》第五章第三节“投身崇德向善的道德实践”之“弘扬家庭美德”——恋爱、婚姻家庭中的道德规范

【案例二十二】夫妻和睦　同舟共济

初，臼季使过冀，见冀缺耨，其妻馌之。敬，相待如宾。与之归，言诸文公曰：“敬，德之聚也，能敬必有德，德以治民，君请用之。臣闻之，出门如宾，承事如祭，仁之则也。”

——《左传·僖公三十三年》

【案例分析】

这段话记述的是，周朝时候，晋国有个人叫郤缺，原是晋国的上大夫，因受父牵连，被罢官回乡，妻子对他不离不弃。有一天，郤缺在冀邑的郊野里耕田。他的妻子来到田头给他送饭，双手捧了饭菜递给丈夫，非常的恭谨。郤缺也是很恭敬地接过饭菜，然后两人席地而坐，一起用餐，期间有说有笑，饭毕，妻子离去后，郤缺还在依依不舍地张望。这个场景刚好被一位叫臼季的晋国大夫看到，他见两人生活贫寒，感情却如此和睦，大为感动，就回去对晋文公说：“恭敬就是德性凝聚的表现，一个人能够恭敬，就必定有道德。有了道德，就一定能够治理百姓的。郤缺夫妇相敬如宾，必然是有品德有教养的人，这样的人，也必定能治理好国家。所以请君侯任用他。”晋文公听从了建议，将郤缺请回朝中。后来，郤缺为晋国屡立功勋，从政多年，历事数君，未见失误，成为晋国史上少有的稳健的政治家。

《朱子家训》有云：“家门和顺，虽饔飧不济，亦有余欢。”不仅夫妻同心，其利断金，其实家庭成员之间的和睦也是如此。《礼记》有云：“父子笃，兄弟睦，夫妻和，家之肥也。”编剧王海鸰曾说：“世上最难经营的公司，是家庭，最难相处的关系，是夫妻。”婚姻不是竞赛，需要两个人同舟共济；家庭也不是战场，不必分个你弱我强。夫妻之间，若是只有挑剔、指责和抱怨，而没有温

情、体谅和鼓励,只会造成更多的内耗和不幸。明末清初理学大师孙奇逢说:“家运之盛衰,天不能操其权,而其自操之。”良好的家庭文明,需要我们自己去用心建设。

【教材内容链接】《思想道德与法治》第五章第三节“投身崇德向善的道德实践”之“弘扬家庭美德”——恋爱、婚姻家庭中的道德规范

【案例二十三】尽心为善

孟子曰:“子路,人告之以有过,则喜。禹闻善言,则拜。大舜有大焉,善与人同,舍己从人,乐取于人以为善,自耕稼、陶、渔以至为帝,无非取于人者。取诸人以为善,是与人为善者也。故君子莫大乎与人为善。”

——《孟子·公孙丑上》

孟子曰:“鸡鸣而起,孳孳为善者,舜之徒也;鸡鸣而起,孳孳为利者,跖之徒也。欲知舜与跖之分,无他,利与善之间也。”

——《孟子·尽心上》

【案例分析】

孟子说:“子路,当人们告诉他的缺点,他就很高兴。而禹听到善言,就对人行礼。大舜比他们更高一层,将善与人共享,并乐于获取他人认为的善。从农家、手工艺者、渔民到帝王,无非都是获取他人认为的善。获取他人认为的善,才是与人为善的人。因此,君子的最高道德标准是与人为善。”

孟子还说:“早晨起来就尽心为善的人,是如同舜一样的人;早晨起来就努力去追求利益的人,是如同盗跖一样的人。想要分清舜与盗跖的区别,没有别的方法,只用善与利益来区分。”

在孟子的思想中,善不仅是君子追求的最高标准,还是区分好人与坏人的依据。但是善具有相对性和随意性,不同的人对同一事物可能会得出关于“善”的完全不同的结论。比如,面对一场灾难,大家慷慨解囊捐助灾区。显

然,所有参与捐助的人都应该被认为是做善事。既然是捐助,自然有多有少,我们潜意识中很自然地会认为捐助多的会比捐助少的更善一些。这也就是为什么每次捐助总会有捐助排行榜之类的事物出现,我们总倾向于称捐助最多的人为大善人。但是一旦冷静下来,马上就会察觉这种将捐助多少等同于行善多少是很有问题的。有些人并不富裕,但还是积极参与捐助,他们所捐助的数量在他们财产中所占的比例远远大于那些捐助多的人。于是,到底谁的善的程度更大一些,便成了公说公有理、婆说婆有理的无头官司。为什么会这样呢?这主要是因为善是一个相对的概念。老子说得明白"天下皆知美之为美,斯恶已。皆知善之为善,斯不善已。"意思是说,天下都知道美之所以为美,是因为恶的存在。天下都知道善之所以为善,是因为不善的存在。因为美与恶、善与不善的界限会因环境、条件、时空的变化而改变,我们不能通过某个人在一段时间里行善而得出"这个人就是善人"的结论。一个人在一段时间里行善可能是出自本身的意愿,但也有可能出于某种目的,但要分辨其中的区别是非常困难的。世界如此之大,可以做的善事是如此之多,不可能要求一个人去做所有的善事。因此,我们也不能因为某个人在某一次没有行善而判断他不是善人。

【教材内容链接】《思想道德与法治》第五章第三节"投身崇德向善的道德实践"之"锤炼个人品德"——涵养高尚道德品格

【案例二十四】坦然自若 自谦慎独

所谓诚其意者,毋自欺也。如恶恶臭,如好好色,此之谓自谦。故君子必慎其独也。小人闲居为不善,无所不至,见君子而后厌然,掩其不善,而著其善。

人之视己,如见其肺肝然,则何益矣?此谓诚于中,形于外。故君子必慎其独也。

曾子曰:"十目所视,十手所指,其严乎!"富润屋,德润身,心广体胖。故君子必诚其意。

——《大学·第二章》

【案例分析】

《大学》告诉我们:所谓诚意,就是不欺骗自己。就像讨厌不好的气味、爱好美好的颜色一样,这就叫作自快自足,毫不造作。所以君子独处的时候,一定要谨慎,不可随便。小人平时做坏事,想不善的事情,无恶不作;见到君子,便躲躲闪闪地掩饰自己的坏处,而表现自己的好处。可是别人看来,好像看见他的肺肝一样清清楚楚,这样掩饰,又有什么益处呢?这就叫作内心真实,一定会体现到外在来。所以君子即使在独处的时候也一定要谨慎,不可随便啊!

曾子说:“十双眼睛看着你,十只手指着你,这是多么严厉啊!”财富可以把房子装饰得漂亮,美德可以润泽己身,内心坦然,身体自然安泰。所以君子一定要做到内心的意念都能真实无妄。

“诚意”就是要真实地面对自己的内心、自己的感受、自己的一切功过得失。曾子认为,“如恶恶臭,如好好色,此之谓自谦。”此处的“谦”,一般认为通“慊”,所谓“自慊”,就是一种发自内心地“爱我所爱,恶我所恶”后的心安理得。所谓“平生不做亏心事,半夜不怕鬼敲门”,就是这个道理。

“慎独”,即无他人在旁时,亦能谨慎行事不妄为。《后汉书》中记载的“杨震却金”的故事,堪称慎独的范例。昌邑令王密曾受杨震举荐,想要报恩,于是晚上揣着金子去拜见,对杨震说:“半夜三更没有人知道,您就收下吧!这是我的一点心意。”杨震义正词言地回答:“天知,地知,你知,我知,谁说没人知道!”于是王密非常羞愧地走了。

之所以要不自欺,就是因为像《中庸》所说的“唯天下至诚,为能尽其性”——只有天下最为真诚不自欺的人,才能做到《易经》中所说的“穷理、尽性,以至于命”——穷尽天下万事万物之理,彻底洞悉人之本性,进而发挥自己的灵性自觉，达到改变自己、他人乃至整个人类命运的崇高目标。

【教材内容链接】《思想道德与法治》第五章第三节“投身崇德向善的道德实践”之“锤炼个人品德”——涵养高尚道德品格

【案例二十五】积善成德

善不积，不足以成名；恶不积，不足以灭身。

——《周易·系辞下》

【案例分析】

人的善行如果不积累，就不能成就一生的名声；人的恶行如果不积累，就不会遭到杀身之祸。这句话中的“积”字非常关键。

《周易·坤·文言》中也有一句格言：“积善之家必有余庆，积不善之家必有余殃”。现代社会，物质越来越发达，有些人却越来越浮躁，急功近利，目光越来越短浅，不懂得“积”的重要性。做一点善事，就想着马上得到回报，如果暂时没有回报，或者正巧遇上一点坏事，就认为“善有善报”是骗人的；有人做了一点坏事，暂时没有受到什么惩罚，就认为“恶有恶报”是骗人的，从而藐视法律权威，为所欲为，结果锒铛入狱。

据《三国志·蜀志传》记载，三国时期，蜀主刘备临终时，语重心长地告诫他的儿子后主刘禅说：“勿以恶小而为之，勿以善小而不为。”就是说，不要认为某些不好的事情小而去做，也不要认为某些好的事情太小而不去做。但是，刘禅没能牢记这句忠告，总是每天多欣赏几场歌舞，少看几份奏章，认为这不是什么大错。结果这些“小事”慢慢演变成了大事，终日沉迷于酒色，不理朝政，并且听信谗言，渐渐就成了名副其实的扶不起来的阿斗，最终成了亡国之君。

现在，我们有时也会犯刘禅的错误。比如，有人认为自己从草坪上走过去一次，小草也不可能被踩死，没什么大不了的。可是，如果很多人都不守规矩、横穿草坪,从草坪上走过的人多了,小草就会被践踏而死了。同样,有些慈善家之所以能够感动中国,也是多年始终如一地捐款、行善的结果。个人品德是通过个人自觉的道德修养所形成的稳定的心理状态和行为习惯。大学生要自觉践行正直善良、勤劳勇敢等个人品德要求,培育正确的道德判断和道德责任,追求自觉讲道德、尊道德、守道德的生活。

【教材内容链接】《思想道德与法治》第五章第三节“投身崇德向善的道德实践”之“锤炼个人品德”——涵养高尚道德品格

【案例二十六】慎独自律 坚守原则

许衡尝暑中过河阳,渴甚,道有梨,众争取啖之,衡独危坐树下自若。或问之,曰:“非其有而取之,不可也。”人曰:“世乱,此无主。”曰:“梨无主,吾心独无主乎?人所遗,一毫弗义弗受也。庭有果,熟烂堕地,童子过之,亦不睨视而去。其家人化之如此。”帝欲相之,以疾辞。卒后,四方学者皆聚哭,有数千里来聚哭墓下者。谥文正。

——宋濂等《元史·许衡传》

【案例分析】

许衡曾经在盛夏时经过河阳(今河南省孟州市),(由于行走路途遥远,天气又热)十分口渴,路上有一棵梨树,众人都争先恐后地去摘梨来吃,许衡独自端正地坐在树下,安然如常。有人问他(为什么不吃),(许衡)说:“不是自己拥有的却摘取它,不可以。”那人说:“现在时局混乱,这棵梨树没有主人了(何必介意)。”(许衡)说:“梨树没有主人,我的心难道也没有主人吗?别人丢失的,(即使)一丝一毫不合乎道义也不能接受。(有教养的人家的)庭院里有果树,当果子成熟掉落在地上时,(有教养的)小孩经过它,也不斜着眼看就离去。那是他家人的教化而所以像这样。”元世祖想要任用许衡为宰相,(但是许衡)以自己有病(为理由)辞谢了。许衡去世后,四方有学之士都来聚集(灵前)痛哭,还有远从数千里外赶来痛哭在墓下的人。皇上特赐谥号为“文正”。

“吾心有主”“不畏人知畏己知”,实际上说的就是传统文化中强调的“慎独”。“慎独”一词最早出于《礼记·中庸》:“道也者,不可须臾离也,可离非道也。

“慎独”,是我国古代儒家的重要思想之一,也是儒家自我修养的重要手段。无论是东汉杨震的“四知”箴言,还是许衡的“不畏人知,畏己知”,都体现了“慎独”的思想。“慎独”即为自律,不管是古代的士大夫还是今天的社会公民,时时处处按照道德要求严格自律,即使在无人监督的情况下也能自觉地遵守道德规范,不因没有人看见,或者事情微小就放纵自己,这些都是非常必要的。

【教材内容链接】《思想道德与法治》第五章第三节“投身崇德向善的道德实践”之“锤炼个人品德”——道德修养重在践行

【案例二十七】格物致知

人人自有定盘针,万物根源总在心,却笑从前颠倒见,枝枝叶叶外头寻。

——《咏良知四首示诸生·其三》

【案例分析】

这是明代著名思想家、文学家王阳明所作的诗《咏良知四首示诸生》中的第三首。这首诗的意思是:每个人的心中都有杆秤,也就是人的良知或者本心,它像定盘针那样给我们指示方向。

王阳明笑自己以前没有领悟这个道理,却“枝枝叶叶外头寻”,向心外去求,结果只能是缘木求鱼。王阳明还作了一首《咏良知》:“个个人心有仲尼,自将闻见苦遮迷。而今指与真头面,只是良知更莫疑。”意思是每个人的心中都有圣贤(孔子之圣心),只不过是被尘世俗事的私心杂念所遮蔽而心生迷惑罢了。如今我来给大家说明其真实面目,大家莫要再犹豫、切勿再迟疑了,这就是我们心中的良知啊。人人皆生来平等，在道德方面的修行，良知是存于我们内心，没有高低贵贱差别的。世人之所以不能洞见本心，识得良知的庐山真面，只是被私欲杂念掩盖，而见不得其本心而已。这就需要我们在生活中修行，在修行中生活，心怀善念成己、多思利他善举，方可去迷得悟。

在王阳明的解释下，致知格物就是将吾心之良知作用于事物，尤其是道德实践，这样就可以成就自己的道德事业。而且，王阳明将成圣成贤的大门向所有人开放，按照他的理论，人人都可能成为圣贤，这不是能不能的问题，而是为不为的问题。王阳明认为，即使将来“满大街都是圣人”也不是什么怪事。因为从本质上，每个人都有一颗善良的本心，也都有成为圣人的潜质。这与孟子的“性善论”一脉相承，也与《三字经》中的“人之初，性本善”相吻合。大学生投身崇德向善的道德实践，就是要自觉加强道德建设，向道德模范学习。将良知作为定盘针，促进人格的自我陶冶、自我培养和自我完善。

【教材内容链接】《思想道德与法治》第五章第三节“投身崇德向善的道德实践”之“锤炼个人品德”——道德修养重在践行

【案例二十八】反躬自省

子曰：“躬自厚而薄责于人，则远怨矣。”

——《论语·卫灵公》

【案例分析】

孔子说：“多责备自己而少责备别人，那就可以避免别人的怨恨了。”这就是说，凡事要从自己身上找原因，而不是一味地责备别人，才会远离他人的怨恨。

薛宣也曾说：“惟宽可以容人，惟厚可以载物。”在遇到矛盾时，宽容体谅往往比过激的报复更有效。须知，在嘴上吵赢别人，是最无意义的胜利。

孩子磕磕绊绊，丈夫控诉妻子：“连个孩子都看不好，你还有什么用！”学生屡教不改，老师情绪崩溃："你怎么这么笨，这么简单的题都不会！"工作出现纰漏，上司不分青红皂白："能干干，不能干就走！"现实生活中，这种场景并不少见。一句句指责，像一把把利刃，伤害了彼此间的感情，却无助于问题的解决。真正的聪明人都懂得，凡事先从自身找原因，而非一味推责、怪罪他人。其实，我们苛责他人时，最该问问自己：别人的错误，自己真的不用承担责任吗？他人的过失，自己就能保证不犯吗？埋天怨地，只会暴露自己的无能；百般责难，只会廉价自己的担当。

人非圣贤，孰能无过。《增广贤文》要求我们"以责人之心责己，以恕己之心恕人"。西方哲学家苏格拉底也说："未经反省的人生是没有价值的。"只有懂得反躬自省，遇事首先从自身找原因，从思想上检讨自己，从行为上纠正自己，不一味推卸责任，不一味指责他人，才能成为更好的自己。

自省吾身是一种优秀的品质，是提高道德修养的重要方法。修身立德没有捷径。大学生只有坚持"吾日三省吾身"，做到"见贤思齐"，在提高自我修养方面下一番苦功夫，才能有所收获。

【教材内容链接】《思想道德与法治》第五章第三节"投身崇德向善的道德实践"之"锤炼个人品德"——道德修养重在践行

【案例二十九】省察克治

无咎者，善补过者也……震无咎者，存乎悔。

——《周易·系辞上》

【案例分析】

行动没有过错，是因为善于补过……看其是否善于补过，可知其是否会悔恨。

在成长的道路上，每个人都难免有缺点和不足，有时甚至还会犯错误。《左传》中说："人谁无过？过而能改，善莫大焉。"人生在世又有谁会不犯错误呢，只要犯了错误之后能够及时地去改正，那就没有什么比这更好的了。孔子称赞爱徒颜回“不迁怒，不贰过”，不贰过，就是不重复犯同样的错误，善于改正自己的缺点。

“无咎者，善补过者也。”无咎的状态不是不犯错误，而恰恰是犯了错误以后，能够及时反省和改正。《周易》进一步指出，“震无咎者存乎悔”。要达到无咎的状态，就要善于反思悔过。反思悔过是改过的前提，一个人不在内心真正的反思、悔过，根本不可能真正意识到自己的错误，也就不知道如何去改正。在日常生活中，我们要通过反省以发现和找出自己思想与行为中的不良倾向，经常在自己内心深处用道德标准检查、反省，找出那些坏毛病、坏思想、坏念头并加以抑制、纠正和克服。自我反省，是认识错误、改正错误的前提。曾子说：“吾日三省吾身，为人谋而不忠乎？与朋友交而不信乎？传不习乎？”善于反省自己的言行，并对错误加以克制，才能使自己的德行不断完善。

【教材内容链接】《思想道德与法治》第五章第三节“投身崇德向善的道德实践”之“锤炼个人品德”——道德修养重在践行

【案例三十】慎独自律

是故君子戒慎乎其所不睹，恐惧乎其所不闻。莫见乎隐，莫显乎微，故君子慎其独也。

——《礼记·中庸》

【案例分析】

所以君子就是在别人眼睛看不到的地方，要谨慎小心；在别人听不到的地方，要警惕注意。隐秘的事情，没有不被人发现的；细微的事情，没有不被显露出来的，所以君子在个人独处的时候，也要谨慎警惕。这段话的意思是，在独处或无人注意的时候，行为也必须谨慎、一丝不苟，它是个人品行的最高评判标准。看似简单，却是人生最高境界。

“天下熙熙，皆为利来；天下攘攘，皆为利往。”意思是说天下人为了利益蜂拥而至，为了利益各奔东西。指普天之下芸芸众生为了各自的利益而奔波，诱惑无处不在。慎独，是面对美色的坐怀不乱，是面对金钱的不贪为宝，是面对不义之财的不占为本。慎独是一种良心的坦荡，是一种修身之道。

“立德、立功、立言”，实现“三不朽”的曾国藩非常注重“慎独”的修炼。曾国藩在他的家书中这样写道：“慎独则心安。自修之道，莫难于养心，心既知有善，知有恶，而不能实用其力，以为善去恶，则谓之自欺。方寸之自欺与否，盖他人所不及知，而己独知之……”曾国藩说了那么多就是告诉家人要洁身自好，这样就可以内心坦荡，心中无愧疚之事，人也就可以泰然处之。这是自强之道，也是修身之本。

慎独是一种情操，是一种至高的境界，曾国藩正是凭借自己严格的修身成就功名，并树立了为人的标杆。慎独，是深谷幽兰，是夜空星辰，是云外明月，不会因为深处幽谷而不芬芳，不会因为没人看见而不散发它的光芒。柳下惠坐怀不乱，许衡不吃无主之梨，许由清溪洗耳，屈原被流放仍然“沐后弹冠，浴后更衣”，凡此种种无不凝聚人性的光辉。

所以，“慎独”就是要老老实实地面对良知，清清白白地面对自己，坦坦荡荡地面对世界。用一颗干干净净的心灵，换来自己高贵的人格。

【教材内容链接】《思想道德与法治》第五章第三节“投身崇德向善的道德实践”之“锤炼个人品德”——道德修养重在践行

【案例三十一】脚踏实地　知行合一

古人学问无遗力，少壮工夫老始成。纸上得来终觉浅，绝知此事要躬行。

——陆游《冬夜读书示子聿》

【案例分析】

该诗的意思是古人做学问是不遗余力的，年轻时下功夫，往往要到老年才取得成就。从书本上得来的知识,毕竟是不够完善的,如果想要深入理解其中的道理,必须要亲自实践才行。

宋宁宗五年,诗人陆游在冬日寒冷的夜晚,沉醉于书房,乐此不疲地啃读诗书。窗外,北风呼啸,冷气逼人,在静寂的夜里,陆游抑制不住心头奔腾踊跃的情感,写下了这首哲理诗并满怀深情地送给了儿子子聿。

不仅读书做学问要强调"躬行",高尚道德品格的形成同样重在实践,贵在坚持。道德修养作为人类道德实践活动的重要形式之一,是指个体自觉地将一定社会的道德规范、准则及要求内化为内在的道德品质,以促进人格的自我陶冶、自我培育和自我完善的实践过程。加强道德修养,提升个人品德,应借鉴历史上思想家们所提出的学思并重、省察克治、慎独自律、知行合一、积善成德等各种积极有效的方法, 并结合当今社会发展的需要身体力行,不断提高自己的道德素质和精神境界。

"不矜细行,终累大德。"加强个人品德修养不可能一蹴而就,更不可能一劳永逸。只有按照有效的品德修养方法去做,并长期坚持下去,才能使自己不断进步、不断完善,从而成为品德高尚的人。

【教材内容链接】《思想道德与法治》第五章第三节"投身崇德向善的道德实践"之"锤炼个人品德"——道德修养重在践行

【案例三十二】扩充四端　成就德性

孟子曰:"人皆有不忍人之心。先王有不忍人之心,斯有不忍之政矣。以不忍人之心,行不忍人之政,治天下可运之掌上。所以谓人皆有不忍人之心者,今人乍见孺子将入于井,皆有怵惕恻隐之心;非所以内交于孺子之父母也,非所以要誉于乡党朋友也,非恶其声而然也。由是观之,无恻隐之心,非人也;无羞恶之心,非人也;无辞让之心,非人也;无是非之心,非人也。恻隐之心,仁之端也;羞恶之心,义之端也;辞让之心,礼之端也;是非之心,智之端也。人之有是四端也，犹其有四体也。有是四端而自谓不能者，自贼者也；谓其君不能者，贼其君者也。凡有四端于我者，知皆扩而充之矣，若火之始然，泉之始达。苟能充之，足以保四海；苟不充之，不足以事父母。”

——《孟子·公孙丑章句上》

【案例分析】

孟子说："每个人都有怜悯体恤别人的心情。先王由于怜悯体恤别人的心情，所以才有怜悯体恤百姓的政治。用怜悯体恤别人的心情，施行怜悯体恤百姓的政治，治理天下就可以像在手掌心里面运转东西一样容易了。之所以说每个人都有怜悯体恤别人的心情，是因为，如果今天有人突然看见一个小孩要掉进井里面去了，必然会产生惊惧同情的心理——这不是因为要想去和这孩子的父母拉关系，不是因为要想在乡邻朋友中博取声誉，也不是因为厌恶这孩子的哭叫声才产生这种惊惧同情心理的。由此看来，没有同情心，简直不是人；没有羞耻心，简直不是人；没有谦让心，简直不是人；没有是非心，简直不是人。同情心是仁的发端；羞耻心是义的发端；谦让心是礼的发端；是非心是智的发端。人有这四种发端，就像有四肢一样。有了这四种发端却自认为不行的，是自暴自弃的人；认为他的君主不行的，是暴弃君主的人。凡是有这四种发端的人，都可以扩大充实它们，就像火刚刚开始燃烧，泉水刚刚开始流淌。如果能够扩充它们，便足以安定天下，如果不能够扩充它们，就连赡养父母都成问题。"

孟子认为人性本善。然而，既然"善"早已存在心中，为何还有人行恶？孟子认为人之所以不善，是因为受到私欲所蒙蔽。人应该放弃私利，保存仁义。孟子认为"善"的本质分为恻隐、羞恶、辞让、是非之心，是为"四端"。"端"是起点的意思，只要努力地把四端扩充，即道德实践，就可成就德性。

2019 年 4 月 30 日，习近平总书记在纪念五四运动 100 周年大会上指出，"青年要把正确的道德认知、自觉的道德养成、积极的道德实践紧密结合起来，不断修身立德，打牢道德根基，在人生道路上走得更正、走得更远”[①]。道不可坐论，德不能空谈。只有践行道德修养，方可锤炼个人品德。

【教材内容链接】《思想道德与法治》第五章第三节“投身崇德向善的道德实践”之“锤炼个人品德”——道德修养重在践行

【案例三十三】坚持不懈　奋力向前

每日楷书写日记，每日读史十页，每日记《茶余偶谈》一则，此三事未尝一日间断。

——《曾国藩全集》

【案例分析】

曾国藩绝非天资聪颖之人，智力甚至可以说是中下水平。但为何他能成为“立德立功立言三不朽，为师为将为相一完人”呢？曾国藩在给弟弟的信里面曾经说，他“每日楷书写日记，每日读史十页，每日记《茶余偶谈》一则，此三事未尝一日间断”。曾国藩每天做好三件事的背后，只是两个字——坚持。坚持的精神，是做事的支撑，反映着人内心的质地，是一个人原则、志向和远见的体现。

曾国藩关于坚持的事例，并不只有“做好三件事”，而是贯穿于他整个人生历程的方方面面，扎实地反映着他的人生态度。比如，曾国藩在军中要求自己早起，不论是什么样的天气，不论是什么样的环境，他一定会“闻鸡起舞”，练兵督训，办理各项事务。

坚持、保持恒心，说起来容易，做起来却太难，很少有人能够有始有终、坚定不移。爱国将领冯玉祥说过“世上成大事者都是傻子”，因为这些人一旦认准目标，只管朝前走，所以才会取得成功。相反，有些所谓聪明之人，因为

① 习近平：《在纪念五四运动100周年大会上的讲话》，《人民日报》，2019年5月1日。

脑子转速太高，干事业左顾右盼，思东想西，结果还是成不了事。每个人很多时候都会面临着这样的选择：是坚持不懈还是放弃自我，这样的问题会常常困扰着人们。如果是弱者，不仅会选择放弃自我而甘愿服输，而且会找出很多理由说服自己；如果是强者，则会选择坚持不懈，哪怕结果是失败也要搏上一搏。一个人最难战胜的，就是自己。即使人的自制力再强，也有被自己打败的时候。但所谓大道至简，要出类拔萃、成乎卓越，就要持续、坚持做好日常生活中最简单平凡的事情。如此，日久自见高度。

【教材内容链接】《思想道德与法治》第五章第三节“投身崇德向善的道德实践”之“锤炼个人品德”——道德修养重在践行

【案例三十四】大行善事　不做恶事

人而好善，福虽未至，祸其远矣；人而不好善，祸虽未至，福其远矣。

——徐干《中论·修本》

【案例分析】

人如果乐于为善，福虽然还没有到来，但与祸的距离却已经很远了；人如果不乐于为善，灾祸虽然还没有到来，但与福的距离却非常远了。

此句的精髓在于倡导大行善事、不做恶事。一颗善心，包容了人类的一切美德。最有助于社会进步、最有助于他人幸福的，莫过于怀有一颗善心。只有怀着一颗善心，生命才有光彩、才能充实、才能快乐。人们常说，善良的人不会吃亏。一个人一生行善，一生平安，不求有福，却能避祸。相反，不行善却作恶的人，除了危害社会、危害他人之外，自己迟早也会招致祸事。

人有善念，天必佑之。这个天，就是你周围的环境和人。生活自有自己的因果循环，它不满足于任何人的私心贪欲。一直善良下去，只问自心，不问得失。善，是人性中所蕴藏的一种最柔软，但也是最有力量的情怀。不管如何艰难，我们都应该坚持善良；不管多么孤独，都要坚守人格的高尚。因为总有一天你会明白，善良比聪明更难。因为聪明只是一种天赋，而善良却是一种选择。你付出了善良，或许不会马上回报，但一定会在另外的空间节点，得以弥补。

凡你对别人所做的，就是对自己所做的。所以，凡是你希望自己得到的，你必须先让别人得到。一直善良下去，只问自心，不问得失，一路芬芳，已在你的身后跟随。道德修养重在践行。当前，志愿服务已经成为大学生参与社会实践、成长成才的重要舞台，成为大学生关爱他人、传播青春正能量的重要途径。大学生应结合自身的能力、专业和特长，在最需要的地方提供优质高效的服务，为最需要关爱的群体送温暖、献爱心，在志愿服务中增长知识、强化本领、修养品德。

【教材内容链接】《思想道德与法治》第五章第三节“投身崇德向善的道德实践”之“锤炼个人品德”——道德修养重在践行

第六章 学习法治思想 提升法治素养

法治是现代文明的制度基石。法治兴则国兴，法治强则国强。在全面依法治国、建设法治中国的进程中，大学生要学习马克思主义法治理论，特别是习近平法治思想，深刻理解社会主义法律的本质特征和运行机制，整体把握中国特色社会主义法治道路、法治体系的精髓，尊重和维护宪法法律权威，不断提升法治素养，努力做尊法、学法、守法、用法的模范。

本章精选42个中华优秀传统文化案例，用于阐述社会主义法律的特征和运行、坚持全面依法治国、维护宪法权威、自觉尊法学法守法用法四个问题。

第一节 社会主义法律的特征和运行

我国社会主义法律是党的主张和人民意志的共同体现，是维护人民利益和公民权利的有力武器，是国家机关、社会组织和全体公民的活动规则和行为准绳。我们要在学习法律及其历史发展的基础上，准确把握社会主义法律的本质特征和运行机制,正确认识中国特色社会主义法律的时代价值,不断增强建设社会主义法治国家的责任感和使命感。

本节精选 9 个中华优秀传统文化案例,以阐释法律的含义及其历史发展、我国社会主义法律的本质特征、我国社会主义法律的运行。挖掘中华优秀传统文化中的法治思想,为大学生理解社会主义法律奠定思想基础。

【案例一】公之于众

人主之大物,非法则术也。法者,编著之图籍,设之于官府,而布之于百姓者也。术者,藏之于胸中,以偶众端,而潜御群臣者也。故法莫如显,而术不欲见。

——《韩非子·难三》

【案例分析】

对于君主来说,最重要的东西,不是法就是术。法是编写成图书条文、设置在官府里、公布到民众中间去的。权术则藏在君主心中,通过汇合验证各方面的事情潜移默化地驾驭群臣。所以法是越公开越好,而术则是不能暴露出来的。

从中可以分析出,韩非子主张法在形式上必须是成文的,而且是由国家来编订的,在程序上必须公布,并且主张法要公开,让百姓都知道,便于百姓遵守,还主张要公平、公正。这也正符合了现代意义上法律所追求的价值。

法律是由国家创制和实施的行为规范。国家创制规范的方式主要指的是国家机关在法定的职权范围内依照法定程序,制定、修改、废止规范性法律文件。这与韩非子主张法在形式上必须是成文的且由国家编订的主张一脉相承。

【教材内容链接】《思想道德与法治》第六章第一节“社会主义法律的特征和运行”之“法律的含义及其历史发展”——法律的含义(是由国家创制和

实施的行为规范）

【案例二】法由国定　强制实行

法者，宪令著于官府，刑罚必于民心，赏存乎慎法，而罚加乎奸令者也。此臣之所师也。君无术则弊于上，臣无法则乱于下，此不可一无，皆帝王之具也。

——《韩非子·定法》

【案例分析】

所谓法，就是法令由官府制定完善，刑罚制度由民众牢记心里，对于守法的人给予赏赐，而对于犯法的人加以惩罚这样一整套措施。这些是臣下所应遵循的。君主如果没有术治，在上面就会受到蒙蔽；臣下如果没有法治，就会在下面制造混乱。所以这两样缺一不可，都是成就帝王大业的工具。

在《韩非子·定法》中，韩非子认为法是君主用来限制和防范臣民的工具，术则是因人而异、因势利导地利用、调动人们达到目的的策略。有了法，君主就能够约束臣民，臣民就会尽职尽责而遵守规范，不会为了各自的利益肆意争夺；有了术，君主就能运用自如地操纵和支配臣民。

韩非子论述了“法”的实质，认为法是由国家制定的，是官吏治理民众的依据，遵守法律的受赏，违反法律的受罚，法是君主治理国家的工具。这也符合了现代意义上对法律的定义：法律是由国家制定或认可并由国家强制力量保证实施的，反映由特定社会物质生活条件所决定的统治阶级意志的规范体系。法律所体现的统治阶级意志具有整体性，而不是统治阶级内部个别人的意志；是仅仅上升为国家意志的那部分意志，而不是统治阶级意志的全部。

【教材内容链接】《思想道德与法治》第六章第一节“社会主义法律的特征和运行”之“法律的含义及其历史发展”——法律的含义（是统治阶级意志的体现）

【案例三】法律面前人人平等

国君抚式,大夫下之。大夫抚式,士下之。礼不下庶人,刑不上大夫。刑人不在君侧。兵车不式。武车绥旌,德车结旌。

——《礼记·曲礼上》

【案例分析】

国君在路上看见大夫,抚式示礼,大夫要下车还礼。大夫在路上看见士,同样是抚式示礼,士要下车还礼。在路上看到百姓,就不用抚式示礼了,而且刑法也不用在大夫身上。被用刑的人是不会在君王身边的。武车上的旗要铺展开,德车上的旗要裹起来。

这段话是成语“礼不下庶人,刑不上大夫”的出处,其意思是礼义的制定不下及于普通百姓,刑罚(肉刑)的执行不上达至贵族。

礼虽然主要是针对贵族的,但庶人也要遵守礼,刑法虽然主要是针对庶人的,但是贵族也要遵守刑法。只不过礼和刑在对庶民和贵族的适用上有不同的等级要求。对待贵族时对其应遵守的礼的要求和等级比庶人更高,对待庶人时不可以贵族的礼之标准要求其遵守, 庶人有庶人应当遵守的礼的标准。对待庶人时对其适用的刑罚的要求和等级比贵族更严格,贵族犯罪在刑罚适用上享有一定的减免特权。这实际上是奴隶社会中的不平等在法律上的不平等体现。在奴隶制社会的经济结构中,奴隶主阶级占有生产资料,同时也占有作为生产劳动者的奴隶。因此,奴隶制法律是奴隶主阶级专政的国家意志的表现,是奴隶主阶级对广大奴隶实行统治的工具。

社会主义法律是新型的法律制度, 有着与以往剥削阶级类型的法律制度不同的经济基础与阶级本质。社会主义法律是最广大人民群众意志的集中体现,是实现人民当家作主、实行人民民主专政的重要保证。社会主义法律反映了社会主义生产关系的本质要求,为实现普遍意义的平等、自由奠定了坚实基础,开辟了广阔空间,实现了对历史上各种类型法律制度的超越。

【教材内容链接】《思想道德与法治》第六章第一节“社会主义法律的特征和运行”之“法律的含义及其历史发展”——法律的历史发展

【案例四】依法治国　依规办事

发号施令，在乎必行；赏德罚罪，在乎不滥。

——包拯《论星变》

【案例分析】

发号施令，关键在于一定施行；奖赏善行、惩罚犯罪，关键在于不随意扩大范围。

治理国家，必须有固定的规章制度。春秋以前，国家强调以道德礼义来治国，后来开始有了成文法典，秦代建立大一统的中央集权制度后，强调按法律、制度办事。当然，在专制制度下不可能有真正的法治。但在传统文化中仍有加强法律和制度建设的思想。我国社会主义法律制定是指有立法权的国家机关，依照法定职权和程序制定规范性法律文件的活动，是法律运行的起始性和关键性环节。立法活动大体包括法律案的提出、法律案的审议、法律案的表决、法律的公布四个环节。立法活动必须遵循法定程序。

【教材内容链接】《思想道德与法治》第六章第一节“社会主义法律的特征和运行”之“我国社会主义法律的运行”——法律制定

【案例五】坚持科学立法　表达人民诉求

夏有乱政，而作禹刑；商有乱政，而作汤刑；周有乱政，而作九刑。

——《左传·昭公六年》

【案例分析】

夏朝政局动荡，于是制定了禹刑法来维持统治；商朝有触犯政令的人，于是制定了汤刑；周朝有触犯政令的人，于是制定了九刑。

《左传》中的这段记载虽不能证明中国奴隶时代即有《禹刑》《汤刑》之类的成文法，却反映出早在中华文明发轫之始，统治者即重视以立法的形式进行社会管理。我国法典文明的历史传统与立法模式得以历代相承，并对当代法律制定产生直接影响。中华传统法律文化亦有着以“典”命名法律规范集合的固有范式。

党的十八大以来，习近平总书记坚持全面依法治国，高度重视《民法典》的编纂工作。在《民法典》编纂过程中，习近平总书记先后三次主持中央政治局常委会会议，分别审议了民法总则、民法典各分编、民法典三个草案，“对民法典编纂工作作出了重要指示，为民法典编纂工作提供了重要指导和基本遵循”[①]。习近平总书记指出：“民法典系统整合了新中国成立70多年来长期实践形成的民事法律规范，汲取了中华民族5000多年优秀法律文化，借鉴了人类法治文明建设有益成果，是一部体现我国社会主义性质、符合人民利益和愿望、顺应时代发展要求的民法典，是一部体现对生命健康、财产安全、交易便利、生活幸福、人格尊严等各方面权利平等保护的民法典，是一部具有鲜明中国特色、实践特色、时代特色的民法典。”[②]“编纂实施民法典，是习近平法治思想的生动实践。”[③]

【教材内容链接】《思想道德与法治》第六章第一节“社会主义法律的特征和运行”之“我国社会主义法律的运行”——法律制定

【案例六】有法必依　执法必严

治国者，必以奉法为重。法若不行，何以服人？

——《三国演义·第九十六回》

① 张文显：《民法典的中国故事和中国法理》，《法制与社会发展》，2002年第5期。

② 习近平：《充分认识颁布实施民法典重大意义 依法更好保障人民合法权益》，《求是》，2020年第12期。

③ 王轶：《编纂实施民法典是习近平法治思想的生动实践》，《中国法学》，2021年第3期。

【案例分析】

治理国家，必须以奉法为重。有法而不执行，怎么可以服人呢？

法律是规范人们日常行为的准绳，法律的运行包括法律制定、法律执行、法律使用、法律遵守等环节。“治国者，必以奉法为重。法若不行，何以服人？”此句体现了法律执行的重要性。若有法而不执行，则与无法有何异？“法令行则国治，法令弛则国乱”，只有严格执法，才能治理整顿好国家，国家才能兴旺繁荣。法律松弛，无法执行，则国家一定会动乱，国力也会越来越衰弱。

我们生活在社会主义法治国家当中，法律与我们的生活密切相关。依照宪法和法律来治理国家，是中国共产党领导人民治理国家的基本方略，是发展社会主义市场经济的客观需要，也是社会文明进步的显著标志，还是国家长治久安的必要保障。因此必须严格执行法律，做到有法必依，执法必严。

【教材内容链接】《思想道德与法治》第六章第一节“社会主义法律的特征和运行”之“我国社会主义法律的运行”——法律执行

【案例七】以事实为根据　以法律为准绳

圣人不敢以亲戚之恩而废刑罚，不敢以怨仇之忿而废庆赏。

——徐干《中论·赏罚》

【案例分析】

圣人不敢因亲戚的私情而废除国家的刑罚，也不敢以怨仇的私愤而不履行该给予的嘉奖和赏赐。

公平合理的赏罚，就是撇开亲情和恩怨等外在因素，以法律为准绳。在我国封建社会，做到这一点是很不容易的。东汉光武帝刘秀的亲姐姐，有一个管家横行不法，被清官董宣处死，刘秀的姐姐哭诉到朝廷，让刘秀治董宣的罪。刘秀要董宣当面向她叩头谢罪，但董宣就是梗着脖子不低头，刘秀最后为董宣严于执法的精神所感动，不仅没有治罪，反而重赏了董宣。这就是历史上著名的“强项令”的故事。刘秀当真做到了“不敢以亲戚之恩而废刑罚”。

法律适用是指国家司法机关及其公职人员依照法定职权和程序适用法律处理案件的专门活动。以事实为根据和以法律为准绳两者联系紧密，缺一不可。不以事实为根据就不可能正确适用法律，不以法律为准绳，即使以真实可靠的案件事实为根据，也不可能正确处理案件，正确定罪量刑。实行以事实为根据，以法律为准绳原则在各项刑事诉讼基本原则中处于核心的地位，对于贯彻落实其他各项刑事诉讼基本原则，保障客观公正地处理案件，以及真正树立起法制的权威等均具有重要意义。

【教材内容链接】《思想道德与法治》第六章第一节“社会主义法律的特征和运行”之“我国社会主义法律的运行”——法律适用

【案例八】依法适用　执法严明

宫中府中，俱为一体；陟罚臧否，不宜异同。若有作奸犯科及为忠善者，宜付有司论其刑赏，以昭陛下平明之理；不宜偏私，使内外异法也。

——诸葛亮《出师表》

【案例分析】

皇宫中和丞相府中的人，都是国家的官员；奖惩他们的功过好坏，不应该因在宫中或在府中而不同。如果有作奸邪事情、触犯科条法令，或尽忠做善事的人，都应该交给主管的官员评定他们的奖惩，来显示陛下公正严明的治理，而不应当偏袒、有私心，使朝廷内外刑赏的法令不同。

诸葛亮提出这点，是鉴于汉末皇朝颠覆的教训：懦弱无能的皇帝容易亲信宫中近侍，受他们的牵制，而与朝中执政官员对立，造成互相倾轧的混乱局面，最后导致亡国。由此提出“若有作奸犯科及为忠善者，宜付有司论其刑赏，以昭陛下平明之理；不宜偏私，使内外异法也”。阐明了严明赏罚，秉法持正是修明政治的根本途径。

正如习近平总书记在中国共产党第十九次全国代表大会上的报告指出:“树立宪法法律至上,法律面前人人平等的法治理念。”[①]我国社会主义法律的运行是一个从创制、实施到实现的过程。这个过程主要包括法律制定、法律执行、法律适用及法律遵守等环节。法律执行要由国家机关及其公职人员在国家和公共事务管理中,依照法定职权和程序贯彻和实施法律的活动,做到“宜付有司论其刑赏”。在法律适用过程中,坚持司法公正、公民在法律面前一律平等的司法原则,做到“陟罚臧否,不宜异同”,形成了具有鲜明的中国特色社会主义法律运行过程。

【教材内容链接】《思想道德与法治》第六章第一节“社会主义法律的特征和运行”之“我国社会主义法律的运行”——法律适用

【案例九】有法不遵　等同无法

有法而不循法,法虽善与无法等。

——沈家本《诸史琐言》

【案例分析】

有法律在,但不依法办事,法律再好也没用,跟没有法律一样。

法律是一扇屏障,是那些弱小的人温暖的家,他们的利益在这里得到了保障,他们的权利在这里得到了自由;法律更是一条粗大的铁链,它紧紧地绑住犯罪分子,让他们无法在这个社会中胡作非为,保障着我们每一个人的利益。

“有法而不循法,法虽善与无法等。”有法而不遵守,法律再好也形同虚设。“法”的生命在于践行,“束之高阁”不应成为法律的归宿,“付诸实践”才是对法律最好的尊重。

法律遵守是指国家机关、社会组织和公民个人依照法律规定的权力或权

① 习近平:《习近平在中国共产党第十九次全国代表大会上的报告》,《人民日报》,2017年10月18日。

利以及履行职责或义务的活动。守法不仅意味着履行法律义务，还意味着一切组织和个人都要依照法律的要求规范自己的行为。一切组织和个人都必须遵守宪法和法律。公民若枉法，有法却不守法，法律即使再好，和没有是一样的。

【教材内容链接】《思想道德与法治》第六章第一节“社会主义法律的特征和运行”之“我国社会主义法律的运行”——法律遵守

第二节　坚持全面依法治国

全面依法治国是坚持和发展中国特色社会主义的本质要求和重要保障，是国家治理的一场深刻变革。全面依法治国，必须坚持以习近平法治思想为指导，坚定不移走中国特色社会主义法治道路，建设中国特色社会主义法治体系，建设社会主义法治国家，为全面建设社会主义现代化国家、实现中华民族伟大复兴的中国梦提供有力的法治保障。

本节精选19个中华优秀传统文化案例，用以阐释全面依法治国的根本遵循、坚持走中国特色社会主义法治道路、建设法治中国。

【案例一】法与时转

圣人论世而立法，随时而举事。

——刘安等《淮南子·齐俗训》

自古及今，法无不改，势无不积，事例无不变迁，风气无不移易。

——龚自珍《上大学士书》

圣人之为治法也，随时而立义，时移而法亦移矣。

——康有为《日本书目志》

法者天下之公器也，变者天下之公理也。

——梁启超《论不变法之害》

【案例分析】

圣贤明君依据世情制定法律，依据时情变化而做事。

从古到今，国家的有关规范没有不改变的，权势没有不逐渐积聚的，事物没有不发展变化的，风俗习惯没有不改变的。

圣人教导众生的方法是随着时间的变化而变化的，时间推移教导众生的方法也要变移。

法律，是天下用来衡量是非的共有的工具，而革新，则是天下不变的公理。

中国五千多年的文明史表明，自古以来，历代统治者制定法律便懂得要随着时代的发展而发展，随着世情、国情的变化而变化。法律的制定只有循变协时，根据实际需要而制定，根据实际变动而修订，才能更好地为治国理政、维持国家纲纪起到积极作用，推动国家和社会不断向前发展。

要不要走法治道路、走什么样的法治道路，是近代以来中国人民面临的历史性课题。走中国特色社会主义法治道路，是由我国社会主义国家性质决定的，是历史的必然结论，是我国顺应时代发展要求、适应中国具体国情，提出的能解决中国实际问题的自主型法治道路。党的二十大报告中指出："全面依法治国是国家治理的一场深刻革命，关系党执政兴国，关系人民幸福安康，关系党和国家的长治久安。"①因此，我们要坚定不移地走中国特色社会主义法治道路，在法治轨道上持续推进国家治理体系和治理能力现代化，为全面建设社会主义现代化国家助力护航。

【教材内容链接】《思想道德与法治》第六章第二节"坚持全面依法治国"之"坚持走中国特色社会主义法治道路"——为什么要走中国特色社会主义

① 习近平：《高举中国特色社会主义伟大旗帜　为全面建设社会主义现代化国家而团结奋斗——在中国共产党第二十次全国代表大会上的报告》，《人民日报》，2022年10月26日。

法治道路

【案例二】以法束权

故不言而信，不施而仁，不怒而威，是以天心动化者也；施而仁，言而信，怒而威，是以精诚感之者也；施而不仁，言而不信，怒而不威，是以外貌为之者也。故有道以统之，法虽少，足以化矣；无道以行之，法虽众，足以乱矣。

——刘安等《淮南子·泰族训》

【案例分析】

所以不用言说便显示诚信，不施恩惠就显示仁慈，不必动怒就显示威严，这是以天之心来感动变化的；施舍恩惠才体现仁慈，言说以后才显示诚信，发怒了才显示威严，这是用人之精诚来感化的；施舍了恩惠还不显仁慈，信誓旦旦还不显诚信，大发雷霆还无威严，这是做表面文章造成的。所以用“道”来统帅，法令即使很少，也足以感化民众；没有以“道”来统帅，法令即使很多，也不足以安定民众，反而不断地出乱子。

《泰族训》是对《淮南子》全书理论体系的总结。“泰”通“太”，意为大。《淮南子》对汉初统治者提出的“无为而治”中的“无为”作了全新诠释，提出“以道统法”，认为治理天下的根本工具，不是法，而是道。法的制定与执行，要用道来统率；法的价值高低，要用道来衡量。

全面推进依法治国，政治保证要坚强。习近平引用《淮南子》中的这句话，正是要说明“党的领导是中国特色社会主义法治之魂”。他明确表示，不存在“党大还是法大”的问题，这是一个伪命题。党和法的关系是政治和法治关系的集中反映。从理论层面讲，世界上从来没有脱离政治的法治。每一种法治形态背后都有一套政治理论，每一种法治模式当中都有一种政治逻辑，每一条法治道路之下都有一种政治立场。从实践层面看，法是党的主张和人民意愿的统一体现。党领导人民制定宪法法律，党领导人民实施宪法法律，党自身必须在宪法法律范围内活动。

如果说“党大还是法大”是一个伪命题，那么对各级党政组织、各级领导干部来说，权大还是法大则是一个真命题。纵观人类政治文明史，权力是一把双刃剑，在法治轨道上行驶可以造福人民，在法律之外行驶则必然祸害国家和人民。只有以法律管束住权力，全面依法治国的蓝图才能真正实现。

【教材内容链接】《思想道德与法治》第六章第二节“坚持全面依法治国”之“坚持走中国特色社会主义法治道路”——坚持中国特色社会主义法治道路必须遵循坚持的原则（坚持中国共产党的领导）

【案例三】为了人民　依靠人民

法非从天下，非从地出，发于人间，合乎人心而已。

——慎到《慎子·逸文》

【案例分析】

法律制度不是从天上掉下来的，也不是从地上长出来的，它产生于人间，符合人们的愿望而已。

早在公元前 300 多年，慎到就提出了法律需符合人民意愿的观点，尽管彼“法”与今日之法律制度是有差异的。法治的关键在于善法或良法的存在。不体现人民大众利益和愿望的不义之法，也许可以称为法制，却永远无法纳入法治的范畴，也不可能得到有效贯彻实施。体现民情、符合民心之法是利民惠民之法，既有利于民的生产生活所需要的环境空间，也为民的扩大再生产提供了必要条件。

因此，走中国特色社会主义法治道路必须坚持人民主体地位。全面依法治国最广泛、最深厚的基础是人民，因此法治建设必须坚持为了人民、依靠人民。法治体系的构建要体现人民利益、反映人民愿望、维护人民权益、增进人民福祉，要各领域全过程保证人民在党的领导下通过各种途径和形式管理国家事务、管理经济文化事业、管理社会事务，保证人民依法享有广泛的权利和自由，承担应尽的义务。

推进全面依法治国，根本目的是依法保障人民权益，保障人民群众日益增长的对民主、法治、公平、正义、安全、环境等方面的要求，积极回应人民群众的新要求新期待。建设具有中国特色的社会主义法治体系，必须系统研究谋划和解决法治领域人民群众反映强烈的突出问题，不断增强人民群众的获得感、幸福感、安全感，用法治保障人民安居乐业。从立法到执法、司法等各环节，都应牢记以人民为中心，坚守人民立场，全方位保障人民权益的实现和发展，努力让人民群众感受到看得见、摸得着的公平正义，为全面建设社会主义现代化国家、实现中华民族伟大复兴的中国梦提供法治保障。

【教材内容链接】《思想道德与法治》第六章第二节“坚持全面依法治国”之“坚持走中国特色社会主义法治道路”——坚持中国特色社会主义法治道路必须遵循的原则（坚持人民主体地位）

【案例四】法律面前人人平等

上以兵部郎中戴胄忠清公直，擢为大理少卿。上以选人多诈冒资荫，敕令自首，不肯者死。未几，有诈冒事觉者，上欲杀之。胄奏：“据法应流。”上怒曰：“卿欲守法而使朕失信乎？”对曰：“敕者出于一时之喜怒，法者国家所以布大信于天下也。陛下忿选人之多诈，故欲杀之，而既知其不可，复断之以法，此乃忍小忿而存大信也。”上曰：“卿能执法，朕复何忧！”胄前后犯颜执法，言如涌泉，上皆从之，天下无冤狱。

——司马光《资治通鉴·唐纪八》

【案例分析】

唐太宗李世民因为兵部郎中戴胄为人忠心清廉、公正正直，于是把他提拔为大理寺少卿。当时举荐入选的官吏中，大都对自己的做官资历造假，唐太宗为此很生气，于是下令要求他们坦白自首，不自首的人判处死刑。没过多久，有一名伪造做官资历但没有自首的人被发现了，皇上想杀他。戴胄上奏说："按照大唐法律应当流放。"皇上大怒说道："你想遵守法律而让我说话不算话吗？"戴胄回答说："陛下您所下的命令多是因为一时的喜怒，而法律是国家用来向天下公布，是取大信于民的根据。陛下您因为愤怒候选人资历造假，所以想要杀他，以儆效尤，然而既然已经知道按照法律量刑不可以这样，他罪不至死，那就交由法律处理，这正是忍耐一时小的愤怒而保存大信于民啊。"唐太宗听后转怒为喜对他说："你能够依法办事，我还有什么可担忧的呢？"戴胄这一次触犯圣颜而坚持执行法律，言之有理的言辞像泉涌一样，皇上听从他的，若一直如此，天底下就没有冤案了。

戴胄犯颜执法这个历史故事给我们的启示是多方面的，其中隐然有法大还是权大的较量在里面。在封建社会里，四海之内莫非王土，皇帝拥有至高无上的权力，各级官吏身居高位，手握大权，这些掌权者们生杀予夺，皆在其手，往往会发生权力凌驾于法律之上的情形。当权力凌驾于法律之上，公平正义也就无从谈起！就会出现错判、冤狱等。

当今建设法治社会和法治国家，如果搞"以权代法""权大于法"，甚至搞"人治"代替"法治"，危害是极其大的！就像韩非子所说的"国无常强，无常弱。奉法者强则国强，奉法者弱则国弱"。这个故事中，戴胄作为执法官员，能够严守司法底线，坚持以唐律条文为准绳，以案件事实为依据，依律定罪，公正执法，实属难能可贵。今天，任何组织与公民个人都没有超越宪法和法律的特权，尤其是领导干部更应该带头尊重和维护宪法法律的权威与尊严。

【教材内容链接】《思想道德与法治》第六章第二节"坚持全面依法治国"之"坚持走中国特色社会主义法治道路"——坚持中国特色社会主义法治道路必须遵循的原则（坚持法律面前人人平等）

【案例五】法律面前人人平等

故以法治国，举措而已矣。法不阿贵，绳不挠曲。法之所加，智者弗能辞，勇者弗敢争。刑过不避大臣，赏善不遗匹夫。故矫上之失，诘下之邪，治乱决缪，绌羡齐非，一民之轨，莫如法。厉官威民，退淫殆，止诈伪，莫如刑。刑重，则不敢以贵易贱；法审，则上尊而不侵。上尊而不侵，则主强而守要，故先王贵之而传之。人主释法用私，则上下不别矣。

——《韩非子·有度》

【案例分析】

用法令治国，制定出来就要推行下去。法令不偏袒权贵，墨绳不迁就弯曲。法令该制裁的，智者不能逃避，勇者不敢抗争。惩罚罪过不回避大臣，奖赏功劳不漏掉平民。所以矫正上面的过失，追究下面的奸邪，治理纷乱，判断谬误，削减多余，纠正错误，统一民众的规范，没有比得上法的。整治官吏，威慑民众，除去淫乱怠惰，禁止欺诈虚伪，没有比得上刑的。刑罚重了，就不敢因地位高而轻视地位低的；法令严明，君主就尊贵不受侵害。尊贵不受侵害，君主就强劲而掌握要害。所以先王重法并传授下来。君主弃法用私，君臣之间就没有区别了。

文中“法不阿贵，绳不挠曲”以及“刑过不避大臣，赏善不遗匹夫”是一种典型的法律面前人人平等的思想体现。平等是社会主义法律的基本属性，是社会主义法治的基本要求。法治意味着不管什么人，不管涉及谁，只要违反法律就要依法追究责任。只要是正当权益诉求，就应当在法律上得到平等对待，只要是合法权益，就应当依法得到平等保护。坚持法律面前人人平等，对于坚持走中国特色社会主义法治道路具有十分重要的意义。

【教材内容链接】《思想道德与法治》第六章第二节“坚持全面依法治国”之“坚持走中国特色社会主义法治道路”——坚持中国特色社会主义法治道路必须遵循的原则（坚持法律面前人人平等）

【案例六】法律面前人人平等

所谓仁义礼乐者,皆出于法。此先圣之所以一民者也。《周书》曰:“国法,法不一,则有国者不祥;民不道法,则不祥;国更立法以典民,则不祥;群臣不用礼义教训,则不祥;百官服事者离法而治,则不祥。”故曰:法者不可不恒也,存亡治乱之所以出,圣君所以为天下大仪也。君臣上下贵贱皆发焉,故曰“法”。

——《管子·任法》

【案例分析】

所谓仁义礼乐,都是从法里产生的。这法是先圣用来统一人民行动的。《周书》上说:“国法废弛不统一,国君不祥;人民不守法,不祥;国家擅改已立的法度来管理人民,不祥;大臣们不用礼节和法制来教育百姓,不祥;大小百官管理国事的人脱离法度办事,不祥。”所以说:法是必须永远坚持的,它是存亡治乱的根源,是圣明君主用来作为天下最高标准的。无论君主或群臣、上层或下层、贵者或贱者,都必须一律遵守,所以叫“法”。

管子明确了“法”具有全国的统一性、公开性和强制性,也是法律面前人人平等这一思想的先声。

坚持走中国特色社会主义法治道路,必须坚持法律面前人人平等。平等是社会主义法律的基本属性,是社会主义法治的基本要求。法治意味着不管什么人,不管涉及谁,只要违反法律就要依法追究责任。所以,《人民日报》评吴亦凡被刑拘,指出法律面前没有顶流。同样,只要是合法权益,就应当依法得到平等保护。我国宪法赋予了我们平等权。宪法中规定:中华人民共和国公民在法律面前一律平等。任何公民享有宪法和法律规定的权利,同时必须履行宪法和法律规定的义务。作为大学生,不管是在平时的学习生活中,还是在今后的实习、工作中,都应树立法律面前人人平等的意识,学会用法律武器维护自己的合法权益。

【教材内容链接】《思想道德与法治》第六章第二节“坚持全面依法治国”之“坚持走中国特色社会主义法治道路”——坚持中国特色社会主义法治道路必须遵循的原则(坚持法律面前人人平等)

【案例七】宽猛相济

仲尼曰:“善哉!政宽则民慢,慢则纠之以猛。猛则民残,残则施之以宽。宽以济猛;猛以济宽,政是以和。”

——《左传·昭公二十年·子产论政宽猛》

君人者,隆礼尊贤而王,重法爱民而霸,好利多诈而危,权谋倾覆幽险而尽亡矣。

——《荀子·天论》

天道之大者在阴阳。阳为德,阴为刑,刑主杀而德主生。是故阳常居大夏而以生育养长为事,阴常居大冬而积于虚空不用之处。

——班固《汉书·董仲舒传》

【案例分析】

孔子说:“好啊!政策宽厚民众就怠慢，民众怠慢就用刚猛的政策来纠正。政策刚猛民众就受伤害,民众受伤害了就施行他们宽厚的政策。用宽大来调和严厉,用严厉来补充宽大,政治因此而调和。”

统治人民的君主,推崇礼义、尊重贤能就会称王天下,重视法治、爱护民众就会称霸诸侯,贪图财利、诡诈多端就会有危险,玩弄权谋、倾轧颠覆、阴暗险恶就会彻底灭亡。这句话体现了荀子“隆礼重法”的观点。

天道最大的就是阴阳,阳作为德,阴作为刑,刑主杀,德主生。所以阳常常处在盛夏,把生育养长作为自己的事;阴经常处在严冬,积聚在空虚不起作用的地方。由此可以看出,天是任用德教,不任用刑罚的。董仲舒强调教化,主张以仁德治国而少刑罚,德主刑辅。

宽猛相济、德法并举、隆礼重法、德主刑辅，是历代思想家对德治与法治关系的探讨与总结，是中国历代统治者治理国家的主要手段，对后世影响深远。在孔子看来，子产“宽猛相济”中的“猛”与“宽”不是绝对独立的，而是互相渗透、相辅而行的。无论立法执法，都应做到以宽济猛、以猛济宽，宽严结合、刚柔并济。对孔子自身而言，他既重视道德、强调德治，也重视法律、提倡法治，主张治理国家应坚持德法并举，即德育教育和法律手段并用。荀子的“隆礼重法”思想充分体现了仁治与法治，以德治国和依法治国的有机统一。这些思想皆体现了德法并治的治国之道。对中国几千年封建统治思想、治国理念和社会管理产生了深远的影响，对于今天建设社会主义法治国家、构建和谐社会、实现中华民族伟大复兴具有重要的借鉴价值和指导意义。

宽猛相济、德法并举的政治哲学流传至今，逐渐成为我国治国方略中最基本的原则。习近平总书记在中央全面依法治国工作会议上强调：“要坚持依法治国和以德治国相结合，实现法治和德治相辅相成、相得益彰。”[①]德治和法治是治国理政不可或缺的两种方式，忽略其中任何一方，都难以实现国家的长治久安。走中国特色社会主义法治道路，必须要坚持依法治国和以德治国相结合。

【教材内容链接】《思想道德与法治》第六章第二节“坚持全面依法治国”之“坚持走中国特色社会主义法治道路”——坚持走中国特色社会主义法治道路必须遵循的原则（坚持依法治国和以德治国相结合）

【案例八】德法并治　不可偏废

礼节民心，乐和民声，政以行之，刑以防之。礼乐刑政，四达而不悖。

——《礼记·乐记》

① 习近平：《坚定不移走中国特色社会主义法治道路　为全面建设社会主义现代化国家提供有力法治保障》，《求是》，2021 年第 5 期。

【案例分析】

用礼节来节制民众的心智，用乐来调和民众的情感，通过政令使民众遵行礼乐，运用刑法防治违反礼乐的行为。礼乐刑政，四者互相通达而不违逆，就具备了治理天下的正道。

在我国传统社会，礼主要以“教化”为传播和约束手段。教化不仅涉及礼仪制度，而且包括用人际交往原则、道德标准来指导人们的言行，这就是作为礼之宗旨的“礼乐”。“礼乐”属于具有道德教化功能的软约束，“刑政”则是强制执行的硬约束，四者对于国家治理来说都是不可或缺的。法作为管理和约束手段，在我国传统社会中主要用来惩罚违规逾礼者，即所谓“出礼入刑”。

我国传统社会治理的成功经验启示我们：依法治国和以德治国相辅相成、相互促进，不可偏废。既要重视法律的规范作用，又要重视道德的教化作用。在法律中体现社会主义核心价值观要求，用社会主义核心价值观支撑法治建设，将“隆礼重法”贯穿于国家治理体系和治理能力现代化进程中。

【教材内容链接】《思想道德与法治》第六章第二节“坚持全面依法治国”之“坚持走中国特色社会主义法治道路”——坚持中国特色社会主义法治道路必须遵循的原则（坚持依法治国和以德治国相结合）

【案例九】德法兼治

不知耻者，无所不为。

——欧阳修《集古录跋尾·魏公卿上尊号表》

一个人如果不知羞耻，就会不问是非善恶，不顾道德规范和起码的做人准则，为所欲为，无所不为，以至做出伤天害理、大逆不道的事情来。

“一个人有了羞耻之心，才能心存戒惧，取舍有度；一个国家有了羞耻之心，才能自尊自强，众安道泰。”[①]“从道德哲学角度看，知‘耻’，是每个合格公民所应有的最基本的道德感，也是社会正义的心理基础。知耻才能心存敬畏，遵纪守法，不碰底线。”[②]因此，建设社会主义法治国家也必须重视道德的教化作用，要把依法治国和以德治国结合起来。

“不知耻者，无所不为”，是习近平总书记在党的十八届四中全会第二次全体会议上提到加快建设社会主义法治国家时引用的经典名句。习近平说：“发挥好道德的教化作用，必须以道德滋养法治精神、强化道德对法治文化的支撑作用。再多再好的法律，必须转化为人们内心自觉才能真正为人们所遵行。‘不知耻者，无所不为’，没有道德滋养，法治文化就缺乏源泉活水，法律实施就缺乏坚实社会基础。在推进依法治国过程中，必须大力弘扬社会主义核心价值观，弘扬中华传统美德，培育社会公德、职业道德、家庭美德、个人品德，提高全民族思想道德水平，为依法治国创造良好人文环境。”[③]

法律是成文的道德，道德是内心的法律，法律和道德都具有规范社会行为、维护社会秩序的作用。治理国家、治理社会必须一手抓法治、一手抓德治，既重视发挥法律的规范作用，又重视发挥道德的教化作用，实现法律和道德相辅相成、法治和德治相得益彰。发挥好法律的规范作用，必须以法治体现道德理念、强化法律对道德建设的促进作用。一方面，道德是法律的基础，只有那些合乎道德、具有深厚道德基础的法律才能为更多人所自觉遵行。另一方面，法律是道德的保障，可以通过强制性规范人民行为、惩罚违法行为来引领道德风尚。

【教材内容链接】《思想道德与法治》第六章第二节“坚持全面依法治国”之“坚持走中国特色社会主义法治道路”——坚持中国特色社会主义法治道路必须遵循的原则（坚持依法治国和以德治国相结合）

---

①② 孙军红、弥玉：《知“耻”与心存戒惧》，《中国纪检监察》，2015年第10期。

③ 《习近平谈治国理政》（第二卷），外文出版社，2017年，第117页。

【案例十】从实际出发　推进依法治国

为国也，观俗立法则治，察国事本则宜。不观时俗，不察国本，则其法立而民乱，事剧而功寡。

——商鞅及其后学《商君书》

【案例分析】

治理国家，在考察风俗民情的基础上立法，才能治理好，弄清国情、抓住根本，才能制定出适宜的政策。如果不考察当时的风俗，不弄清国家的情况，就制定了法令政策，民众也会混乱，政务再繁忙也是收效甚微。

2014年10月23日，习近平在党的十八届四中全会第二次全体会议上作重要讲话。他强调，“走什么样的法治道路、建设什么样的法治体系，是由一个国家的基本国情决定的。‘为国也，观俗立法则治，察国事本则宜。不观时俗，不察国本，则其法立而民乱，事剧而功寡。’全面推进依法治国，必须从我国实际出发，同推进国家治理体系和治理能力现代化相适应，既不能罔顾国情、超越阶段，也不能因循守旧、墨守成规。”①

坚持从中国的实际出发，就要突出法治道路的中国特色、实践特色、时代特色。要传承中华优秀传统文化，从我国革命、建设、改革的实践中探索适合自己的法治道路，同时借鉴国外法治的有益成果，为全面实现中华民族伟大复兴夯实法治基础。

走什么样的法治道路，建设什么样的法治体系，是由一个国家的基本国情决定的。全面依法治国，绝不照搬别国模式和做法，绝不走西方所谓“宪政”“三权鼎立”“司法独立”的路子。实践证明，我国政治制度和法治体系适合我国国情和实际的制度，具有显著优越性。要树立自信、保持定力，一切从我国实际出发，坚定不移沿着中国特色社会主义法治道路前进。

---

① 《习近平谈治国理政》(第二卷)，外文出版社，2017年，第117页。

【教材内容链接】《思想道德与法治》第六章第二节“坚持全面依法治国”之“坚持走中国特色社会主义法治道路”——坚持中国特色社会主义法治道路必须遵循的原则(坚持从中国实际出发)

【案例十一】善用法治　严格法令

夫一人之身,百万之众,束肩敛息,重足俯听,莫敢仰视者,法制使然也。若乃上无刑罚,下尤礼义,虽贵有天下,富有四海,而不有自免者,桀、纣之类也。夫以匹夫之刑令以赏罚,而人不能逆其命者,孙武、穰苴之类也。故令不可轻,势不可通。

——诸葛亮《将苑·卷二·威令》

【案例分析】

将帅领兵能使自己指挥的百万大军,恭恭敬敬地接受命令,屏气凝神,稳而有序,不敢松懈,这是法令严格的结果。如果将帅不能刑赏部下,部下不知礼义,就是据有天下,尽占四海之内的财富,也难逃自我灭亡的命运,比如夏桀、商纣这样的暴君。但是,如果将帅在领兵的时候,能以法令为赏罚的依据,部下是不敢违背将帅的命令的,比如孙武、穰苴这样善用法制的人。可见,法令是不能轻视的,由法令而生的将帅的威势也是不可以违抗的。

没有铁的纪律,就没有铁的军队。孙武、吴起、岳飞、戚继光等之所以成为彪炳史册的军事家,就在于他们都能严格遵循军法,身先士卒,严明赏罚。

高效的法治实施体系,是指执法、司法、守法等各个环节有效衔接、协调高效运转、持续共同发力,织密法治之网,强化法治之力,实现效果最大化的法治实施系统。完善法治实施体系,其重点之一就是要着力培育公民和社会组织自觉守法的意识和责任感,充分调动全社会自觉守法的积极性、主动性,营造全社会共同守法的良好氛围。

尊重法律权威是我国公民的法定义务和必备素质。大学生应当在尊重法律权威方面加强砥砺，在学习和生活中积极作为，相信法律，信奉法律，崇尚法律，信仰法律，对法律常怀敬畏之心，常思敬重之情。对学校依据法律和校纪校规做出的各种奖惩决定，要严格执行，在日常生活中逐步培养尊重法律权威的习惯。不仅自己守法，对违法犯罪行为，也要敢于揭露、勇于抵制，做法律权威的守望者。

【教材内容链接】《思想道德与法治》第六章第二节“坚持全面依法治国”之“建设法治中国”——建设中国特色社会主义法治体系（高效的法治实施体系）

【案例十二】加强队伍建设　提高队伍素质

凡良吏明法律令，事无不能（也）；有（又）廉絜（洁）敦而好佐上；以一曹事不足独治（也），故有公心；有（又）能自端（也），而恶与人辨治，是以不争书。恶吏不明法律令，不智（知）事，不廉絜（洁），毋（无）以佐上，緰（偷）随（惰）疾事，易口舌，不羞辱，轻恶言而易病人，毋（无）公端之心，而有冒柢（抵）之治，是以善斥（诉）事，喜争书。争书，因恙（佯）瞋目扼（腕）以视（示）力，訏询疾言以视（示）治，丑言麃斫以视（示）险，阬阆强肮（伉）以视（示）强，而上犹智之（也）。故如此者不可不为罚。发书，移书曹，曹莫受，以告府，府令曹画之。其画最多者，当居曹奏令、丞，令、丞以为不直，志千里使有籍书之，以为恶吏。

——《睡虎地秦墓竹简·语书》

【案例分析】

凡良吏都通晓法律令，没有不能办理的事务；廉洁、忠诚老实而能为君上效力；他们知道一曹的事务不能独断独行，所以有公正之心；又能够纠正自己，不愿与别人分开处理事务，因此不会在办事中争竞。恶吏则不懂法律令，不通习事务，不廉洁，不能为君上效力，苟且懒惰，遇事推脱，容易搬弄是非，不知羞耻，轻率地口出恶言而侮辱别人，没有公正之心，有冒犯的行为，因此善于争辩，喜欢在办事时争竞。争竞的时候，就假装瞪起眼睛、握住手腕，显示自己勇敢；说种种假话，抬高语音，显示自己善于治理；说违背事理的话，装作愧悔和无知，显示能约束自己；自高自大，蛮横倔强，显示自己强干，而上司还认为他们有才能。这种人不能不予以惩罚。各县、道收到本文书，应发文书到所属各曹，属曹如不受命，县、道要向郡报告，由郡官命郡的属曹进行责处。过失最多的吏，所在的曹向令、丞申报，令、丞认为该吏不公正，由郡官记录在簿籍上向全郡通报，作为恶吏。

本案例对“良吏”“恶吏”的鲜明对比启示我们，应加强高素质法治队伍和法律服务队伍建设，提高国家工作人员的思想政治素质，为全面依法治国提供坚实的人才保障。

2017 年 5 月 3 日，习近平总书记在考察中国政法大学时指出：“建设法治国家、法治政府、法治社会，实现科学立法、严格执法、公正司法、全民守法，都离不开一支高素质的法治工作队伍。法治人才培养上不去，法治领域不能人才辈出，全面依法治国就不可能做好。”[①]有力的法治保障体系，是全面依法治国的重要依托。人才保障是有力的法律保障系统因素之一。

【教材内容链接】《思想道德与法治》第六章第二节“坚持全面依法治国”之“建设法治中国”——建设中国特色社会主义法治体系（有力的法治保障体系：人才保障）

【案例十三】法律是治国之重器

立善法于天下，则天下治；立善法于一国，则一国治。

——王安石《周公》

① 习近平：《在中国政法大学考察——立德树人德法兼修抓好法治人才培养　励志勤学刻苦磨炼促进青年成长进步》，《人民日报》，2017 年 5 月 4 日。

【案例分析】

在天下设立好的法令制度，天下就会太平；在一国设立好的法令制度，一国就能安定。这里的"国"指的是周朝时的诸侯国，是天下的一部分。

法律是治国之重器，立法是法治的龙头环节。科学立法，要完善以宪法为核心的中国特色社会主义法律体系、加强宪法实施为目标，坚持以民为本、立法为民理念，使每一项立法都符合宪法精神，反映人民意志，得到人民拥护。要把公平、公正、公开原则贯穿立法全过程，完善立法体制机制，增强法律法规的及时性、系统性、针对性、有效性。加强党对立法工作的领导，完善党对立法工作中重大问题决策的程序，健全有立法权的人民代表大会主导立法工作的体制机制。深入推进科学立法、民主立法，完善立法项目征集和论证制度，拓宽社会各方面有序参与立法的途径和方式。加强重点领域立法，健全国家治理急需的法律制度、满足人民日益增长的美好生活水平需要必备的法律制度，填补空白点、补强薄弱点。实现立法和改革决策衔接，做到重大改革于法有据、立法主动适应改革和经济社会发展需要。

【教材内容链接】《思想道德与法治》第六章第二节"坚持全面依法治国"之"建设法治中国"——坚持全面推进科学立法、严格执法、公正司法、全民守法（科学立法）

【案例十四】统筹推进立法、执法、司法、守法

河北盐法，太祖皇帝尝降墨敕，听民间贾贩，唯收税钱，不许官榷。其后有司屡请闭固，仁宗皇帝又有批诏云："朕终不使河北百姓常食贵盐。"献议者悉罢遣之。河北父老，皆掌中掬灰，藉火焚香，望阙欢呼称谢。熙宁中，复有献谋者。余时在三司，求访两朝墨敕不获，然人人能诵其言，议亦竟寝。

——沈括《梦溪笔谈·官政一》

【案例分析】

河北地区的盐法，太祖皇帝曾颁降手书的敕令，允许民间贩卖，只收税钱，不许官府专卖。后来有关部门屡次奏请禁止私卖，仁宗皇帝又有手批的诏书说："朕终不使河北百姓常食贵盐。"凡是建议禁绝私盐的官员都被罢职外放，河北父老都手捧灰土，借以点火焚香，望阙膜拜，欢呼称谢。熙宁年间，又有人向皇上建议禁止私盐。沈括当时在三司，访求太祖、仁宗的手书敕令没有见到，然而人人能传诵那些话，禁止私盐的建议也最终被搁置。

法律必须被遵守，法律权威必须得到维护。既然宋太祖的敕令和宋仁宗的诏书都允许贩卖私盐，就应该照此执行。后来虽然敕令和诏书都没能找到，但老百姓都拥护允许贩盐的政策，因此最终没有禁止私盐。否则强行禁止，必然会激起民众的反抗。

法律权威源自人民的内心拥护和真诚信仰。体现人民意志的法律才能称得上是良法、善法。立法是法治的龙头环节，必须坚持科学立法。要以加强宪法实施为目标，坚持以民为本、立法为民理念，使每一项立法都符合宪法精神，反映人民意志，得到人民拥护。

【教材内容链接】《思想道德与法治》第六章第二节"坚持全面依法治国"之"建设法治中国"——坚持全面推进科学立法、严格执法、公正司法、全民守法（科学立法）

【案例十五】严格执法

盖天下之事，不难于立法，而难于法之必行；不难于听言，而难于言之必效。若询事而不考其终，兴事而不加屡省，上无综核之明，人怀苟且之念，虽使尧舜为君，禹皋为佐，亦恐难以底绩而有成也。

——张居正《请稽查章奏随事考成以修实政疏》

【案例分析】

1573年即万历元年，张居正上《请稽查章奏随事考成以修实政疏》，请求制定考成法。因为他认为“盖天下之事，不难于立法，而难于法之必行；不难于听言，而难于言之必效”，即“天下大事，困难之处不在于立法，而在于有法必行；不在于说些什么，而在于说出来就一定要有效果”。如果查询、考核（官员）所做的事和所说的话，却不考究它的结果，兴建政事不加以多次考察，上级没有明确的综合考核（细则），做事的人有敷衍了事的想法，即使让尧舜做君主，禹皋做辅佐，也恐怕难以取得成绩、获得成功。张居正创制了“考成法”，严格考察各级官吏贯彻朝廷诏旨情况，要求定期向内阁报告地方政事，旨在通过综核名实转变官场风气，保证其他改革措施得到切实的贯彻实施。

法律的生命力在于实施，法律的权威也在于实施。如果有了法律而不实施、束之高阁，或者实施不力、做表面文章，那制定再多法律也无济于事。如何保证“法之必行”？只有党依法执政，政府依法行政；领导干部增强法治思维，在法治轨道上推动各项工作；全体公民遇事找法、解决问题用法、化解矛盾靠法，才能形成良好的法治环境，为法治中国打下坚实的基础。严格执法，要深入推进依法行政，加快建设职能科学、权责法定、执法严明、公开公正、廉洁高效、守法诚信的法治政府，推进各级政府机构、职能、权限、程序、责任法定化，推行政府权力清单制度。

健全依法决策机制，把公众参与、专家论证、风险评估、合法性审查、集体讨论决定确定为重大行政决策法定程序，建立行政机关内部重大决策合法性审查机制，建立重大决策终身责任追究制度及责任倒查机制。深化行政执法体制改革，坚持严格规范公正文明执法，依法惩处各类违法行为，加大关系群众切身利益的重点领域执法力度，推行行政执法公示制度、执法全过程记录制度、重大执法决定法制审核制度，建立健全行政裁量权基准制度，全面落实执法责任制。全面推进政务公开，推进决策公开、执行公开、管理公开、服务公开、结果公开。

不是什么法都能治国，不是什么法都能治好国；新时代越是强调法治，就越要提高立法质量。

【教材内容链接】《思想道德与法治》第六章第二节“坚持全面依法治国”之“建设法治中国”——坚持全面推进科学立法、严格执法、公正司法、全民守法（严格执法）

【案例十六】法律的生命在于付诸实施、公平正义

法者，治之端也；君子者，法之原也。故有君子则法虽省，足以遍矣；无君子则法虽具，失先后之施，不能应事之变，足以乱矣。不知法之义而正法之数者，虽博，临事必乱。

——荀子《荀子·君道》

【案例分析】

良法已备，是国家治理的开端；道德与智慧兼具的君子，是国家治理的根本。因此，有了这种君子，律法虽然简略，但足以处理国家方方面面的事务；少了这种人，律法即使条目众多，也往往不能恰如其分地适用，难以应对现实中各种挑战，从而给国家埋下隐患。不懂得律法的原则和精神，而只注重律法的条文数目多少，遇到变动的现实肯定手足无措。

荀子认为，一个国家严守法纪，才能兴旺繁荣；否则，国家一定会衰弱败亡。因此，荀子提出“法者，治之端也”，表明他认识到了法度的基础性作用。

2017 年 1 月 18 日，习近平主席在联合国日内瓦总部发表了题为《共同构建人类命运共同体》的主旨演讲，指出：“‘法者，治之端也。’在日内瓦，各国以联合国宪章为基础，就政治安全、贸易发展、社会人权、科技卫生、劳工产权、文化体育等领域达成了一系列国际公约和法律文书。法律的生命在于

付诸实施，各国有责任维护国际法治权威，依法行使权利，善意履行义务。法律的生命也在于公平正义，各国和国际司法机构应该确保国际法平等统一适用，不能搞双重标准，不能‘合则用、不合则弃’，真正做到‘无偏无党，王道荡荡’。”[①]这样的智慧，可谓传统与现代的交响，中国与世界的融通。

法律的生命在于付诸实施。中国是第一个在《联合国宪章》上签字的国家，将坚定维护以联合国为核心的国际体系，不断加大对多边主义的支持力度，为维护《联合国宪章》和一系列国际公约做出实打实的努力。同时，法律的生命也在于公平正义。中国提出人类命运共同体的愿景，把互利共赢理念融入世界治理秩序；提出共建“一带一路”，为国际社会提供越来越多的公共产品，为其他国家带来巨大红利，促进全球治理体制朝着更加公平的方向发展。从法治中国到法治世界，中国有理念，也有行动，更有信心。[②]

随着中国特色社会主义法律体系的形成，有法可依的问题总体上解决了，执法越来越成为整个法治建设链条中最关键的环节。如果在这个环节掉了链子，立法的意义就会大打折扣，同时也会对司法和守法带来严重影响。社会生活中我们也能感到，现在法治领域发生的许多问题，更多的是因为有法不依、失于规制乃至以权谋私、徇私枉法导致的。人民群众对法治建设的意见和诉求，也更多集中到执法必严、违法必究上来。只有严格执法，建设高效的法治实施体系，把“纸面上的法”真正落实为“行动中的法”，才能切实推进法治国家建设进程。

【教材内容链接】《思想道德与法治》第六章第二节“坚持全面依法治国”之“建设法治中国”——坚持全面推进科学立法、严格执法、公正司法、全民守法（严格执法）

① 《习近平谈治国理政》（第二卷），外文出版社，2017年，第540页。

② 《习近平用典》（第二辑），人民日报出版社，2018年，第215页。

【案例十七】公正司法

近岁邢、寿两郡,各断一狱,用法皆误,为刑曹所驳。寿州有人杀妻之父母昆弟数口,州司以不道,缘坐妻子。刑曹驳曰:“殴妻之父母,即是义绝,况其谋杀。不当复坐其妻。”邢州有盗杀一家,其夫妇即时死,唯一子明日乃死。其家财产户绝法给出嫁亲女。刑曹驳曰:“其家父母死时,其子尚生,财产乃子物;出嫁亲女,乃出嫁姐妹,不合有分。”此二事略同,一失于生者,一失于死者。

——沈括《梦溪笔谈·官政一》

【案例分析】

近年来邢州、寿州两地各判决了一件官司,应用法律都有失误,被刑曹驳回改判。寿州有人杀了妻子的父母、兄弟几个人,州里主管刑法的官署以大逆不道为由连坐这个人的妻子。刑曹批驳说:“杀妻子的父母,也就是已经与妻子断绝了情义,何况这个人是谋杀,不应该再连坐他的妻子。”邢州有强盗杀了一家人,那家的夫妇俩当时就死了,只有儿子第二天才死。因为户绝,官署便依法将他们家的财产判给已经出嫁的亲生女儿。刑曹批驳说:“这户人家父母死时,他们的儿子还活着,当时的财产就是儿子的财产。所谓出嫁的亲生女儿(实际上)是出了嫁的姐妹,不应该得到这份财产。”这两件案子大致相同,一件对活着的人有失公正,一件对死去的人有失公允。

这两个案子的判决都没能做到坚持法律的公平公正原则,因此才会被形曹驳回改判。公正司法是全面依法治国的重点,公正是法治的生命线,是司法活动的最高价值追求。公正司法是维护社会公平正义的最后一道防线。要不断健全社会公平正义法治保障制度,不断提高司法公信力,让人民群众在每一个司法案件中都能感受到公平正义。

【教材内容链接】《思想道德与法治》第六章第二节“坚持全面依法治国”之“建设法治中国”——坚持全面推进科学立法、严格执法、公正司法、全民

守法(公正司法)

【案例十八】公平正义

理国要道,在于公平正直。

——吴兢《贞观政要·卷五·论公平》

【案例分析】

治理国家最重要的,在于保持政令、措施的公平与正直。

2014年1月7日,习近平总书记在中央政法工作会议上发表重要讲话指出,"法治不仅要求完备的法律体系、完善的执法机制、普遍的法律遵守,更要求公平正义得到维护和实现。'理国要道,在于公平正直。'老百姓讲'一碗水端平',如果不端平、端不平,老百姓就会有意见,就会有怨气,久而久之社会和谐稳定就难以实现"[①]。

习近平总书记指出,"全面依法治国,必须紧紧围绕保障和促进社会公平正义来进行"[②]。公正司法是维护社会公平正义的最后一道防线。因此,司法公正对社会公正具有重要引领作用,一旦司法这道防线缺乏公信力,社会公正就会受到普遍质疑,社会和谐稳定就难以保障。

司法机关要完成党和人民赋予的光荣使命,必须严格执法、公正司法。要坚持党的事业至上、人民利益至上、宪法法律至上,永葆忠于党、忠于国家、忠于人民、忠于法律的政治本色。决不允许滥用权力侵犯群众合法权益,决不允许执法犯法造成冤假错案,更不能以言代法、以权压法、徇私枉法。要时刻做到"肩扛公正天平、手持正义之剑",带头依法办事,带头遵守法律,牢固确立法律红线不能触碰、法律底线不能逾越的观念,以实际行动维护社会

① 中共中央文献研究室编:《习近平关于社会主义社会建设论述摘编》,中央文献出版社,2017年,第30页。

② 《习近平谈治国理政》(第二卷),外文出版社,2017年,第129页。

公平正义，让群众切实感受到公平正义就在身边，以最坚决的意志、最坚决的行动扫除政法领域的腐败现象，坚决清除害群之马。

【教材内容链接】《思想道德与法治》第六章第二节“坚持全面依法治国”之“建设法治中国”——坚持全面推进科学立法、严格执法、公正司法、全民守法（公正司法）

【案例十九】遵纪守法、奉公守法

赵奢者，赵之田部吏也。收租税，而平原君家不肯出租。奢以法治之，杀平原君用事者九人。平原君怒，将杀奢。奢说曰：“君于赵为贵公子，今纵君家而不奉公，不奉公则法削，法削则国弱，国弱则诸侯加兵，诸侯加兵则无赵也。君安得有此富乎？以君之贵，奉公守法则上下平，上下平则国强，国强则赵固，而君为贵戚，岂轻于天下邪？”平原君以为贤，言之于王，王用之治国赋，未几，民富而府库实。

——《史记·廉颇蔺相如列传》

【案例分析】

赵奢是赵国负责收税的官员。他到平原君家收取租税，但平原君家人不肯缴税，赵奢根据律法处治了他们，杀了平原君家九个管事的家人。平原君恼怒，要杀了赵奢。赵奢劝说道：“您在赵国是贵公子，现在纵容您的家臣不奉行公事，法律就会削弱。法律削弱，国家就衰弱。国家衰弱，诸侯就加强战争，诸侯加强战争，赵国就不存在了，您怎么能够得到这样的富足呢？凭着您的尊贵地位，奉行公事，遵守法律，全国上下就太平，全国上下太平，国家就强大，国家强大，赵国就稳固，您作为赵国重臣贵戚，怎么能被天下人轻视呢？”平原君认为赵奢是一个贤能的人，对赵王说了这件事。赵王任用他管理国家的赋税，没有多少时间，赵国百姓富裕而且国家府库充实。

本案例讲述了奉公守法的重要性，“邦国虽有良法”，要是人民不能全部遵守,仍然不能实现法治。因此我们每个人都要奉公守法,决不能做违法乱纪的事,增强全民法制观念、推进法治社会建设、树立宪法法律至上、法律面前人人平等的法治理念,培养全社会法治信仰,做社会主义法治的忠实崇尚者、自觉遵守者和坚定捍卫者,才能使得国家安泰祥和。

【教材内容链接】《思想道德与法治》第六章第二节"坚持全面依法治国"之"建设法治中国"——坚持全面推进科学立法、严格执法、公正司法、全民守法(全民守法)

第三节　维护宪法权威

坚持依法治国首先要坚持依宪治国，坚持依法执政首先要坚持依宪执政。维护宪法权威,就是维护党和人民共同意志的权威;捍卫宪法尊严,就是捍卫党和人民意志的尊严;保证宪法实施,就是保证人民根本利益的实现。我们要深入了解我国宪法的形成和发展,正确理解宪法的地位和基本原则,充分认识加强宪法实施与监督的重大意义,不断增强宪法意识,忠实履行维护宪法尊严、保证宪法实施的职责。

本节精选 7 个中华优秀传统文化案例，用以阐释我国宪法的形成和发展、我国宪法的地位和基本原则、加强宪法实施与监督等问题。探索中华优秀传统文化中的法治思想与宪法的制定与发展相融合的内容，使大学生正确了解宪法的地位,自觉维护宪法权威。

【案例一】九鼎重器　百炼乃成

故治民无常,唯治为法。法与时转则治,治与世宜则有功。故民朴而禁之以名则治,世知而维之以刑则从。时移而治不易者乱,能治众而禁不变者削。

故圣人之治民也，法与时移而禁与能变。

——《韩非子·心度》

【案例分析】

所以治理民众没有一成不变的常规，只有法度才是治世的法宝。法度顺应时代变化就能治理好国家，统治方式适合社会情况就能收到成效。所以，民众质朴的话，只要用褒贬进行控制就可以治理好；社会开化的话，只有用刑罚加以束缚才能使人驯服。时代有了发展而统治方式一成不变的，社会必然危乱；智能普遍提高而禁令规定一成不变的，国家必被削弱。所以圣人治理民众，法制和历史时期同步发展，禁令和智能水平同步变更。

作为法家集大成者，韩非子继承了管子“以法治国，则举措而已”与商鞅“任法而治”的思想，主张“治民无常，唯法为治”。韩非子认为时代变化了，治理社会的方法手段也应随之发生改变。他敏锐地觉察到，由于战国末期的社会急剧变化，原有的法律制度已无法适应新的形势，必须随着时代及社会需要做出相应调整。他用“守株待兔”抨击复古倒退，借“郑人买履”讽刺墨守成规，提出“法与时转则治，治与世宜则有功”的观点。

“九鼎重器，百炼乃成。”习近平总书记以这句古语，说明宪法也需要与时俱进、不断完善发展。宪法是治国安邦的总章程，是党和人民意志的集中体现，在我们党治国理政实践中具有十分重要的地位和作用。作为上层建筑，宪法一定要随着经济基础的变化而变化，必须体现党和人民事业的历史进步，必须随着党领导人民建设中国特色社会主义实践的发展而不断完善发展。

我国宪法从 1954 年诞生至今，一直处在探索和不断完善的过程中。1982 年宪法公布施行后，分别进行了 5 次修改。通过修改，我国宪法在中国特色社会主义伟大实践中紧跟时代步伐，为改革开放和社会主义现代化建设提供了根本法治保障。实践证明，及时把党和人民创造的伟大成就和宝贵经验上升为国家宪法规定，实现党的主张、国家意志、人民意愿的有机统一，是我们党治国理政的一条成功经验。

【教材内容链接】《思想道德与法治》第六章第三节“维护宪法权威”之“我国宪法的形成与发展”——我国现行宪法的修改

【案例二】法律因时因事而变

观时而制法，因事而制礼。法度制令，各顺其宜。

——刘向《战国策·赵策二》

【案例分析】

如果根据变化的时代来制定法令，根据具体的情况来制定礼教，那么法律及制度就会与它们的时代和事情相适应。

由此可见，随着经济不断发展，社会生活方式不断改变，法律应势作出相关调整，国家之治才能彰显良法善治。中国特色社会主义事业每向前推进一步，法治建设就应跟进一步。

2018 年 1 月 19 日，习近平总书记在党的十九届二中全会第二次全体会议上的讲话中指出：“‘观时而制法，因事而制礼。’党中央考虑启动这次宪法修改的一个重要因素，就是深化国家监察体制改革的需要。深化国家监察体制改革是党中央决策和推进的重大政治体制改革，需要在国家机构顶层设计上做出重要调整和完善，涉及宪法修改问题。党中央决定先进行深化国家监察体制改革试点，全国人大常委会 2016 年、2017 年先后做出在北京市、山西省、浙江省开展试点工作的决定和在全国各地推行试点工作的决定；同时积极准备和推进国家监察立法工作。现在，宪法修改和国家监察立法工作都在抓紧进行，拟依照法定程序提请十三届全国人民代表大会审议。从推进国家监察体制改革的过程看，比较好地处理了深化改革和推进法治的关系，贯彻了凡属重大改革都要于法有据的要求，彰显了党坚持在宪法法律范围内活动的执政原则。”①

“观时而制法，因事而制礼。”这一传统的治理箴言，在今天也依然有其积极意义。实际上，自党的十八大以来，党中央对全面依法治国做出了一系列重大决策、提出了一系列重大举措，完善立法体制，加强重点领域立法，都是为了适应党和国家事业发展的要求，并且也取得了举世瞩目的成就。这些新理念、新思想、新战略，是马克思主义法治思想中国化的最新成果，是全面依法治国的根本遵循，必须长期坚持、不断丰富发展。

【教材内容链接】《思想道德与法治》第六章第三节“维护宪法权威”之“我国宪法的形成与发展”——我国现行宪法的修改

【案例三】不法古　不循今

圣人不法古，不脩今。法古则后于时，脩今则基于势。

——《商君书·开塞》

【案例分析】

圣人既不效法古代，也不拘守现状。效法古代就要落后于时代，拘守现状就会跟不上形势的发展。

法家认为，人类社会是运动发展的，法律制度因势而立。借助于秦国的统一，法家将自己一系列的政治主张和治国方略推行于全国，而后汉承秦制，法家思想对中国历史产生了深远的影响。②

中国共产党登上历史舞台后，在推进中国革命、建设、改革的实践中，高度重视宪法和法制建设。从建立革命根据地开始，中国共产党就进行了制定和实施人民宪法的探索和实践。1954 年宪法是中华人民共和国第一部宪法，它以《中国人民政治协商会议共同纲领》为基础并加以发展，在总结新民主

① 《习近平谈治国理政》（第三卷），外文出版社，2020 年，第 280~281 页。

② 纪林繁：《中国传统文化中的法治资源》，《前沿》，2013 年第 2 期，第 127 页。

主义革命历史经验和社会主义改造与社会主义建设经验的基础上，规定了国家在过渡时期的总任务，确定了建设社会主义制度的道路和目标，确立了适合中国国情的国体和政体，同时较完整地规定了公民的基本权利和义务。

我国宪法必须体现党和人民事业的历史进步，并随着党领导人民建设中国特色社会主义实践的发展而不断完善发展。我国现行宪法自 1982 年通过后，根据我国改革开放和社会主义现代化建设的实践和发展，于 1988 年、1993 年、1999 年、2004 年、2018 年先后 5 次对个别条款和部分内容作出必要的也是十分重要的修正。现行宪法修改充分表明了我国宪法同党和人民进行的艰苦奋斗和创造的辉煌成就紧密相连，同党和人民开辟的前进道路和积累的宝贵经验紧密相连。

【教材内容链接】《思想道德与法治》第六章第三节“维护宪法权威”之“我国宪法的形成和发展”——我国现行宪法的修改

【案例四】完善法治体系　保障人民权利

法制无常，近民为要；古今异势，便俗为宜。

——张居正《辛未会试程策》

【案例分析】

法律制度没有什么定规，关键在于要使百姓感到近情理；古今的时势不一，法制应以方便适宜为通行。

体现民情、恰于民心之法一定是利民、惠民之法，既有利于民的生产、生活所需要的自然空间，也为民的再生产，甚至是扩大再生产提供了必要条件。我国宪法是实现国家认同、凝聚社会共识、促进个人发展的基本准则，是维系一个国家、一个民族凝聚力的根本纽带。我们党领导人民制定的宪法，是中国历史上第一部真正的人民宪法，是规范国家权力运行、保障公民权利实现的根本活动准则。

宪法通过确认我国人民民主专政的国体，保障了广大人民群众在国家中的主人翁地位;通过确认以公有制为主体、多种所有制经济共同发展的基本经济制度,为人民当家作主奠定了经济基础;通过确认人民代表大会制度的政体,为人民当家作主提供了组织保障。法治是人权得以实现的保障。我国宪法将“国家尊重和保障人权”规定为一项基本原则,对公民的基本权利和自由做出全面规定,依法保障公民的生存权和发展权。尊重和保障人权原则入宪以来,我国在完善人权保障法律体系、依法行政保障公民合法权益、有效提升人权司法保障水平等方面取得了新进展，推动了人权事业不断进步。实践证明,我国现行宪法是充分体现人民共同意志、充分保障人民民主权利、充分维护人民根本利益的好宪法。

【教材内容链接】《思想道德与法治》第六章第三节“维护宪法权威”之“我国宪法的地位和基本原则”——我国宪法的基本原则

【案例五】严格执法　违法必究

且夫国无常治,又无常乱,法令行则国治,法令弛则国乱。

——王符《潜夫论·述赦》

【案例分析】

国家不会有永久的太平,也不会有永久的混乱。法令得到执行,国家就能够安定;法令一旦废弛,国家就会出现动乱。

《潜夫论·述赦》主要抨击了东汉时期频频大赦的做法以及宣扬赦免的种种论调。王符认为:“今日贼良民之甚者,莫大于数赦。”极力强调法令的重要性,指出这关系着国家的治乱兴亡。

王符上述观点是对先秦法家思想的继承和发展。《管子·任法》云:“法者,不可恒也,存亡治乱之所从出,圣君所以为天下大仪也。”“君臣上下贵贱皆从法,此谓为大治。”《韩非子·有度》称:“国无常强,无常弱。奉法者强则国强，奉法者弱则国弱。”

国治国乱的对比，对应着法行法弛的不同。习近平引用这句话，是为了表明法律实施的重要性：法律的生命在于实施，法律的权威也在于实施。明朝张居正说：“天下之事，不难于立法，而难于法之必行。”古往今来的治乱兴替都表明：如果有了法律而束之高阁，或者不被接受、无法实施，那么法律条文再多、体系再完善，也只是写在纸上的文字，对现实生活没有什么意义。

因此，全面推进依法治国，一个重要内容就是保证法律严格实施，使法律从纸上的条文变成现实的准则、行为的边界、社会关系的准绳。对此，各级国家行政机关、审判机关、检察机关作为法律实施的重要主体，负有不可推卸的重要责任，要坚决纠正有法不依、执法不严、违法不究现象，坚决整治以权谋私、以权压法、徇私枉法等问题。

【教材内容链接】《思想道德与法治》第六章第三节“维护宪法权威”之“加强宪法实施和监督”——加强宪法实施

【案例六】严格执法　违法必究

凡君国之重器，莫重于令。令重则君尊，君尊则国安；令轻则君卑，君卑则国危。故安国在乎尊君，尊君在乎行令，行令在乎严罚。罚严令行，则百吏皆恐；罚不严，令不行，则百吏皆喜。故明君察于治民之本，本莫要于令。故曰：亏令者死，益令者死，不行令者死，留令者死，不从令者死。五者死而无赦，唯令是视。故曰：令重而下恐。

——《管子·重令》

【案例分析】

凡属统治国家的重要手段，没有比法令更重要的。法令威重则君主尊严，君主尊严则国家安定；法令没有力量则君主低贱，君主低贱则国家危险。所以，安国在于尊君，尊君在于行令，行令在于严明刑罚。刑罚严、法令行，则百官畏法尽职；刑罚不严、法令不行，则百官玩忽职守。因此，英明的君主明察治民的根本，没有比法令更要紧的。所以说：删减法令者，处死；增添法令者，处死；不执行法令者，处死；扣压法令者，处死；不服从法令者，处死。这五种情况都应是死罪无赦，一切都只看法令行事。所以说：法令有力量，下面就畏惧了。

管子认为实行依法治国，君主不仅要立好法，而且更重要的是执好法。这也正体现了法律的生命力在于实施，法律的权威也在于实施。管子的观点与我国现有的"有法可依，有法必依，执法必严，违法必究"的执法理念相类似。法律是治国之重器，法治是国家治理体系和治理能力的重要依托。宪法是国家的根本大法，全国各族人民、一切国家机关和武装力量、各政党和各社会团体、各企业事业组织，都必须以宪法为根本活动准则，并且负有维护宪法尊严、保证宪法实施的职责。任何组织或者个人都不得有超越宪法法律的特权。一切违反宪法法律的行为，都必须予以追究。因此，全面推进依法治国，必须要加强宪法实施，坚持依宪执政、依法立法和严格执法，维护宪法法律尊严。

【教材内容链接】《思想道德与法治》第六章第三节"维护宪法权威"之"加强宪法实施和监督"——加强宪法实施

【案例七】有法必依　违法必究

君有三欲于民，三欲不节，则上位危。三欲者何也？一曰求，二曰禁，三曰令。求必欲得，禁必欲止，令必欲行。

——《管子·法法》

【案例分析】

君主对人民有三项要求，三项要求不节制，君主地位就危险。三项要求是什么呢？一是索取，二是禁阻，三是命令。索取总是希望得到，禁阻总是希望制止,命令总是希望推行。

“求必欲得,禁必欲止,令必欲行”,意思是国家有要求的一定要做到,国家要禁止的一定要杜绝,国家颁布的法令一定要实行。这实际上体现了依法治国的要求——有法必依、执法必严、违法必究。

我国宪法修订的历程说明,只要我们切实尊重和有效实施宪法,党和国家事业就能顺利发展。反之,如果宪法受到漠视、削弱甚至破坏,党和国家事业就会遭受挫折。法律法规的生命力在于实施,法律法规实施的主体要依法依规履行职责,严格规范公正文明执法,坚决做到有法必依、执法必严、违法必究。

【教材内容链接】《思想道德与法治》第六章第三节“维护宪法权威”之“加强宪法实施和监督”——加强宪法实施

第四节　自觉尊法学法守法用法

推进全面依法治国需要全社会共同参与。大学生是未来国家建设的中坚力量,要积极培养法治思维,正确理解依法行使权利和履行义务,不断提升法治素养,自觉尊法学法守法用法,成为社会主义法治的忠实崇尚者、自觉遵守者、坚定捍卫者。

本节精选 7 个中华优秀传统文化案例,用以阐释培养社会主义法治思维、依法行使权利与履行义务、不断提升法治素养等三个问题。培养大学生自觉尊法学法守法用法的能力,使大学生成为全面依法治国的中坚力量。

【案例一】人心似铁　官法如炉

[正旦云]裴少俊,你是说甚么话!(唱)

[普天乐]你待结绸缪,我怕遭刑狱。我人心似铁,他官法如炉。你娘并无那子母情,你爷怎肯相怜顾?问的个下惠先生无言语。他道我更不贤达,败坏风俗;怎做家无二长,男游九郡,女嫁三夫。

——白朴《裴少俊墙头马上》

【案例分析】

"人心似铁,官法如炉"出自元杂剧《裴少俊墙头马上》。该剧为元曲四大家之一白朴的代表作,素材源自白居易的长篇叙事诗《井底引银瓶》。

尚书之子裴少俊与李千金一见钟情,私定终身。李千金藏于裴家后花园七年,育有一子一女。后裴父发现,李千金被弃归家。待裴少俊考取功名,裴父无意间发现李千金乃故人之女,且早已为二人订下婚约,这才同意裴少俊重新迎娶李千金。

全剧共四折。在该剧第四折,裴少俊中了状元欲与李千金复合。李千金执意不肯,便唱道:"我人心似铁,他官法如炉。"意思是:我的心像铁一样坚硬,无奈官法像熔炉一样可将其熔化。

后来,人们从这句唱词提炼出"人心似铁,官法如炉"八字。如明朝冯梦龙《警世通言》第十四卷:"十字儿竹竿封着门,一碗官灯在门前。上面写着八个字道:'人心似铁,官法如炉。'"而约刊于明万历年间的澹圃主人诸圣邻《大唐秦王词话》则谓:"人心似铁非为铁,官法如炉却是炉。"

法治的威力既取决于法律条文的严谨深刻,也取决于法律实施的一视同仁,更取决于法治精神、法治意识、法治观念被每个人内化于心、外化于行。当遵纪守法成为一种自觉,当依法办事成为一种自然,法治的正能量才能源源不断地释放出来。

提高法治素养,必须养成良好的法治思维和行为方式。法治思维是基于对法律的尊崇和对法治的信念判断是非、权衡利弊、解决问题的思维方式,其要义是把对法治的尊崇、对法律的敬畏转化成思维方式和行为方式,坚持宪法法律至上，坚守法治底线，切实做到依法治国、依法执政、依法行政、依法治军、依法办事、依法维权。

今天，中国特色社会主义法律体系已经基本形成，然而“法之必行”却仍是一道待解难题。从一窝蜂过马路，到信访不信法，再到遇事找关系走后门，制度悬置、法律空转的现象，照见社会法治精神的缺失。党员干部中存在的有法必依观念不强、依法办事能力不足、违法枉法时有发生等问题，同样考验着法治中国建设的成效。引导群众遇事找法、解决问题靠法，需要一个过程，关键是要以实际行动让老百姓相信法不容情、法不阿贵。让人心经历法律之炉的淬炼，让群众相信法律、依靠法律，依法治国进程才能“蹄疾而步稳”。

【教材内容链接】《思想道德与法治》第六章第四节“自觉尊法学法守法用法”之“培养社会主义法治思维”——法治思维及其内涵

【案例二】不以规矩　不成方圆

治乱之政，谓省官并职，去文就质也。夫绵绵不绝，必有乱结；纤纤不伐，必成妖孽。夫三纲不正，六纪不理，则大乱生矣。故治国者，圆不失规，方不失矩，本不失末，为政不失其道，万事可成，其功可保。

——诸葛亮《便宜十六策·治乱第十二》

【案例分析】

要治理乱政，必须裁汰冗官，去除虚职，不使闲散无用的官员群聚结党，危害政务。三纲六纪废弛就会大乱。治理国家，无规矩不成方圆，本立而不失其末，为政不能脱离理法道统，如此则万事可成，功业也可长保。

《治乱》为《便宜十六策》中的第十二策。诸葛亮从纲纪、先后、远近、内外、本末、强弱、大小、人己等方面阐述治国理政的方略。他主张用律法来规范民众行为，维持社会秩序。

党的十八大以来，习近平总书记高度重视“法治思维”和“法治方式”，将之作为推进改革的基本要求。2014 年 2 月 28 日在中央全面深化改革领导小组第二次会议上，习近平总书记指出："凡属重大改革都要于法有据。在整个改革过程中，都要高度重视运用法治思维和法治方式，发挥法治的引领和推动作用，加强对相关立法工作的协调，确保在法治轨道上推进改革。"[①]治国理政，法律是重要依据，法律也是根本准绳。如果不讲规矩、漠视法治，怎能促进社会公平、激发社会活力呢？法治思维以法律作为判断是非和处理事务的准绳，要求我们按规则办事、按法律办事，当情理与法律规则发生冲突时，首先服从规则及其逻辑，然后在缜密的法律逻辑前提下，考虑"情理"因素，做到懂情理、明事理、讲法理，让守法观念成为人们的行为准则和道德底线。

【教材内容链接】《思想道德与法治》第六章第四节"自觉尊法学法守法用法"之"培养社会主义法治思维"——法治思维及其内涵

【案例三】有法必依　执法必严

法令既行，纪律自正，则无不治之国，无不化之民，在陛下力行而已。

——包拯《上殿札子》

【案例分析】

只要法令畅通，纪律和风气自然清正，那么就没有治理不好的国家，也没有不能教化的民众。

包拯，宋仁宗时任监察御史，后官至枢密副史，为官刚正，不畏权贵，不徇私情，清正廉洁，是古代清官的典型。他的事迹长期流传民间，被百姓誉为"包公""包青天"。宋仁宗庆历七年（1047 年），干旱严重，民不聊生，山泽之间多有乱起。时包拯自京奉转运使移任陕西转运使，沿途所见，令其骇然。他深感亢旱之灾不足惧，深惧者乃"人知法令之不足信"，因此写下《上殿札子》，上呈

① 中共中央文献研究室编：《习近平关于全面深化改革论述摘编》，中央文献出版社，2014 年，第 153 页。

仁宗皇帝。针对有法不依、执法不明的弊端，包拯指出法令是固国之本，颁行法令一定要慎之又慎——“法令者，人主之大柄，而国家治乱安危之所系焉，不可不慎。”慎行法令，取信于民，则祸乱自平，天下易治。他劝谏宋仁宗说：“法令既行，纪律自正，则无不治之国，无不化之民。”包拯“以法律提衡天下”的法治主张及其执法如山的法治实践，给后人提供了极为珍贵的历史借鉴。

为官之义在于明法。无明法不足以正纲纪，无纲纪就不能护公正、张道义。习近平总书记在十九届中央纪委二次全会上的讲话中曾引用这句名言，就是要强调法律的生命在于落实，领导干部应该带头依法办事、执法严明、遵守纪律。如果法律只是挂在墙上、写在纸上，不能落到实处，法度就会变得模糊不清，纲纪就会变得松懈无力。习近平反复强调，“不能让制度成为纸老虎、稻草人”[①]“不能把纪律作为一个软约束或是束之高阁的一纸空文”[②]，正是要求领导干部摒弃好人主义和私心杂念，不断提高和强化自身的法治思维和法治素养，使法律真正成为“带电的高压线”，从而形成全民守法的社会风尚。

【教材内容链接】《思想道德与法治》第六章第四节“自觉尊法学法守法用法”之“培养社会主义法治思维”——法治思维及其内涵

【案例四】坚守底线　刚正不阿

哀公问曰：“何为则民服？”孔子对曰：“举直错诸枉，则民服；举枉错诸直，则民不服。”

——《论语·为政》

【案例分析】

鲁哀公向孔子请教：“怎样做才能使民众服从？”孔子回答说：“推举正直

① 《习近平谈治国理政》，外文出版社，2014年，第395页。

② 《习近平谈治国理政》，外文出版社，2014年，第395页。

的人，放在邪曲的人之上，民众就会服从你；推举邪曲的人，放在正直的人之上，民众就不会服从你。”

“举直错诸枉”在《论语·颜渊》中也有提及。樊迟向孔子“问知（同‘智’）”，孔子回答说：“知人。”并解释说：“举直错诸枉，能使枉者直。”意思是：选拔正直的人，放在邪曲的人之上，这样就能使邪者被迫变正直。在《论语·雍也》中，孔子说道：“人之生也直，罔之生也幸而免。”人生在世靠的是正直诚实，那些不正直的人也能生存于世，但那只是幸免于祸而已。

“举直错诸枉”是儒家思想的重要内容，只有成为正义的守护者，司法才能获得正当性与公信力。习近平总书记借此突出“公正司法”的重要性。司法人员要刚正不阿、勇于担当，敢于依法排除来自司法机关内部和外部的干扰，坚守公正司法的底线。

无论是在推进司法改革的过程中，还是在全面推进依法治国的进程中，习近平始终强调，“促进社会公平正义是政法工作的核心价值追求”[①]“努力让人民群众在每一个司法案件中都感受到公平正义”[②]。群众的法治信仰，不是看法律条文有多少、法律文件有多厚，而是看法律能否为身边的正义保驾护航、能否实现“举直错诸枉”的目标。任何一个司法案件，都可能成为建立公众法治信仰的基石，也可能成为这一信仰崩塌的链条。因此，司法人员更应肩扛公正天平、手持正义之剑，在每一个具体案件中坚守公平正义、书写法治信仰。

【教材内容链接】《思想道德与法治》第六章第四节“自觉尊法学法守法用法”之“依法行使权利与履行义务”——法律权利与法律义务

① 《习近平谈治国理政》，外文出版社，2014 年，第 148 页。

② 《习近平谈治国理政》，外文出版社，2014 年，第 141 页。

【案例五】抓领导干部这一“关键少数”

鞅之初为秦施法，法不行，太子犯禁。鞅曰：“法之不行，自于贵戚。君必欲行法，先于太子。太子不可黥，黥其傅师。”于是法大用，秦人治。

——司马迁《史记·秦本纪第五》

【案例分析】

卫鞅刚在秦国施行新法时，法令行不通，太子触犯了禁令。卫鞅说：“法令行不通，根源起自国君的亲族。国君果真要实行新法，就要从太子做起。太子不能受刺面的墨刑，就让他的师傅代受墨刑。”从此，法令顺利施行，秦国治理得很好。

《史记·商君列传》中，商鞅还有类似的表述：“法之不行，自上犯之。”在商鞅看来，“法之不行”的关键在于“贵”和“上”，只有自“上”、自“贵”行法，法律才能得以推行。为此，商鞅主张“壹刑”，即统一刑罚。在《商君书·赏刑》中，他解释说：“所谓壹刑者，刑无等级，自卿相、将军以至大夫、庶人，有不从王令、犯国禁、乱上制者，罪死不赦。”

推进依法治国“必须抓住领导干部这个‘关键少数’”。在现实生活中，还有少数领导干部法治意识比较淡薄。有的不屑学法、心中无法，有的以言代法、以权压法，有的执法不严、粗暴执法，有的干预司法、徇私枉法，有的则利欲熏心、贪赃枉法。对于法治建设，领导干部既可以起到关键推动作用，也可能起到致命破坏作用。领导干部必须牢记法律底线不可触碰、法律红线不可逾越，自觉把对法治的尊崇、对法律的敬畏转化成谋划工作时的法治思维、处理问题时的法治方式，做到在法治之下，而不是法治之外，更不是在法治之上想问题、做决策、办事情。

【教材内容链接】《思想道德与法治》第六章第四节“自觉尊法学法守法用法”之“依法行使权利与履行义务”——抓领导干部这一关键少数

【案例六】严格执法　从严治党

法者天下之公器，惟善持法者，亲疏如一，无所不行，则人莫敢有所恃而犯之也。

——司马光《资治通鉴·卷14·汉纪》

【案例分析】

将军薄昭杀了汉朝廷的使者，文帝不忍以国法杀他。司马光对此事发表法律面前人人平等，刑可以上大夫，严格执法不分亲疏的意见。他说："法律是天下共同遵守的准绳，只有善于运用法律的人，不分关系亲疏，严格执法，无所回避，才能使所有的人都不敢倚仗权势而触犯法律。"

胡锦涛指出："始终保持惩治腐败高压态势，坚决查处大案要案，着力解决发生在群众身边的腐败问题。不管涉及什么人，不论权力大小、职位高低，只要触犯党纪国法，都要严惩不贷。"[①]"无禁区、全覆盖、零容忍"，是全面从严治党、深入开展反腐败斗争的旗帜、立场和方向。法律必须遵守，违反法律要受到惩罚，任何人不能超越法律之上，违法必究，概莫能外，这就是法律的不可违抗性、权威性和严肃性。我国法律还具有普遍适用性，所有国家机关、社会组织和公民个人都必须遵守法律，依法享有和行使法定职权与权利，承担和履行法定职责与义务。全体社会成员尊重社会主义法律权威，养成法律至上思维，不仅是保证法律发挥作用的基本前提和要求，也是保障个人平安幸福的底线和红线。

【教材内容链接】《思想道德与法治》第六章第四节"自觉尊法学法守法用法"之"不断提升法治素养"——尊重法律权威

① 《胡锦涛文选》(第三卷)，人民出版社，2016年，第658页。

【案例七】严明纪律

故《本言》曰:"所以治者,法也;所以乱者,私也。法立,则莫得为私矣。"故曰:道私者乱,道法者治。上无其道,则智者有私词,贤者有私意。上有私惠,下有私欲,圣智成群,造言作辞,以非法措于上。上不禁塞,又从而尊之,是教下不听上、不从法也。是以贤者显名而居,奸人赖赏而富。贤者显名而居,奸人赖赏而富,是以上不胜下也。

——《韩非子·诡使》

【案例分析】

所以《本言》说:"国家安定靠的是法,国家混乱原因在私。法立起来的话,就没有人再行私了。"所以说:倾向于私行的,社会必然混乱;倾向于法的,社会一定大治。君主不用法治,聪明的人就有违法言论,贤能的人就有违法企图。君主有法外的恩惠,下面就有非法的欲望,圣人和智者就会成群结队地制造谣言和诡辩,用非法手段对付君主。君主不严加禁止,反而对这些人大加尊崇,那就是教育下属不听从君主、不服从法令。结果就造成了贤人以显赫的名声处在高位、奸人依赖赏赐而富裕起来的现象,正因如此,君主便再也控制不住臣下了。

严明纪律,是从严治党的前提;纪律不严,从严治党就无从谈起。在整个群众路线教育实践活动的过程中,习近平都反复强调"严明党的纪律",以此作为改作风、反腐败的得力抓手。从"道私者乱"的告诫来看,严明纪律最需要秉持公心,最忌惮私心作祟。如果对纪律规定置若罔闻,搞"四风"毫无顾忌,搞腐败心存侥幸,甚至以言代法、以权压法、徇私枉法,那么政治纪律的权威性何存、公信力安在?

面对党纪国法,党员干部应该少一些私欲熏心的侥幸,多一分廉洁奉公的坦荡。坚持纪律面前一律平等,坚持执纪所向没有特殊党员,拒绝说情风、关系网、利益链,才能让党的纪律真正严明起来,内化为道德自律,外化为行为自觉，才能最终臻于“道法者治”的善治境界。

人民是国家的主人，是法治国家的建设者和捍卫者，尊重法律权威是其法定义务和必备素质。就大学生而言，作为一个公民，要在尊重法律权威方面加强砥砺，在学习和生活中积极作为，养成敬畏法律的良好品质，努力成为尊重法律权威、信仰法律的先锋。

【教材内容链接】《思想道德与法治》第六章第四节“自觉尊法学法守法用法”之“不断提升法治素养”——尊重法律权威

参考文献

一、著　作

1.《马克思恩格斯选集》(第一—三卷),人民出版社,2012年。

2.《马克思恩格斯文集》(第一卷),人民出版社,2009年。

3.《毛泽东选集》(第二、三卷),人民出版社,1991年。

4.《周恩来选集》(上卷),人民出版社,1980年。

5.《胡锦涛文选》(第三卷),人民出版社,2016年。

6.《习近平谈治国理政》(第一、二卷),外文出版社,2018年、2017年。

7.《习近平用典》(第二辑),人民日报出版社,2018年。

8.《干在实处 走在前列:推进浙江新发展的思考与实践》,中共中央党校出版社,2013年。

9.习近平:《之江新语》,浙江人民出版社,2007年。

10.《论党的宣传思想工作》,中央文献出版社,2020年。

11.习近平:《在庆祝中国共产党成立95周年大会上的讲话》,人民出版社,2016年。

12.人民日报评论部编著:《习近平用典》(第一、二辑),人民日报出版社,2015年、2018年。

13.中共中央宣传部编著:《平语近人:习近平总书记用典》,人民出版社,2019年。

14.中共中央宣传部编著:《平语近人:习近平喜欢的典故》,人民出版社,2021年。

15.中共中央党史和文献研究院编:《习近平关于中国特色大国外交论述摘编》,中央文献出版社,2020年。

16.中共中央文献研究室编:《习近平关于全面深化改革论述摘编》,中央文献出版社,2014年。

17.中共中央党史和文献研究院:《十九大以来重要文献选编》(上),中央文献出版社,2019年。

18.中共中央文献研究室:《习近平关于社会主义生态文明建设论述摘编》,中央文献出版社,2017年。

19.中共中央文献研究室编:《习近平关于社会主义文化建设论述摘编》,中央文献出版社,2017年。

20.中共哈尔滨市委宣传部编:《雷锋日记》,哈尔滨出版社,2012年。

21.中国李大钊研究会编注:《李大钊全集》(第四卷),人民出版社,2013年。

22.中共中央文献研究室编:《习近平关于实现中华民族伟大复兴的中国梦论述摘编》,中央文献出版社,2013年。

23.《思想道德与法治(2023年版)》编写组:《思想道德与法治(2023年版)》,高等教育出版社,2023年。

24.陈继儒著、雷芳译注:《小窗幽记》,崇文书局,2020年。

25.陈水云校注:《人间词话》,三秦出版社,2020年。

26.陈曦译注:《六韬》,中华书局,2016年。

27.陈振鹏、章培恒编著:《古文鉴赏辞典》(上、下),上海辞书出版社,2014年。

28.程林编著:《曾国藩全集》,北京燕山出版社,2012年。

29.邓启铜注释:《荀子》,南京大学出版社,2014年。

30.段熙仲、闻旭初编校:《诸葛亮集》,中华书局,2020年。

31.樊水:《曾子》,中国旅游出版社,2012年。

32.范晔:《后汉书》,中华书局,2012年。

33.方弘毅校注:《了凡四训》,长江文艺出版社,2019年。

34.顾迁译注:《淮南子》,中华书局,2009年。

35.韩廷杰译:《中论》,东方出版社,2019年。

36.胡怀琛、卢福咸编著:《史记》,中国文史出版社,2020年。

37.黄俊杰编著:《孟子》,生活·读书·新知三联书店,2013年。

38.黄石公:《素书》,王骏译,中国画报出版社,2011年。

39.惠能著、李明注释:《六祖坛经》,岳麓书社,2016年。

40.刘波、王川注释:《礼记》,南京大学出版社,2014年。

41.刘向著、程翔译注:《说苑·建本》,商务印书馆,2018年。

42.吕不韦著、胡蓉箐编:《吕氏春秋》,吉林文史出版社,2017年。

43.马天祥编译:《格言联璧》,中华书局,2020年。

44.南怀瑾:《南怀瑾选集》(第三卷),复旦大学出版社,2003年。

45.欧阳修、林青校注:《归田录》,三秦出版社,2003年。

46.齐红编著:《增广贤文》,黄山书社,2015年。

47.秦泉编著:《道德经》,外文出版社,2015年。

48.饶尚宽译注:《老子》,中华书局,2018年。

49.杉泽编著:《观山海》,湖南文艺出版社,2018年。

50.睡虎地秦墓竹简小组编:《睡虎地秦墓竹简》,文物出版社,2001年。

51.檀作文译注:《颜氏家训》,中华书局,2011年。

52.汤化译注:《晏子春秋》,中华书局,2011年。

53.唐翼明诠解:《论语》,作家出版社,2018年。

54.王公山编著:《先秦儒家诚信思想研究》,上海古籍出版社,2006年。

54.王佩诤编译:《龚自珍全集》,上海古籍出版社,2000年。

56.王肃整理、杨博译:《孔子家语》,北京联合出版社,2015年。

57.王永彬:《围炉夜话》,北京联合出版公司,2015年。

58.王岳川编著:《君子之道:王岳川教授解读〈大学〉〈中庸〉》,中国青年出版社,2016年。

59.吴楚材、吴调侯选注、伍大明标点:《古文观止》,北京出版社,2021年。

60.杨伯峻译注:《孟子译注》,中华书局,2008年。

61.杨天才、张善文译注:《周易》,中华书局,2011年。

62.张宏敏、曾孔方校注:《郁离子》,浙江大学出版社,2019年。

63.张齐明译注:《增广贤文》,中华书局,2013年。

64.中共哈尔滨市委宣传部编:《雷锋日记》,哈尔滨出版社,2012年。

65.朱用纯、冯慧娟:《朱子家训》,吉林出版集团,2019年。

66.诸葛亮:《中国将领圣经:将苑》,韦建黎解译,广西人民出版社,2007年。

67.诸雨辰译注:《梦溪笔谈》,中华书局,2016年。

68.左丘明撰、杜预注:《左传》,上海古籍出版社,2016年。

69.曾参著、刘强编译:《大学》,江苏科学技术出版社,2018年。

70.曾国藩著、李间渠编:《冰鉴》,北方文艺出版社,2017年。

71.张玉英编:《徐悲鸿谈艺录》,河南美术出版社,2000年。

二、期刊文章

1.习近平:《充分认识颁布实施民法典重大意义依法更好保障人民合法权益》,《求是》,2020年第12期。

2.窦玉玺等:《〈归田录〉读释》,《河南师范大学学报》(哲学社会科学版),2006年第3期。

3.高立雯:《〈山海经〉中的夸父形象浅析》,《现代语文》(学术综合),2012年第12期。

4.霍效:《对〈淮南子〉因势思想的探讨》,《淮南师范学院学报》,2021年第6期。

5.纪林繁:《中国传统文化中的法治资源》,《前沿》,2013年第2期。

6.康伟:《绝缨与报恩》,《文苑》,2009年第3期。

7.鹿方舟:《是善是恶韩非子》,《青春岁月》,2015年第22期。

8.陆敏:《物质与精神交融的统治——〈孟子·滕文公上〉的政治思想与现代思考》,《东京文学》,2011年第1期。

9.马逸群:《浅探〈说苑〉里的治国思想》,《现代企业教育》,2011年第6期。

10.任适:《从〈五柳先生传〉看陶渊明最终的退隐归耕》,《文学教育》(上),2016年第2期。

11.石磊等:《〈贞观政要〉治国思想对我国法治文化建设的启示》,《三晋基层治理》,2022年第1期。

12.孙占元:《中国共产党对中华优秀传统文化的传承和创新发展》,《山东社会科学》,2022年第1期。

13.孙军红等:《知"耻"与心存戒惧》,《中国纪检监察》,2015年第10期。

14.唐永进:《职业道德建设与继承发扬中华民族优秀传统道德文化》,《齐鲁学刊》,1998年第3期。

15.田永清:《立德·立功·立言》,《共产党员》(河北),2018年第22期。

16.汤荣光、李嘉霖:《中华优秀传统文化的民本意蕴及其调适》,《山东省社会主义学院学报》,2022年第1期。

17.王丽丽:《浅谈〈龟虽寿〉的人生哲理》,《科技资讯》,2015年第11期。

18.王韡等:《学正·学广·学精深——对习近平"劝学"之"学什么"文化思想的体悟》,《濮阳职业技术学院学报》,2022年第1期。

19.王艺霖:《习近平生态文明思想对中华优秀传统文化的创造性转化和创新性发展》,《环境与可持续发展》,2021年第6期。

20.王轶:《编纂实施民法典是习近平法治思想的生动实践》,《中国法学》,2021年第3期。

21.杨蓉:《过零丁洋》,《月读》,2018年第12期。

22.杨瑞雪:《中国古代儒道两家关于人与社会关系思想的区别》,《决策探索(下)》,2020年第9期。

23.吴艾泽:《法家商鞅的法治思想的内涵及影响》,《法制与社会》,2021年第24期。

24.徐瑾等:《马克思主义和中华优秀传统文化的伦理契合性》,《决策与信息》,2021年第12期。

25.王艺霖:《习近平生态文明思想对中华优秀传统文化的创造性转化和创新性发展》,《环境与可持续发展》,2021年第6期。

26.詹锳:《谈李白〈南陵别儿童入京〉》,《文史知识》,1987年第12期。

27.张培明:《对〈报任安书〉的另一种解读》,《开封教育学院学报》,2014年第7期。

28.张文显:《民法典的中国故事和中国法理》,《法制与社会发展》,2002年第5期。

三、报纸文章

1.习近平:《中共中央关于党的百年奋斗重大成就和历史经验的决议》,《人民日报》,2021年11月17日。

2.习近平:《让多边主义的火炬照亮人类前行之路》,《人民日报》,2021年1月26日。

3.习近平:《从人民中汲取磅礴力量》,《人民日报》,2020年5月29日。

4.习近平:《在纪念五四运动100周年大会上的讲话》,《人民日报》,2019年5月1日。

5.习近平:《在第十三届全国人民代表大会第一次会议上的讲话》,《人民日报》,2018年3月21日。

6.习近平:《在中共中央国务院举行春节团拜会上的重要讲话》,《人民日报》,2018年2月15日。

7.习近平:《在中国共产党第十九次全国代表大会上的报告》,《人民日报》,2017年10月28日。

8.习近平:《共同构建人类命运共同体》,《人民日报》,2017年1月18日。

9.习近平:《在中国政法大学考察——立德树人德法兼修抓好法治人才培养 励志勤学刻苦磨炼促进青年成长进步》,《人民日报》,2017年5月4日。

10.习近平:《在知识分子、劳动模范、青年代表座谈会上的讲话》,《人民日报》,2016年4月30日。

11.习近平:《在第十八届中央纪律检查委员会第六次全体会议上的讲话》,《人民日报》,2016年1月12日。

12.习近平:《习近平接受〈华尔街日报采访〉:坚持构建中美新型大国关系正确方向 促进亚太地区和世界和平稳定发展》,《人民日报》,2015年9月

23日。

13.习近平:《大力弘扬伟大爱国主义精神 为实现中国梦提供精神支柱》,《人民日报》,2015年12月30日。

14.习近平:《在纪念孔子诞辰2565周年国际学术研讨会暨国际儒学联合会第五届会员大会开幕会上的讲话》,《人民日报》,2014年9月24日。

15.习近平:《青年要自觉践行社会主义核心价值观——在北京大学师生座谈会上的讲话》,《人民日报》,2014年5月4日。

16.习近平:《把培育和弘扬社会主义核心价值观作为凝魂聚气强基固本的基础工程》,《人民日报》,2014年2月26日。

17.习近平:《在纪念毛泽东同志诞辰120周年座谈会上的讲话》,《人民日报》,2013年12月26日。

18.陈曙光:《以更有活力的文明成就贡献世界——学习领会习近平主席在亚洲文明对话大会开幕式上的主旨演讲》,《光明日报》,2019年05月22日。

19.国学讲座:《邓红菊解读〈诗经〉里的家教家风》,《衡阳日报》,2019年3月5日。

20.张卫良、胡晓:《隆礼重法的历史经验与现实意义》,《人民日报》,2015年12月13日。